KB136356

분노의 증언

유튜브 홍용락TV가 말한다

도서출판 위

글머리에

이 책 저자는 2019년 5월에 유튜브 '홍용락TV'를 처음 방송하기 시작했습니다. 그 이후 방송을 종료할 때까지 시종일관 꿋꿋하게 보수우파의 소리를 대변해 왔다고 자부합니다.

홍용락TV는 4년 가까이 고난 속에서도 신념 하나를 붙들고 버티면서 2022년 3월9일 윤석열 정부로 정권이 교체되면서 방송을 종료했습니다.

방송을 끝낸 이유는 유튜브 방송을 시작할 때부터 저자는 20대 대선이 끝나면 종방을 하겠다고 약속했습니다. 만약 좌파 정권이 계속 집권한다면 대한민국의 미래가 없다고 생각했고, 다행히 보수정권으로 교체 된다면 더 이상 방송을 지속할 필요가 없었기 때문이었습니다.

그동안 별다른 후원 한 푼 없이 알량한 교수 퇴직연금으로 방송에 올인하면서도 나름의 소신을 굽히지 않았습니다. 그 보수우파 매체라는 고집 때문에 정권으로부터 무수한 경고와 삭제, 시종일관 수입제한조치 등 탄압을 받기도 했었습니다.

이 책은 그동안 홍용락TV가 방송한 수백 개 시사현안 아이템 중에서 저자 단독 방송 분 1/3 분량을 정선해서 활자로 옮긴 것입니다.

방송 아이템 선정의 기준은 비판을 위한 비판보다는 '비판적 대안'을 제시한데 중점을 두었습니다.

이 책의 표지 제목을 '분노의 증언'으로 한 것은, 지난 정권의 독선과 폭정에 분노하는 보수 애국시민들의 아픔과 절규를 대변하고 증언하고 싶었기 때문입니다.

지난 정권은 우리 선량한 국민들을 내편 네편으로 가르고 내편만을 위한 좌파 본색으로, 또 밖으로 종북 평화팔이 국격 훼손으로 "이게 나라냐" 고 지탄을 받았습니다.

이와 더불어 정권에 순치된 방송 언론들은 정권 찬미 일색으로 네편 국민을 기만하는 '나팔수'로 전락했습니다.

이에 수많은 애국시민들이 아스팔트 길거리로 떨쳐 나와 정권을 규탄 성토하기 시작했으며, 자유민주주의와 시장경제라는 우리 체제의 절대가치를 붕괴시키는 그들만의 리그에 치를 떨었던 것입니다.

이 책은 지난 정권의 정치, 경제, 외교, 안보, 언론 등 광범위한 분야에서 불거진 시사적 문제 제기와 함께 당면한 선거로 대표되는 현실정치의 현상에 대해서도 돋보기를 들여댔습니다.

덧붙일 것은 이 책에는 홍용락TV가 방송했던 우리 사회의 훌륭한 보수지도자들의 인터뷰 내용은 싣지 않았습니다.

혹 의도치 않은 누를 끼칠 염려 때문입니다.

참고로 그동안 홍용락TV에 출연하셔서 고견을 피력해 주시고 사자후를 토해주신 지도자분은 표지에 사진 실린 분 이외에도 서

경석 목사, 장경동 목사, 송영선 전 국회의원, 이주영 전 국회의원, 곽성문 전 국회의원, 이영작 박사, 윤용 전 고려대교수, 최석만 전 전남대교수, 석동현 변호사, 정연아 이미지컨설턴트,이희영 시인, 정초신 영화감독 ,시민단체를 이끌고있는 김수열님, 박선길님, 김장석님, 김사랑님, 강철환 기자, 나지훈 기자, 박태희 시인, 애국가수 이노님, 오현아 님 등 수 많은 분들이 협조해주심에 감사 드립니다.

이 책 글 속에 미처 다듬지 못한 거친 표현과 서술이 있다면 방송매체의 구어체를 옮기는 과정에서 오는 거슬림이라는 점을 독자 여러분께서 깊이 이해해 주시기를 바랍니다.

또, 저작권 문제로 식접 제작한 영상사진만을 활용함으로서, 폭넓은 편집이 되지 못한 점도 이해바랍니다.

2019년 5월 홍용락TV 정식 방송 전에 수개월 동안 스튜디오를 제공해 준 대한민국수호예비역장성단(대수장) 김형철 장군과 인피니티 사운드 한의섭 대표께도 감사를 표합니다.

여러 어려운 여건에서도 흔쾌히 출간을 허락해주신 위 출판사 번성신 대표님과 관계자 여러분께도 진심으로 감사를 드립니다.

하나님께 감사와 영광을 드립니다.

2023년 2월

저자 홍 용 락

차례

4.15총선이 잘못되면,
절반은 나팔수 언론이 책임져라

방송 : 2020년 4월 9일 / 리버티코리아포스트 2020.4.10. 칼럼 게제

4.15총선거는 대한민국의 장래를 결정하는 매우 중요한 선거입니다.

하지만 코앞에 닥쳐온 선거인데도 많은 국민들은 지지하는 정당을 결정하지 못하고 있습니다.

야당(당시 미래통합당)을 지지하는 국민 입장에서 보면, 우선은 거대야당의 공천에 대한 실망이 컸다는 사람도 있습니다.

아직까지 지지할지 판단을 못하는 가장 큰 이유는 언론이 국민들 한테 사실적인 이슈와 관점을 제공하지 못한다는 것입니다.

이번 선거에 조중동 신문이 나서서 태극기세력을 배제하고 집권여당인 더불어민주당과 미래통합당 양당 체제로 프레임을 설정했습니다.

그러나 그것뿐이죠. 이 정권(당시 문재인 정권)은 더불당과 미통당의 양당 대결로 판세가 정리될 때까지 기다렸습니다.

그런 후 미통당을 지지할 것 같은 종편방송 TV조선과 채널A를 방송 재허가에서 탈락시키겠다고 재갈을 물렸습니다.

정상적인 언론활동이라면 이번 선거에서 이슈와 인물 대결로 여론의 흥미를 끌어내고, 또 적나라하게 비판과 대안을 제시를 해야 할 때입니다.

그런데 어떤가요?

지금 방송을 비롯한 모든 언론이 정권의 눈치만 보고, 정권의 생각만 퍼 나르고 있습니다.

국민들은 현실은 그게 아닌데, 언론에서 하는 얘기가 현실 하고 맞지 않으니까 판단에 혼란마저 오고 있습니다.

많은 언론들이 소위 친문 선봉장 나팔수 역할을 하거나, 그도 저도 못하는 입장이면 입 다물고 있어야 하는 형편입니다.

이 정권이 이번 선거에 써먹기 위해 그동안 언론관리(?)를 탁월하게 한 효과를 보는 것 같기도 합니다.

이 정권에서 언론관리 즉, 언론과의 관계유지를 하는 것을 보면 놀라울 정도입니다.

국민의 알권리에 치중하는 것보다, 정권과 결탁해서 언론사의 이해관계를 우선하는 언론들은 전에는 어용언론 이라 했고, 얼마 전에는 제도권 언론이라 합니다.

지난 시절 친 정권 언론들은 정권의 요구에 어느 정도는 수동적으로 응하는 경향이 있었습니다.

공영방송문제점 국회공청회

그러나 이 정권과 많은 언론들의 협조관계는 능동적이며, 어떤 경우는 정권의 의도를 앞장서는 역할까지 하기도 합니다.

국민들은 이 정권의 의도에 앞장서는 언론을 나팔수 언론이라고 부르며, 그 역할에 대해 정확한 판단을 하고 있습니다.

그럼에도 이 정권은 이번 4.15선거 전에서는 각 언론의 특성에 맞게 언론관리를 하는 듯 합니다.

또 각 언론사 특징을 선거유권자의 성향에 맞춰서 관리를 함으로써, 여론의 흐름을 정권의 의도에 맞추는 여론독재를 하고 있는 것이죠.

그 예를 방송의 경우에 보겠습니다.

80년대 초 군사독재시절 정권을 잡은 전두환 전 대통령이 9시 시보가 땡! 하는 순간 어김없이 저녁뉴스 첫 장면에 등장하는

"땡!전" 뉴스가 있었습니다.

문 정권에서도 그 장면을 생각나게 하는 "땡! 문" 보도를 합니다.

대통령이 선거 앞두고 평소 안하던 지방 출입을 빈번하게 다니면서, 현장에서 하는 말도 선거표 얻는데 득이 되게 골라서 합니다.

대통령이 식목일 날 나무 심으면서, 엉뚱하게 4.15총선 때 더불당에서 표 얻기 위한 캠페인인 코로나 극복에 대한 발언을 하는 것은 상황적, 이치적으로 납득이 안 되지 않습니까!

대통령 동정도 모두 코로나 극복에 초점을 맞추는 언론 보도 내용은, 대통령이 합법적으로 선거 지원과 유세 다니는 결과가 됩니다.

선거에서 방송을 이용하는 것은 정치에 큰 관심 없는 평범한 일반 국민들한테는 대단한 선거홍보전략이 됩니다.

평범한 국민들은 투표일이 가까워질수록 작은 언론사보다 지상파나 뉴스채널 등 메이저 언론의 정보를 더 신뢰하는 경향이 있습니다.

이 점을 이용해서 요즘 무늬만 공영방송인 KBS와 MBC 또, 뉴스채널인 연합뉴스, YTN은 군사정권시절 "땡!전" 방송 못지 않게 "땡!문" 방송을 하며 현 정권과 협조관계를 유지하죠.

코로나 극복과정에서 우리 방송들은 미국 트럼프 대통령과 유럽 선진국 지도자들과 비교해서, 문재인 대통령은 "전문가 목소리에 귀 기울인 대통령"이라며 "전 세계가 배워야 한다"고 추켜세웁니다.

코로나 초기에 대한의사협회에서 국경 패쇄를 강력히 주장 했음에도, 이 정권은 이웃나라 중국이 어려움이 당하는데 야박해서는 안된다고 했었습니다.

결과적으로는 우리 국민이 당한 고통이 엄청나게 커졌죠.

지상파 뉴스채널 방송은 그렇다 치더라도, 젊은 사람, 좀 배운 사람이 주로 접하는 인터넷 포털뉴스는 더 가관입니다.

검증도 되지 않는 뉴스를 확대하고, 또 그럴듯하게 미화해서 전 포털을 정권의 의도대로 장악합니다.

정부기관지 격인 연합뉴스가 앞장서서 기사나 보도 이슈를 발굴해 줍니다.

인력, 장비, 기동력 등 취재력이 한계에 있는 인터넷 신문사들은 별도로 취재가 되지 않으면, 연합뉴스의 기사를 따라 실을 수밖에 없는 현실입니다.

어떤 경우는 연합뉴스가 사실상 정부가 운영하는 통신사 지위를 이용해서 선진국 언론에 보도된 이 정권에 유리한 작은 기사를 찾아내기도 합니다.

그리고 국내 독점 배포권을 이용해 국내의 인터넷 언론 및 독자적인 취재망이 충분하지 못한 언론에 기사를 일방적으로 공급

합니다.

예를 들어, 미국의 한 지방 신문사가 "한국 코로나 대량 검사 도구 활용하면 미국의 발병 곡선 낮출 수 있다"란 작은 기사를 마치 특별하게 이 정권이 잘 방역 대처한 사례로 포장하기도 합니다.

미국은 우리보다 더 나중에 확진자가 확산되었기 때문에 미국의 언론 중에는 '코로나 대량 검사'를 하는 우리 사례를 기사화할 수도 있습니다.

이 기사가 미국의 정책적 판단에 전혀 영향을 미칠 수 없는 단순한 가쉽성 기사임에도, 우리나라의 방역정책을 선진국에서 인

2023년 1월 9일 국회에서 열린 방송정상화 공청회 포스터

정하는 것으로 혼동을 줄 수 있는 기사 내용 아닙니까?

더 코미디 같은 일도 빈번하죠.

그 예로 인도네시아 주재 한국대사관에서는 "진단키트부터 방역정책까지 세계가 한국과 코로나 협력관계를 원해"라는 보도자료를 인도네시아를 포함해 한국의 연합뉴스 통신사에 까지 배포했습니다.

연합뉴스는 이 보도자료를 그대로 기사화 한 후 국내 방송사, 신문사, 포털에 제공해서 기사화 됨으로써, 우리 국민한테는 정부가 자가발전한 역선전 보도를 접하게 되는 경우도 있습니다.

이 정권과 밀착된 방송, 언론, 포털은 우리 국민을 상대로 독일의 히틀러와 쿠바의 카스트로 정권뿐 만 아니라 가까이 북한 체제에서 하는 국민 선전선동 기법을 그대로 활용하고 있는 듯합니다.

이 정권은 다가오는 4.15총선 캠페인으로 코로나 극복 능력이 있는 정권으로 부각시켜 국민들에게 최면을 걸다시피 선전하는 정권입니다.

많은 언론들은 정권의 의도에 맞춰 선전도구 역할을 기꺼이 하는 나팔수 언론으로 협력하는 현실이죠.

그렇게 함으로써, 국민 판단을 흐리게 하는 이 정권의 편파 여론, 여론독재를 조성하는데 하수인이 되고 첨병 역할도 맡아서 합니다.

보수우파,
몸 던져 맞 대결 해도 힘듭니다

방송 : 2019년 9월12일 방송

'일반인의 특별한 생각 홍용락의 레이져 뉴스'입니다.

단군 이래 최대 표리부동한 지식인이라는, 다시 말해 말과 행동이 딴판이라는 조국 장관 사건이 나라를 들었다 놨다 합니다.

개인적으로 금수저를 물고 태어났지만, 겉으로는 서민 위하는 진보지식인으로 포장된 분이면서 실제로는 명예욕, 재산욕, 게다가 자식욕심까지 탐욕의 끝판 왕이라는 얘기를 듣는다고 합니다.

문 정권과 추종 세력인 '대깨문'들이 조국 구하기로 전력을 다해 보지만, 국민들한테는 더 이상 가치가 없는 평생 자기 욕심채우기만 급급했던 한 지식인에 불과할 뿐이라는 평판입니다.

그런데 문제는 조국을 앞세우는 이 정권한테 소위 보수우파 정치인들이 특별한 대응책을 선점 못하고 지리멸렬하는 사실이 국민들을 더 불안하게 합니다.

야당 국회의원들, 청문회 처리하는 걸 봐도 항상 친문정권한테 몇 수 떨어지는 느낌을 갖게 합니다.

정치권만 아니라 보수우파 단체들도 헛물을 켜고 있습니다.

태극기 보수세력들은 이 좋은 호재에 맞춰 대오를 정비해 강하게 대응해야 합니다.

그럼에도 자기들의 행동은 구체화 되는 게 없습니다.

기껏 서울대나 고대 대학생들 몇몇이 촛불 들었다고 마치 전국의 대학교로 퍼질 거 같은 희망사항을 내 비추는 정도입니다.

기성세대들, 요즘 대학생들은 나라가 무너져도 자기 이해관계만 주판알 놓는다는 풍조를 몰라도 너무 모릅니다.

누구처럼 '집 팔아 미국이나 호주같이 살만한 나라로 도망가는 게 술수 중에 상수'라는 얘기가 보수우파 국민들한테는 피부에 와 닿는 화제일 것 같습니다.

이 시점에서 보수우파들이 정말로 한 번쯤 심각하게 생각해 봐야 될 일이 있습니다.

'빅 브라더'란 얘기 들어보셨을 겁니다.

1948년 조지오웰이란 작가가 제목을 1984년을 거꾸로 이름을 붙인 책을 쓰면서 현대인들에게 정치사회적 예언서로 알려진 명저입니다.

책 내용은 전권을 가진 빅브라더가 사람들을 완벽하게 통제하고 조작과 탄압 및 감시로 국가를 끌고 간다는 내용입니다.

문 정권도 이러한 통치를 실현해 나가고 있습니다.

그 방법으로 이번에 조국이 한 것처럼 앞에서는 부드럽게 서민과 부족한 사람들 중심 정치로 포장을 하면서, 뒤로는 공무원 증가로 정권 홍위병 만든다는 의혹을 받습니다.

그럼에도 이 정권 지지층인 대깨문 비위를 맞추는 일에는 모든 것보다 우선하는 정치를 합니다.

또 판단이 잘 안서는 국민들이 혼란을 느낄 때, 정치적으로 연동제선거제를 도입해서 야당을 초토화시킵니다.

한편으로는 공수처법을 만들어 고위공직자나 사회지도층을 별도로 관리하는 것처럼 보이지만, 실제는 야권과 정권 반대세력을 꼼짝 못하게 옭아 매는 제도를 도입합니다.

앞으로 20년, 50년을 집권하려는 이 문 정권의 속셈에도, 보수우파들은 의혹은 가지지만 막다른 골목까지 가지는 않겠지 하며 자기기준으로 위안을 하려 듭니다.

현장, 3.1절 시위현장 봉쇄한 경찰들

보수우파, 몸 던져 맞 대결 해도 힘듭니다

일본과 지소미야 폐기를 문 정권이 기미를 보일 때, 그거 폐기할 거라고 짐작하고 단언한 보수우파 국민이 몇 사람 있었습니까?

하지만 문 정권은 밀어 붙였습니다.

아직도 많은 보수우파 정치인과 국민들은 이 나라 안보를 생각할 때, 주한미군 철수만 안되면 문 정권과 관계없이 우리 안보를 미국이 지켜줄 것이라고 강하게 믿고 있습니다.

냉정하게 보면 우리 안보의 운명은 주한미군 철수여부에 달려 있다는 것은 맞습니다.

하지만 그 전에 지소미야 폐기와 한미 군사훈련 폐지도 우리 안보에 직결되는 중요한 문제입니다.

지금 문 정권은 지소미야 폐기로 미일 방어축인 일본을 물고 늘어지고, 김정은은 싱가포르 미북 정상회담부터 집요하게 한미 군사훈련 폐지를 거론하고 있습니다.

문재인과 김정은이 트럼프를 상대로 역할 분담을 하고 있다는 생각까지 들 정도입니다.

이치를 따지자면 지소미야 폐기와 한미 군사훈련이 폐지되면, 주한미군이 한국에 있을 이유가 없습니다.

주한미군 감축을 2만2천명 이하까지 하려면 미국의회 승인을 받아야 합니다.

이 조항 때문에 일부 보수우파 구성원 중에는 미군철수는 안심

해도 될 사항이라고 목소리를 높입니다.

미국 대통령 트럼프가 재선돼서 공약대로 먼저 미군 철수시킨 후 의회승인을 받을 때, 미국의회가 미국의 국익을 무시하고 한국 편을 들어줄 수가 있을까요?

보수우파들은 문 정권은 자유민주주의를 추구하는 정권이 아니라고 기회만 있으면 지적합니다.

보수우파 여러분, 문정권의 권력독재는 박정희시대처럼 힘으로 누르는 독재가 아니라는 사실을 곰곰이 생각해 볼 필요가 있습니다.

현재 문재인 정권은 앞에서는 국민과 인권을 존중하는 정치를 하는 듯 하지만, 이면에서는 자기들 입맛에 맞게 국가조직과 제도 및 사람을 장악했습니다.

권력의 제4부라는 언론도 완전하게 장악해서 대다수 언론이 정권의 하수인인 소위 나팔수화 되고 있습니다.

프랑스 계몽사상가 몽테스키외가 입법, 사법, 행정부가 3권을 분립해야 참다운 민주주의 국가가 된다 하였습니다.

거기에 언론이 이 3부를 견제와 균형을 갖춰줄 기관이라고 해서 권력의 4부라고 까지 하였습니다.

그런데 문재인 정권은 앞에서는 언론의 알권리를 충족시킨다고 하면서 실제로는 권력의 시녀역할을 하기를 요구합니다.

지금 언론이 이 정권의 시녀 역할을 하고 있지 않습니까?

보수우파, 몸 던져 맞 대결 해도 힘듭니다

이번 조국사건 때 확인 되었습니다.

국회청문회에 조국이 나와야 하는 것이 법과 제도이건만, 조국장관이 이를 무시하고 기자회견으로 청문회를 대신할 때, 많은 언론들이 기자회견에 참석해서 여론 흐름에 면죄부를 줬습니다.

대다수 언론은 기자회견이 중요한 게 아니라 법과 제도로 규정된 국회청문회 참석이 먼저라는 주장을 하지 않았습니다.

많은 언론들은 조국장관의 기자회견은 국회청문회에 비해 자료요구권도 없고 증인대질권도 없어서 진실규명에 한계가 있으며, 조국의 일방적인 선전장 된다는 것을 알면서도 참석했을 것입니다.

특히 뉴스채널인 YTN, 연합뉴스는 우리가 내는 세금으로 운영되다시피 하는 언론사입니다.

그럼에도 조국의 기자회견을 11시간 이상 생중계하며 조국의 입장만 국민들한테 홍보하는 여론몰이에 앞장섰습니다.

관제화된 언론들, 열심히 기사로 또 방송멘트로 친정권적인 역할을 해주고 있지만, 여당 대변인 이재정 의원은 우리 언론이 '기레기' 수준이라고 모욕까지 줍니다.

이것 뿐이 아니죠. 전국대학에서 언론과 방송 가르치는 1500명 교수와 박사들, 이런 언론과 방송역할에 대해 함구하고 있습니다.

많은 언론과 언론·방송 전공 교수들 풍조가 얼치기(?) 좌파 동조 세력입니다.

정치권은 언론 미디어 전공교수들에 비해 더하면 더했지 못하지 않습니다.

앞에서 나서줘야 할 자유한국당을 비롯한 야당 국회의원도 태도가 한심스럽기까지 합니다.

국민 입장에서는 이번 조국사건 때도 야당 국회의원들 태도로 인해 많은 답답함이 있습니다.

국회의원들 대부분은 문 대통령이 조국을 청문회 없이 기자회견으로 장관직을 임명한다는 전략을 분명히 알고 있었습니다.

야당은 여당에서 청문회한다고 할 때는 못한다고 막는 시늉하다가, 막상 기자회견 한다니까 청문회 하자고 했습니다.

전략이 없는 것인지요? 아니면 국민들한테 면피하려고 기회주의적 시늉만 하는 것이 아닌지 답답하기만 합니다.

국민을 대표하는 신념 있는 국회의원이라면 이 정권이 청문회도 없이 조국을 장관으로 임명할 때, 국회와 국민을 무시하는 대통령의 독주를 견제하기 위해서라면 사표를 던져야 했지 않습니까?

총선이 임박해서 보궐선거 할 시간도 없기 때문에, 의원직 사퇴를 해도 물리적 시간을 계산하면 사퇴를 받을 수가 없습니다.

오히려 국민과 국회의 권위를 높이는 전투력이 큰 국회의원이라고 지지하는 여론이 높아질 수 있습니다.

보수우파, 몸 던져 맞 대결 해도 힘듭니다

그나마 이런 와중에 보수우파를 대표하는 태극기 세력이 있어 조금은 위안이 됩니다.

문 정권이 표리부동하게 권력독재를 하며 국민들을 힘들게 했습니다.

자유한국당을 비롯한 정치권은 핑계만 대고 외면하는 상황입니다.

언론과 전공교수들까지 어느 누구도 나서지 않고 함구하고 피하기에 급급합니다.

이런 상황에서 태극기 애국세력인 보수우파 국민들이 목숨 걸고 반대하며 거리로 뛰쳐나왔습니다.

이런 태극기 애국세력들이기에, 아직까지는 분명하게 대오가 정비되지 못하고 있습니다.

거리에서 자연발생적 외침만 있습니다.

좀 더 조직화되고 진정성이 확고해지기 전에 태극기 애국세력

광화문 시위현장 연설중인 홍대표

의 지도자와 애국국민들이 갖춰야 될 부분이 있습니다.

우선 태극기 애국세력의 지도자들은 개인의 정치적 욕심을 확보하기 위해 이 조직을 활용해서는 안됩니다.

좌파는 이념으로 모이지만, 보수우파는 능력 있는 개인 영웅을 중심으로 모인다고 합니다.

그러나 무소불위의 권력을 가진 이 정권과 맞서기에는 아직 제대로 진영이 갖춰지지 않은 태극기 세력입니다.

그럼에도 보수우파 지도자들 중 많은 사람들은 기존정치권에서 충족 못한 정치적 욕심을 태극기 애국세력 활동에서 급하게 보상 받으려는 의도가 보입니다.

앞에서 말한 것처럼 좌파가 이념으로 규합이 되지만, 보수우파는 이해관계에 따라 이합집산이 되는 특징도 있습니다.

이러한 특징은 태극기 애국세력 구성원들도 본질적으로 마찬가지입니다.

조직에서 앞장서는 지도자가 존중을 받기 위해서는 이런 구성원들의 특징을 먼저 감안해야만 합니다.

지금 몇몇 종교 지도자들이 앞장서서 태극기 애국세력을 이끌어 가고 있습니다.

70년대 80년대의 민주화시대를 대학교와 학생들이 주도하던 것에 비해 지금시대는 변화가 있습니다.

지금 태극기 애국세력들을 이끌고 있는 종교인들이 그 구성원들로부터 진정성을 인정받기 위해서는 순교를 각오한다는 전제가 필요합니다.

마찬가지로 태극기 애국세력의 구심점이 되는 정치지도자가 되기 위해서는 자연스러운 능력 발휘를 통해 구성원들로부터 인정받는 태도가 필요합니다.

왜냐하면 태극기 애국세력 구성원들 자체도 이해관계에 따라 결속 여부가 결정되는 특징을 가진 분들이기 때문입니다.

이런 구성원들한테는 자가발전을 하거나 몇몇 지지자들에 의해 받들어지는 지도자는 전체 구성원들한테 인정받기가 어렵습니다.

전체 구성원들한테 인정받는 지도자라야 구성원들이 가지고 있는 시대적 소명을 헤쳐 나가는 진정성 있는 정치지도자가 될 수 있습니다.

"2000만명 분 코로나 백신 추가확보" 믿어야 하나

방송 : 2021년 4월 26일

요즈음 주변에서 백신 맞으신 분들을 보면 속으로 좀 부럽기도 합니다.

이유는 백신 접종이 빨리 이뤄진 이스라엘은 국민들이 마스크도 벗고, 거리두기도 하지 않고, 상업시설도 자유롭게 이용합니다.

물론 학교도 정상적으로 수업이 이뤄지고 있다고 합니다.

이스라엘은 4월 24일 현재 국민의 60% 이상이 백신접종을 했다고 합니다.

우리나라는 경제적으로 OECD 10위권 국가입니다.

같은 OECD국가인 아랍에미리트,. 영국, 미국 등도 우리에 비해 빠른 백신 접종이 이뤄지고 있습니다.

이 나라들은 조만간 집단 면역이 이뤄져서 이스라엘처럼 정상적인 생활도 하고 해외 관광도 한다니 우리 입장에서는 현실적으로 느껴지지 않습니다.

정부에서 화이자 백신 2000만명 분을 3분기에 받기로 확답을 받았다지만, 작년 12월에 대통령이 모더나 대표하고 전화해서 2분기에 2000만명분 공급 약속 받았다 했지만, 현실적으로 이뤄지지 않았습니다.

언론에 대서특필되어서 많은 국민이 안도했지만 결과적으로 공수표가 되었습니다.

이번에 화이자 확보도 복지부 장관이 확약 받았다니까 믿어야 되지만 의심스럽기는 마찬가지입니다.

요즘 우리나라는 백신을 제대로 확보하지 못해 국민들 불안감이 커지고 있습니다.

국민이 느끼는 불안감은 두 가지로 나눌 수 가 있습니다.

첫 번째는 우선 나와 가족이 불행하게 코로나에 걸려 생사에 기로에 서는 고통을 가질 수 있다는 불안감입니다.

요즘 하루 확진자가 800명에 육박하고 4차 유행이 닥칠 수 있다는 보도를 접하고 있지 않습니까?

언론에서 몇 명씩 사망 소식도 보도하기도 합니다.

개인적으로 우연찮게 코로나 걸려 병원에 격리되어 사망에 이르는 사람을 몇 분 접할 수 있는 기회가 있었습니다.

코로나 걸리면 그 순간, 주변의 가족과 모든 지인들과 격리되는 것은 물론, 치료 과정도 주변에서 확인할 수 없습니다.

또, 불행히 사망하게 되면 바로 선택의 여지없이 화장되는 과정을 거칩니다.

누구든지 걸릴 수 있는 코로나, 만약에 본인이 걸려서 이 과정을 겪는다고 가정해 본다면, 무척 인생이 허무하게 느껴질 겁니다.

그럼에도 코로나 백신을 맞으면, 불가피하게 코로나가 걸리더라도 중증이 되거나 사망은 하지 않고 독감 앓는 정도로 끝날 수 있다는 게 의학적 소견입니다.

그래서 살아남기 위해서 너도나도 코로나 백신 맞기를 갈망합니다.

국민들은 생과 사를 벗어날 수 있는 코로나 백신을 성부가 제때, 적당한 양을 못 공급하지 못하기 때문에 더 불안해 합니다.

특히, 국민들은 백신 접종률과 구입 여건이 우리나라와 비슷한 국력과 경제력을 가진 나라와 비교해도 너무 차이가 나기 때문에 이 정권에 대해 불신감이 커집니다.

한마디로 이 정권의 능력을 믿지 못한다는 겁니다.

정부가 백신 확보와 구입이 성사되었다고 발표했다가 성사되지 못하는 일이 자주 반복되기 때문에 국민은 실망할 뿐만 아니라 국민적 자존심까지 상할 정도입니다.

실제로 국회에서 국회의원이 대정부 질문을 하면서 우리나라 백신 접종률이 세계100위권 밖이고, 그 수준의 나라들은 르완다와 뱅글라데시와 같은 나라라고 지적합니다.

그러나 답변에 나선 부총리와 장관들은 아니라고 명확하게 부인을 못합니다.

세계적으로 백신 확보가 무척 어려운 게 현실입니다.

그동안 열심히 살아온 우리 국민들 입장에서는, 이 정권이 뱅글라데시 수준으로 백신을 확보하지 못하고 있는 현실에 분통을 터트리지 않을 사람이 없습니다.

그럼에도 이 정권이 백신을 확보하면서 물량 부족과 확보시기, 확보방법 등에 대해 일관되지 않고 그때그때 임기응변적으로 자꾸 바꿔 말합니다.

또 국민은 막연하게 불안감을 느끼는데도, 정권과 정부가 하는 일이 맞다고 신뢰를 강요합니다.

국민이 믿겨지지 않는데도 믿어달라고 강요한다는 겁니다.

그것도 모자라 안 믿으면 국민들도 내편 네편으로 갈라 몰아세우기 까지 합니다.

이도 저도 안 되면 야당 탓, 언론 탓, 심지어 미국 등 다른 나라 탓으로 핑계를 갖다 댑니다.

이 상황에서 4월 9일 홍남기 국무총리대행은 국회 대정부 질문 에서 상반기에 1200만명을 접종 완료해서 일상생활 시작할 수 있다고 말했습니다.

그리고 11월까지 3600만명을 접종해서 국민들 65%이상 접종이 되면 일생생활이 회복된다고 말했습니다.

그리고 4월 24일에는 화이자 백신 2000만명 분을 추가 확보했다고 합니다.

정부를 대표하는 홍 부총리의 약속대로 분명히 이뤄져야 국민도 살고 나라도 지켜질 수가 있습니다.

하지만 이렇게 코로나 백신접종을 정부가 자신하지만, 4월 19일 현재 국내에 들여온 백신은 화이자 80만명분, 아스트라젠트 180만명분 뿐입니다.

홍 부총리가 공언한 이달 중 300만명 접종을 완료한다는 양도 40만명분이 모자랍니다.

국민 입장에서는 정부의 대통령이든 총리권한대행이든 책임 있는 위치에 있는 사람들이, 경제적으로도 OECD 10위권인 우리나라가 그동안 왜 백신을 구입 못했는지를 솔직히 밝혀야 앞으로의 백신 도입 일정도 믿게 될 것입니다.

많은 국민들은 백신 구입을 제 때 못하고 실패한 이유가, 정부가 백신 구입에 치중하지 않고 치료제 자체생산에 더 노력한 정책적 오판이었다는 걸 어느 정도 알고 있습니다.

이 정부가 백신구입보다 셀트리온제약사에서 개발한 코로나 치료제 렉키로나에 대한 지나친 기대감과 집착을 하지 않았나 하는 겁니다.

그 근거는 올해 1월 5일 문 대통령이 신년 첫 국무회의에서 '2

월부터 코로나 치료제가 사용되기 때문에 코로나 극복은 끝났다' 고 공언했기 때문이었습니다.

문 대통령이 자신한 치료제 셀트리온제약사의 렉키로나는 현재 1300명의 코로나 환자에게 투약했을 뿐입니다.

그것도 세계적으로 공인된 렘데시비르 치료제에 비해서 효능이 많이 떨어진다는 평가가 있습니다.

질 좋은 수액주사 수준이라고 혹평하는 전문가도 있습니다.

실패한 현 시점에서 그 문제가 단지 정책적 차원의 실수였다면, 그대로 밝혀도 시행착오로 끝날 수 있습니다.

크게 나서서 따질 야당이 있는 것도 없는 현실에서, 국민여론을 의식해서 사안의 전모를 밝히지 못하고 있습니다.

국민에게 혼란만 가중시키고 있습니다.

항간에 떠도는 소문은 셀트리온 창업주가 청와대 노영민 비서실장과 고향친구여서 그 쪽 회사에 의뢰해서 코로나 치료제 개발을 하려 했다고도 합니다.

이 정권이 제 때에 정확하고 효과적인 정책을 실행하지 못하면서도, K방역 업적을 국민들한테 일방적으로 주입시키려 합니다.

이 정권이 K방역을 잘 해서 코로나 사망자가 다른 나라에 비해 현격하게 적다는 것만 강조합니다.

사실관계로 볼 때 코로나 의심환자가 사망하면 당뇨나 다른 기저질환으로 사망했다고 통계를 잡으면 코로나 사망자 통계숫자로는 현격하게 줄어들 수 있습니다.

국민들에게는 지난 8.15집회 때부터 지금까지 정권반대 집회를 막는 핑계로 악용하니까 방역을 정치적으로 이용한다는 비난을 받을 수밖에 없습니다.

또 국민은 백신 맞기를 원하고 있을 때도 '백신은 천천히 맞아도 된다'고 주장하는 사람을 청와대 방역기획관으로 임명했습니다.

국민들은 그 사람이 아무리 전문성을 가진 의사 출신이라도 백신을 빨리 구매하기 위해 노력할 사람이라고 믿지 못합니다.

또 야당의 박진 의원이 한미정상회담에서 미국과 백신 스와프를 하는 게 좋겠다는 제안을 했습니다.

그러자 이 정권 핵심인 외교장관이 5월 한미정상회담에서 미국한테 백신을 차용해 오겠다고 국민들을 잠시나마 안도시켰습

슬픔! 분노! 어느 코로나 장례식장

"2000만명 분 코로나 백신 추가확보" 믿어야 하나

니다.

하지만, 한국 외교 장관이 아침에 희망적인 기대를 말했지만, 미국은 다음날 백신을 꿔 줄 여유가 없다고 거절했습니다.

이 정권은 정치적으로 미국과 중국이 대립된 상황에서 미국과는 거리를 두면서 중국과는 알게 모르게 가깝게 지내고 있습니다.

일반 사람들끼리도 내가 미워하는 사람한테 부탁을 해 봐야 당연히 거절당합니다.

이 정권이 사정이 너무 급해서 미국에게 선처를 기대했지만, 미국은 한미 동맹관계를 제대로 수행하지 못하는 이 정권에게 기대가 크지 못한 입장입니다.

국민들은 백신 접종을 해야 한다는 기대를 가지는 반면에, 백신접종이 빠른 시간 내 불가능 할지도 모른다는 불안감도 동시에 가지고 있습니다.

국민들은 정부의 진정성 있는 백신 대처를 원합니다.

우리가 당장 이스라엘처럼 집단 면역을 할 수 있다는 건 기대할 수 없을지 모릅니다.

그러나 국민들은 지금부터라도 백신 확보 통계와 일정을 정확하게 국민에게 알려주길 바라고 있습니다.

4월 4일 발표한 화이자 2000만명분 추가확보 뉴스가 국민한테 제대로 인정받으려면, 확보만이 아니라 어떻게 접종하는지 로

드맵을 만들어 주십시오.

지금 상반기 1809만회분, 올해 내 1억9200만분 확보를 거론해 봐야 국민들한테는 공허하게 들립니다.

같은 얘기로 작년 12월 문 대통령이 모더나 제약회사 하고 2000만명 분을 전화로 확보했다는데, 지금 아무런 추진이 없는 거나 마찬가지입니다.

우리나라가 지난 2007년에는 유동성 위기에 달러가 없어서 IMF 환란을 당했다고 합니다,

지금 국민은 당장 접종해야 할 코로나 백신이 없어 당황하고 있습니다.

더욱이 이 정권이 국민을 상대로 코로나 백신 방역상황을 정치적으로 대처하기 때문에 결과적으로 국민이 더욱 피해를 볼 수 있습니다.

KBS · MBC 공영방송
레테르 폐지할 절호의 기회

방송 : 2020년 3월 30일 / 리버티코리아포스트 2020.3.30. 칼럼 게제

국민들이 숨죽여 지켜보고 있던 정권의 언론탄압이 표면화 되었습니다.

드디어 올 것이 왔다고 할 수 있습니다.

TV조선, 채널A의 3년 재허가가 보류되었습니다.

4월말까지 공적 책임을 다할 수 있는 자구안을 제출하라는 명령이 방송통신위원회로부터 시달되었습니다.

그 동안 유튜브 탄압에 집중하던 방송통신위원회가 종편을 걸고 넘어지기 시작했습니다.

4.15총선이 끝날 때까지 이 나라 방송을 포함한 어느 언론도 재갈을 물리겠다는 것을 노골화한 것입니다.

방통위는 지상파, 공중파, 종편방송, 뉴스채널을 3,4년에 한 번씩 심사해서 방송사 재허가를 내줍니다.

이전에는 이 재허가 심사권이 정권한테 있음에도 방송사 견제

나 겁을 주는 정도로 활용했습니다.

왜냐하면 우리 헌법21조에는 언론의 자유를 엄연히 보장하고 있기 때문입니다.

그러나 이 정권이 TV조선, 채널A의 재허가를 사실상 1차 탈락시킨 것은 그 전 정권의 단순한 언론 견제와는 차원이 다릅니다.

이미 전문가 그룹의 공공성에 대한 평가항목은 탈락 위기에 가까운 아슬아슬한 점수를 매길 수 있다고 예상은 되었었습니다.

그러나 이번에 4만명의 시청자들(?)을 끌어 들여서 참여시킴으로써 두 종편방송에 대한 자신의 평가를 정당화 했습니다.

방송사 퇴출 평가를 자기편 국민을 모아 밀어붙이면, 헌법도 무용지물로 만들 수 있다는 법치주의 무시와 파괴의 끝판 왕을 보여준 것입니다.

사실 냉정하게 보면 국민들한테는 TV조선, 채널A가 정말 흔쾌하게 국민들 편에서 정권의 횡포를 비판하고 국민 아픔을 긁어 줬다고 할 수만은 없다고 생각합니다.

같은 이유로 공영방송 타이틀을 단 KBS와 MBC가 더하면 더했다고 할 수 있습니다.

그들이 국민이 원하는 방송을 했나요? 정부를 견제하고 국민의 편에 서서 방송하고 있나요?

그렇지 않습니다. 앞장서 정권의 나팔수 노릇을 하고 있습니다.

정권의 선전도구 이상도 이하도 아닙니다.

이런 방송한테 우리가 세금으로 운영을 시켜주고 있는 게 참 아이러니입니다.

이 방송사 직원들이 국민세금으로 1억이나, 1억5천 연봉을 받는다니 좀처럼 이해가 되지 않습니다.

정권은 정작 이런 KBS와 MBC는 손 들어 보호하고, 개인 기업인 TV조선, 채널A가 국민과 사회를 위해 공적인 책임을 못한다고 재허가 취소를 1차로 했습니다.

개인 기업인 TV조선, 채널A가 공적인 책임을 못한다고 한다면, 국민세금으로 운영되는 KBS와 MBC가 공공성이 없을 때는 이유불문하고 허가취소해야 하는 게 당연지사 아닙니까.

그리고 정권이 앞장서지 못할 때는 이제는 국민이 없앨 것을 요구해야 할 때가 왔습니다.

그럼에도 지금 정권은 내놓고 KBS와 MBC를 감싸고 밀어주

공영방송, 미디어의 아이콘 역할

고 있습니다.

작년 9월말 방송통신위원장은 적자로 허덕이는 KBS와 MBC 등 지상파 사장들을 불러놓고 우파 유튜브 미디어교육(?)을 시켜주면 지상파의 소원인 중간광고를 허가해 줘서, 많게는 연간 1000억 가까이 국민세금을 지원해 준다고 말했습니다.

그렇게 정권에 빌붙어 말 잘 듣는 공영방송 지상파한테는 국민 혈세로 당근을 퍼붓고 있습니다.

결론적으로 KBS와 MBC는 정권에 필요한 방송이지 국민들하고는 실제 관련이 없는 방송이 되었습니다.

특이한 점은 이럴 때 야당도 절대 나서주지 않는 게 또 관행이 되었습니다.

이번 TV조선, 채널A 재허가 탈락 보류 때, 방송통신위원회에는 야당추천 상임위원 두 분이 분명하게 나서줘야 했지만 그런 조짐은 없었습다.

국민을 위해 싸울 줄 모르는 현 야당에서 추천하는 상임위원들이어서 그런 것 같습니다.

누가 초록은 동색이 아니랄까 봐 ,야당의원들과 추천 상임위원들이 같은 흉내를 내고 있습니다.

이런 처신이기에 현 야당의 생각은 방송을 이 정권이 앞장서 장악해 주면 나중에 야당이 집권했을 때 더 편해질 수 있어서, 오히려 뒤에서 박수까지 친다고 합니다.

시중에 떠도는 이런 루머가 사실이 아니고 오해이길 바랍니다.

기껏 이번에도 국회 방송상임위원회에 오래 관계한 박대출 의원의 성명서 한 장으로 면피하려는 건 아닌지 모르겠습니다.

TV조선과 채널A 재허가 탈락 건은 이 정권이 정권 맘에 맞지 않으면 방송도 폐지시킬 수 있다는 선례를 분명하게 보여줬습니다.

같은 논리라면 무늬만 공영방송, 레테르만 공영방송이자 정권 공영방송인 KBS와 MBC도 언제든지 공영방송 레테르를 뗄 수 있다는 것을 가르쳐준 사건이라 하겠습니다.

한 정권은 의지만으로도 방송사 폐지를 할 수 있는데, 국민도 주인인 공영방송을 폐지할 수 있다는 것을 국민들 의지에 따라 언제든지 가능할 수 있다는 것을 알게 된 것입니다.

또 다채널 다매체 시대에 굳이 국민세금을 쏟아 부으면서 이렇게 방만하게 공영방송을 유지하는 건 국가적으로 낭비라고 봅니다.

덧붙여 현실적으로도 MBC와 KBS는 당장 민영화해도 문제가 없다고 생각합니다.

이에 따른 각 방송노조문제는 민영화 된 후에 자체적으로 발전 방향을 모색하게 하면 될 것입니다.

국가 기간방송이 문제라면, 미국의 진정한 국가 기간방송인 PBS방송을 모델로 참고해서 KBS1을 전환하면 됩니다.

KBS, MBC의 민영화는 국민들 손으로만 할 수 있습니다.

수사청 설치 본질은 검찰 해체!

방송 : 2021년 3월 4일

수사청 즉 중대범죄수사청 설치가 정치권의 큰 이슈입니다.

또 국민들 편가르기가 시작되는 거 같습니다.

수사청이 뭐길래, 윤석열 검찰총장은 직을 걸고 반대한다고 합니다.

또, 청와대에서는 문재인 정부의 윤석열 검찰총장은 국회 입법권 절차에 따르라고 종용합니다.

먼저 짚고 넘어가야 할 점은, 세간의 관심이 윤석열 총장이 정치를 할 것인가에 집중되어 있다는 것입니다.

그건 본인이 판단할 문제입니다.

국민 대다수는 윤석열 총장에게 1992년 이탈리아 마니폴리테 운동을 주도해 부패정치인, 관료 4500명을 기소한 안토니오 디 피에트로 검사 같은 역할을 해 달라는 것일 겁니다.

수사청 설치 문제의 골자는 지금 검찰이 가지고 있는 6대 중요범죄(부패, 경제, 공직자, 선거, 방위사업, 대형참사 사건으로,

이 수사권은 1차 검경수사권 조정 결과 검찰에 남겨진 수사권임)의 수사권도, 법무부 산하에 신설되는 수사청으로 옮긴다는 내용입니다.

그동안 검찰이 가지고 있던 고위 공직자 수사는 공수처로 넘어 갔습니다.

또, 일반인의 중요사건은 검경수사권 1차 조정 결과 ,경찰의 국가수사본부(국수본)에서 맡습니다.

결국은 검찰은 기소권만 있고 수사권은 없어진다는 것입니다.

그렇게 되면 검찰은 힘도 빠지고 할 일도 없어진다고 합니다.

반대로 분산된 수사기관은 정치권력의 힘을 가진 사람들의 조종에 의해 수사가 좌우 될 수밖에 없다고 합니다 .

수사청을 관장하는 법무부장관도 대통령이 임명하고, 경찰의 국가수사본부장도 경찰청장 밑에 있는데, 경찰청장도 대통령이 임명합니다.

얼마 전 추미애 법무장관이 윤석열 검찰총장과 검찰의 수사권과 인사권 문제를 놓고 독단적으로 처리해서 얼마나 국민들 분노를 샀습니까?

수사청 설치에 대해서 윤석열 총장은 검찰총장의 입장에서 공개적으로 반대의사를 분명히 합니다.

윤 총장은 이 정권이 의도적으로 검찰 수사권을 뺏으려고 하는데 검찰 자체로서는 힘이 달려서 국민여론에 호소하고 있는 형편입니다.

윤 총장은 공개적으로 모 일간지 인터뷰를 통해 "졸속입법이 이뤄지지 않도록 국민이 두 눈 뜨고 지켜보길 바란다" 고 까지 합니다.

이에 대해 이 정권 핵심들은 검찰총장이 정치적 처신을 한다고 비난하는 분위기 일색입니다.

한 걸음 더 나가서 여권은 윤 총장을 정치검사로 지목하고 사퇴시키기로 작정한 것 같습니다.

윤 총장이 정치판으로 나와 정치하기를 종용합니다.

수사청 설치가 국민한테 무슨 문제인지는 뒷전입니다.

그러면서도 아직까지는 국민여론이 권력독주에 부정적인 점에 신경이 쓰이는 것 같습니다.

수사청 규모와 구성 뿐만 아니라 통제를 할 수 있는 안전장치도 결정되지 않았습니다.

언제부터 수사청 가동을 해야 하는지 조차 합의가 되지 않은 것 같습니다.

그러나 수사청 설치에 대해 이 정권에서 임명된 김진욱 공수처장은 정권 핵심들과 같은 생각은 아닌 것 같습니다 .

"대형사건은 수사검사가 아니면 공소유지가 어려울 수 있고, 공소유지가 안돼 무죄가 선고되면 수사기관의 반부패 수사역량이 떨어질 수 있다" 라며 검찰의 수사활동의 필요성을 역설합니다.

일반 국민입장에서는 그래도 현실감 있는 얘기로 들립니다.

또 검사 출신인 홍준표 의원은 직선적으로 이 문제를 얘기했습니다.

"정권이 넘어가면 차기 정권이 또 다른 검찰 간부를 앞세워 문재인 적폐 수사를 하기 때문에, 당할 수도 있겠다는 두려움이 커서 이런 검찰은 해체해야겠다고 생각했겠지요."

일반 국민들은 수사청 설치문제의 옳고 그름을 이미 잘 알고 있습니다.

단지 이 정권의 핵심들과 검찰 간의 힘겨루기가 계속되고 있다고 생각합니다.

핵심 쟁점은 검찰을 기소와 재판 관리만 하는 '껍데기'로 만들고, 수사권은 법무부 산하 수사청에 넘긴다는 것입니다.

이렇게 되면 앞으로 우리나라에서 권력 비리와 불법에 대한 수사는 원천 봉쇄될 수밖에 없다는 것입니다.

이렇게 되면 현재 청와대의 울산선거 개입 의혹, 원전 경제성 조작, 환경부 블랙리스트, 라임·옵티머스펀드 사기, 조국일가 범죄 등등 정권의 불법을 영원히 밝힐 수 없다는 겁니다.

반대로 윤석열 검찰이 박근혜 적폐 수사만 계속하고 원전 의혹 같은 이 정권의 비리를 수사하지 않았으면 수사청, 국수본, 공수처 설치도 안 되었을 것입니다.

국민들 입장에서 더욱 안타까운 것은, 검찰의 수사권을 뺏고 수사청 설치가 당당하다면 대통령이든, 총리든, 장관이든 국민들한테 직을 걸고 판단을 받는 자세가 없다는 점입니다.

국민들은 여론이야 어떻든, 국회의원 숫자로 밀어붙여 법을 만들면서 법치주의에 맞는 국가운영이라고 강변할 때 어안이 벙벙해 질 수 밖에 없습니다.

무슨 공영방송?
사설정권 나팔수 방송이 제격

방송 : 2018년 12월 12일

'일반인의 특별한 생각 홍용락의 레이져 뉴스' 시작하겠습니다.

세월이 어수선하니까 하늘이 놀라고 땅이 뿌리째 흔들리는 경천동지 할 놀라운 일이 일어났습니다.

국민의 수신료로 운영되면서도, 뻑 하면 독립성과 자율성을 보장받아야 한다는 소위 공영방송 KBS가 드디어 사고를 쳤습니다.

KBS가, '오늘밤 김제동' 이란 프로그램에서 국민혈세로 유지되는 공영방송이 국가체제를 부정하는 반국가와 반체제 방송을 조마조마하게 거듭하더니 결국은 대형사고를 쳤습니다.

국가보안법 위반혐의로 검찰에 고발 당해 조사받는 종북단체인, 김정은 남한답방을 환영하는 소위 '위인맞이환영단' 대표를 이 프로그램에 출연시켜 물의를 일으켰습니다.

그 단체는 현재 서울시내에서 '나는 공산당이 좋아요' 하고 구호를 외치며 '김정은 팬클럽 모집"도 합니다.

KBS가 물의가 일어날 줄 알면서도 그 단체 대표를 섭외했습니다.

김수근이란 그 종북단체 대표를 사회자인 김제동이 극진히(?) 모시면서 대다수 국민들이 경악할 내용의 인터뷰를 진행했습니다.

그 내용이 이렇습니다. 종북단체 대표 김 씨가 거리낌 없이 김정은을 좋아하며, 그 이유는 정상회담에서 겸손하고 배려심 많고 결단력 있고 배짱 좋고, 또 실력 있는 지도자 인성을 보여줬기 때문이라는 말도 안 되는 어불성설의 내용을 가감 없이 방송으로 내보냈습니다.

김수근은 한술 더 떠서 우리 민족의 평화통일을 위해서 모든 것을 바치려는 강력한 의지와 유머까지 김정은이 갖고 있기 때문이라고 합니다.

방송을 듣는 대다수 시청자들은 이 친구가 대한민국에 살고 있는 국민인지?,,,, 정신없는 종북 정치지망생 젊은인지?,,,, 또, KBS가 목적을 가지고 한 인터뷰로 계속 봐야 할지?,,,, 한심하기 짝이 없는 방송이고 출연자였습니다.

사실 대한민국 국민들로서는 이 김 씨는 자유민주주의를 지켜온 국가체제에 대해 반국가적 이적체제를 주장한 범법행위를 자행한 자라 할 수 있습니다.

그럼에도 국가 기간방송이라고 스스로 위치와 역할을 자처하는 공영방송 KBS가 이를 공개적으로 공론화 하는 데는 몇 가지 목적이 있습니다.

첫 번째로, 문재인 정권은 김정은 답방을 기회로, 내놓고 북한의 김정은 정권을 찬양하는 종북단체들의 시민사회 활동을 정권차원에서 묵인과 지원의 계기로 삼고자 하는 의도일 수 있습니다.

두 번째, 어떤 경우는 김정은 남한 답방에 대한 분위기 조성을 위해 사전 관제동원 성격으로 활용하고자 하는 뜻일 수도 있습니다.

하지만 우리 대한민국의 현재는 엄연히 자유민주주의 체제를 헌법으로 명시하고 있지 않습니까?

이 현실에서, 이 나라에서 김정은을 대놓고 찬양하는 이 문제를 반 국가행위가 아닌지를 조목조목 따져 봐야 하는 시점입니다.

그런 후에 북한과 통일을 위한 협의를 하든지, 또 비핵화 협의를 할 방법과 시기를 정해야 하는 게 순리일 것입니다.

백 번 양보해서 현실적으로 남북한 통일을 위해서, 또 미래지향적 발전을 위해 불가피하게 북한의 3대 세습 독재체제를 대표하는 김정은 정권과 협의를 해야 된다면, 근본적인 국가체제에 대해 상호 상대방을 양해하고 미래를 위한 협의를 할 수는 있습니다.

다시 말하면, 과거가 어떻게 되었는지는 일단 덮어두고 미래에 잘 될 수 있는 방향을 위해서는 머리를 맞댈 수는 있다는 것입니다.

이렇게 융통성을 발휘할지라도 현 정권체제 내에서 잘못한 점에 대해서만은 어떤 식으로든지 거론을 해서 사과를 받은 후에 미래 문제를 얘기해야 서로 빚질 게 없이 출발할 수 있다는 얘기입니다.

이 경우에도 남한도 북한 주민이 굶어죽어 가는데, 전적으로 도움을 주지는 못했지만(일부 식량 지원은 했지만), 북한은 김정은 집권체제와 연결되어 천안함 사건을 일으키고 연평도에 포격을 퍼부어 불바다로 만들려 했었기 때문에, 적어도 남북한 평화와 공존을 위한 협력을 위해서라면 이 문제들에 대해 어떤 식으로 언급을 해야 하는 것이 정상적인 협력 방향이라는 것입니다.

적어도 생각이 있는 남한 국민들은 이 정도는 전제되어야 한다고 생각할 겁니다.

그렇지만 현재의 문재인 정부는 눈앞의 남북한 교류만 된다고 하면, 어떤 굴욕도 감수하고 진행하면 된다고 생각하는 것 같습니다.

구구하게 이념 등의 표현을 하지 않더라도 속된 표현으로, 이렇게 하는 것이 장땡(?)이라고 생각하나 봅니다.

남한 대다수 국민들이 보편적으로 생각하는 김정은한테 먼저

무슨 공영방송? 사설정권 나팔수 방송이 제격

사과를 받은 후 그 다음에 순리적으로 진행해야 한다는 생각은 문 정권에게 애시당초 없었던 것 같습니다.

북한의 핵무기로 인해 한반도가 핵전쟁의 도화선이 되고 불바다가 될 수 있다는 무시무시한 가능성만 말합니다.

막연하게 전쟁이 일어나지 않기 위해서는 남북한 정상이 만나야 하고, 상호방문도 해야 하고, 또 영향력이 큰 미국과의 대화도 주선해야 하고, 더 나아가 북한 김정은에게 절대적인 영향력을 행사하는 중국의 시진핑에게 결제를 받는 것까지 필요하다고 언급할 뿐입니다.

그래서 김정은은 남한 답방을 할지 말지를 리용호 외무상을 중국 시진핑에게 보내 결제를 해줄지를 물어보게 했던 것입니다.

문재인 정부가 추진하는 김정은 남한답방이 외교적 실리가 크지 않다는 것을 알만한 우리 국민들은 이미 다 알고 있습니다.

김정은 남한답방의 붐 조성을 위해 나선 종북단체가 남한 국민들을 상대로 반국가적 이적 행위를 했지만, 정권에 충견인 현재의 검찰도 수사 시늉만 하는 묵인과 방조로 일관하고 있습니다.

결과적으로 종북단체 뿐만 아니라, 현 정권도 또 검찰도 김정은을 위해 앞장서는 일만 합니다.

또, 그것도 모자라 광범위한 전파 전달능력을 가진 KBS를 비롯한 제도권 언론들을 동원해서 종북단체와 관련한 반국가 프로그램을 공공연히 만들어 내보냅니다.

그렇게 해서 김정은 남한답방의 실체와 국가적 실리에 대하여 긴가민가 하는 많은 국민들에게 김정은 답방에 대하여 과대포장된 호의적 내용만 전달해서 좋게 생각하게 만드는 밴드웨건 즉 편승효과를 노립니다.

문재인 정부는 집권 초에 이미 방송에 대해 친정권적인 사장 인사를 통해 방송장악을 해 놨기 때문에, 이제는 맘 놓고 노골적으로 언론과 방송장악을 해도 반발하는 사람들이 없는 상황입니다.

KBS의 경우 전 정권 사장 임기가 남았음에도 어거지로 쫓아내고 입맛에 맞는 사장과 경영진을 앉혀 놨지 않습니까?

그러면서도 대외적으로는 공영방송을 내세워 국민들이 예민해 지는 때만 되면 '국민의 보편적 시청권'을 보장해야 한다고 외쳐댑니다.

'오늘밤 김제동' 프로그램에 종북단체 대표라는 김 씨를 내세워 국민들이 전율을 느낄 정도로 김정은 정권 찬양을 하게 한 것도, 방송사 구조상 사장과 말단 제작자, 출연자가 한 통속이 되지 않으면 만들 수 없는 프로그램입니다.

이에 대해 정치권 등 외부에서도 잠깐 와글거릴 뿐이고, 내부에서는 지적 정도도 할 사람이나 단체가 현재는 없는 실정입니다.

방송제작 현장에는 내부적으로 프로그램 제작방향 가이드가 존재합니다.

문서로 된 경우도 있고, 오랜 제작관행이 보태진 제작규범이라는 것이 있습니다.

KBS가 '국민의 보편적 시청권'을 근거로 프로그램을 만들었다면, 종북단체 대표 출연을 결정할 경우, 첫째, 그 단체의 주장이 대한민국 현행법을 위배하는 범법사항이 아니어야 합니다.

또 피치 못하게 반국가행위로서 법을 어겼을 경우라도 많은 국민들이 그와 같은 주장에 동조하고 있다는 근거가 있어야 제작자가 출연도 결정하고 프로그램도 만들 수 있습니다.

지금처럼 국민 대다수의 정서와 일치하지 않고 극소수 별종들의 생각일 경우라도, 국가 장래를 위해 어느 정도 미래지향적으로 필요하다고 제작자가 판단 될 경우 본인이 결정을 못하고 조직의 윗사람에게 물어야 되는 게 제작 룰입니다.

아마도 이 종북단체 출연의 경우 최소한 국장 이상 제작본부장 선까지 결제를 받아야 할 사항입니다.

제작본부장도 이런 예민한 문제에 대해 본인이 실제적 전결권을 행사할 수 없는 게 또 방송사 조직 운영체계입니다.

실무책임자는 최고 책임자인 방송사 사장과 회의를 통해 구두 결제라도 분명히 받아야 이런 예민한 문제는 프로그램화 될 수 있습니다.

또 김정은 답방 펜클럽 만드는 종북단체 대표 출연자에 대한 출연섭외 룰도 섭외 대상자가 순수하며 자발적인 시민의 한 사람이었다면 현장 제작자가 독자적으로 섭외할 수도 있습니다.

그러나 지금의 출연자는 젊은 나이에 정치 한 번 해보기 위해 과거 반국가 정당으로 판결 받은 정당의 직함을 가지고 있던 사람이었습니다.

이런 사람에 대한 섭외는 현장 제작자 선에서의 섭외는 불가능합니다.

왜냐하면 결과에 대한 책임을 말단 제작자가 질 사안이 분명히 아니기 때문입니다.

이런 판단이 있었을 텐데, 이 문제는 현장 제작 책임자가 단독으로 출연 섭외할 사항도 아니고 그런 방송사 구조가 아니라는 것은 제작현장을 조금만 아는 사람은 누구나 아는 얘기입니다.

그러므로 문재인 정부가 KBS 프로그램 '오늘밤 김제동'에 종북단체 대표를 출연시켜서 보는 국민들의 마음을 심란하게 한 사

다매체, 공영방송 무한 생존 경쟁시대

건은, 방송을 장악한 현 정권이 현 정권에 빌붙어 입신 하려는 방송인들과 기생정신으로 맺어진 관계입니다.

자기들 지지층만을 위한 정치를 하는 현 정권과 기생하는 방송인들과의 관계는 실제로는 자기들의 권력유지 도구로 써주고, 그 대가로 개인적인 출세를 시켜주는 카멜레온 같은 관계 외에는 국민들의 피해에 대해서는 눈꼽 만큼도 관심이 없습니다.

특히 외교, 안보와 국민이 먹고 사는 문제가 너무 힘든 현재의 정권은 그 능력의 밑천이 드러날 것을 염려해 일찌감치 인사와 규제를 내세워 제도권 언론을 장악했습니다.

그 중에서도 특히 KBS와 EBS 같은 공영방송과 MBC를 앞세워 노골적인 정권 편들기가 계속되고 있습니다.

판단이 잘 안서는 국민들은 한 두 번은 속을지 모르지만 나중에는 정권과 방송사 모두 양치기 소년같이 국민으로부터 일제히 불신 받을 시기가 곧 올 수 있다는 것을 명심해야 합니다.

그와 같은 징조가 지금 바로 보입니다.

철도분야 전문성과는 눈을 씻고 찾아봐도 찾을 수 없는 방송인이라고 자처하는 여성 코미디언 김 모씨를 남북철도교류위원장이라는 중책을 맡긴데 대해 국민들은 그저 재미없는 코미디를 보는 것 같아 냉소만 보내고 있지만, 불신을 차곡차곡 쌓아가고 있습니다.

또 방송경력도 없는 여권의 유명 정치인 유 모 씨의 누나를

EBS 이사장으로 세워놓고, 또 사장에는 노무현 정부와 운명을 같이 한 공영방송 사장 비서실장을 앉혔습니다.

두 사람이 의기투합해 손발을 맞춘 첫 작품이 이북에 가서 북한 시리즈 프로그램을 만들겠다고 합니다.

현재 그런 종류의 프로그램은 다른 해외지역에 가서 싼 제작비로 제작해 올 수 있는데, 관행적으로 초기에 제작비를 엄청나게 요구하는 공산국가인 북한에 가서 제작한다면, 결국 제작비 조로 북한에 금전 지원 통로를 열어주는 꼼수라는 오해도 있을 수 있습니다.

현 정부가 장악한 공영방송들은 우리사회에서 방송의 책임과 의무인 정부 및 환경감시기능을 지금처럼 망각하고, 정권의 나팔수 역할만을 반복합니다.,

안 그래도 끼리끼리 하는 정권이며, 정권의 사설 홍보방송이라고 비난을 받고 있지 않습니까?

한 마디로 '그 정권에 그 사설방송'이라는 것이 현재 일반 국민들의 냉정한 평가입니다.

오죽했으면 객관성과 공정성을 앞세워야 할 공영방송의 뉴스와 프로그램이어야 함에도, 철없이 영웅심리에 도취해 있는 종북단체 대표 같은 사람을 인터뷰해 내보내고 있습니다.

이런 것이 계속된다면, 지금처럼 저녁메인 뉴스가 1%에서 몇 %사이 최악의 시청률이 나오는 상황이 계속 되풀이될 것은 명약

무슨 공영방송? 사설정권 나팔수 방송이 제격

관화합니다.

궁극적으로는 국민들로부터 외면 받는 방송이 될 겁니다.

모름지기 정권은 몇 년 하면 그 정권은 능력에 따라 국민의 준엄한 심판을 받습니다.

100년 가까운 역사와 세월을 다져온 방송은 정권에 편중되지 않고 문자 그대로 그 시대 국민들의 생각을 반영하는 거울이 되어야 합니다.

특히 국민들의 세금으로 운영되는 공영방송은 더 공정성에 대한 원칙을 분명히 해야 합니다.

그래야 국민들에게 신뢰를 받고, 나아가 주변의 민영방송의 방향성과 기준도 잡아줄 수 있습니다.

오늘날 공영방송의 표본인 영국의 BBC는 아르헨티나와 영국이 포클랜드 전쟁이 일어났을 때, 전쟁과정에 대해 너무 엄격하게 공정보도를 해서 그 당시 대처 수상이 포클랜드 전쟁터에 나간 영국 젊은이 어머니들의 눈물을 생각해 보라고 하자, BBC는 적국인 아르헨티나 어머니들도 눈물이 있다고 응수했답니다.

공영방송이 내편 네편으로 치우쳐 공정성을 잃지 말아야 된다는 경각심을 주는 BBC 교훈에서, 사설 홍보방송 소리를 듣는 현 정권과 현 공영방송의 부화뇌동이 국가와 국민을 위해 바람직한 건지 현주소를 잘 생각해 보길 바랍니다.

전파낭비 생쇼!
어떤 국민과 대화했나

방송 : 2019년 11월 21일

청와대는 지난 19일 저녁 문재인 대통령이 MBC TV '국민과의 대화'에 나와 120분 동안 국정현안을 국민과 진솔하게 얘기했다고 했습니다.

문재인 대통령이 임기 절반을 지난 시점에서 의의가 컸다고 덧붙였습니다.

진행방법도 외국의 타운홀 미팅 형식으로 일반국민들과 격의 없이 현안에 대해 대화를 나눴다고 했습니다.

또 참여한 국민패널도 성별, 연령별, 직업별 대표성을 기준으로 공정하게 뽑아서 객관성 있게 진행했다고 했습니다.

권위를 가진 대통령이 일반 국민들과 만나 진솔하게 국정의 문제를 얘기 했다는 이번 행사는 이벤트 차원에서는 그런대로 의미가 있었는지 모르겠습니다.

그러나 행사 취지에 비해 결과는 국민들에게 진정성 있게 느껴지는 공감대가 부족한 부분이 많이 있습니다.

내용도 형식도 진행마저도 국민에게 감동을 주는 진정성이 떨어지는 행사여서 안타깝습니다.

이런 이벤트는 국민들을 납득시키고 이해시키는 게 주요 목적이어야 합니다.

그런데 실제는 대통령의 업적에 대한 자화자찬이 지루하게 진행되었고, 적극 지지자인 문빠가 맹목적으로 지지하는 박수만 요란했기 때문에 알맹이 없는 잡담만 난무한 행사였습니다.

내용 뿐만 아니라 프로그램 진행에도 진지함을 찾아볼 수 없었습니다.

대통령이 정말 국민과 머리 맞대고 현재의 위기를 고민하는 대화의 장이었어야 했습니다.

대통령이 마치 연예인 팬미팅 하듯이 자기 팬들 불러다가 스타 만들기 이벤트 쇼와 비슷하게 진행되었습니다.

이 시점에서 국민들한테 쉽게 나타나지 않던 대통령이 이번 행사를 적극적으로 기획한 목적을 생각해 보게 됩니다.

원론적으로는 방송을 통해 국민과 소통하고 공감대를 확산시켜 국민들의 신뢰를 얻고 싶은 목적으로 기획되었을 겁니다.

처음의 목적에 비해 실제 행사는 진정성이 부족했습니다.

그날 행사에서 대통령의 태도로 봐서는, 대통령이 국민들의 생각과 동떨어진 인식의 틀을 가지고 있다는 우려를 갖게 했습니다.

국민경제와 자영업자들이 다 망해가는 데도 최저임금, 주52시간 시행이 커다란 효과가 있다고 얘기할 때는 딴 행성의 외계인하고 얘기하는 기분이었지 않았습니까?!

국민들의 생각과 동떨어진 대통령 인식을 장황하게 설명해 봐야, 국민입장에서는 반감만 더 증폭될 수밖에 없습니다.

이번 '국민과의 대화'의 또 다른 특징은 취임 초부터 내편 네편으로 편 가르기에 몰두한 이 정권이 내편은 더 끌어안고 네편인 반대편을 더 위축시키는 시도가 노골적이었다는 사실입니다.

어느 대통령도 취임하면 지지자와 반대편을 통합하는데 최우선 목표를 둡니다.

그럼에도 임기의 반이 지난 현 시점에서 문 대통령과 이 정권은 내편 네편을 더 가르고 분리시키는 행태가 짙어져서 많은 국민들을 안타깝게 만듭니다.

또 다른 특징은 이번 '국민과의 대화'를 MBC를 주관 방송사로 하여 KBS가 공동으로 생중계했습니다.

나라를 대표하는 대통령이 오랜만에 국민과의 대화를 할 때는 당연히 국가 기간방송임을 강조하는 KBS가 주관방송사가 되어야 합니다.

그럼에도 뉴스 시청률 1%대라는 MBC를 주관 방송사로 택한 것도 이해가 되질 않습니다.

어쩌면 정서적으로 많은 교감을 가진다는 MBC에게 특별히 주관방송 위치를 주어 시청률 회복에 대통령이 일조를 해주고 싶은 마음인 것 같기도 합니다.

'국민과의 대화'에서 국민들로부터 지적 당하는 또 하나의 기획적인 문제는, 객관적으로 질문자와 질문지 준비가 미흡한 점입니다.

표본을 전 국민을 모집단으로 해서 연령대, 성별, 직업별 등등의 소위 사회인구학적 객관성을 바탕으로 했다고 했습니다.

진행과정에서 특정집단의 대표성을 가진 다양한 현안에 대한 날카로운 질문이 있었던가요?

대통령 입장에서 일방적으로 내세우고 싶은 얘기로만 나열이 되었습니다.

'국민과의 대화' 속에 국민은 보이지 않았습니다.

대통령과 나랏일에 걱정이 이만저만이 아닌 장삼이사의 평범한 남녀노소는 거기 없었습니다.

뿐만 아니라 정말로 객관성, 타당성, 보편성 있는 질문자 선정과 질문내용이라면, 분명히 현안이 되고 있는 탈북 선원 송환문제 수준은 심도 있는 질문과 답변이 있어야 했습니다.

이 사건은 문 대통령 퇴임 후 두고두고 회자될 수 있는 사안이기 때문입니다.

통일문제에 대해서도 두리뭉실하게 '보람 있었다' 고만 얘기했습니다.

객관성 있는 국민패널이 선정되었다면, 문 대통령 공약에도 나오는 남북연방제 추진상황이라도 물어보는 질문이 나왔어야 했습니다.

내편 네편을 떠나 국민의 7, 80%는 남북연방제 추진에 절대적으로 관심을 가지는 현실입니다.

질문자와 질문 내용도 천편일률적으로 입을 모아 문비어천가를 부릅니다.

답변도 동문서답이 많았을 뿐 아니라, 핵심도 없는 내용의 나열이었다고 생각합니다.

꼭 물어봐야 할 질문도 나오지 않았지만, 답변도 자화자찬을 유도할 질문으로 진행되었습니다.

너무 심각하기에 하나 더 예를 든다면, 문 대통령 지지자들도 감정적으로 불편할 수 있는 조국 전 장관 문제를 질문했습니다.

문 대통령의 답변은 이 사건을 통해 검찰개혁의 필요성을 확인했다고 하는 지나친 아전인수격 인식을 보여줬습니다.

이번 '국민과의 대화'는 이해할 수 없는 시기에 이해할 수 없는 내용으로 진행이 되었습니다.

또 납득할 수 없는 답변만 하는 이벤트로 시종일관함으로써, 국민들로 하여금 전파낭비를 한 이벤트라는 생각이 들게 했습니다.

향후 이번 일을 기회로 또 다른 이벤트를 할 때에는 국민들에게 조금이라도 희망을 줄 수 있는 기획을 하기를 제안합니다.

우선 국민들에게 진정성을 보여주려면 진심으로 나라를 걱정하는 국민들을 패널로 모셔야 합니다.

또 질문 내용도 언론사를 포함해서 많은 국민들에게 질문 참여 기회를 부여해야 합니다.

그 중에 빈도수 높은 질문항목을 사전에 선정해서 순서대로 질문을 하게 해주는 기획으로 바꿔야 합니다.

그런 과정이 되어야 전체 국민들이 물어보고 싶은 것을 제대로 물을 수 있습니다.

작지만 이런 개선점이 있는 기획방향의 시도가 필요합니다.

대통령이 진정성 있는 이벤트를 진행할 때, 역으로 국민들이 대통령과 나라를 걱정한다는 것을 알게 될 것입니다.

지금의 '국민과의 대화' 방식은, 히틀러나 쿠바 카스트로가 언론 방송을 총칼로 움켜잡고 내 얘기만 전달하는 방식에서 포장만 달라진 형식과 내용이라고 해도 할 말이 없을 겁니다.

국민들은 어떤 감흥도 못 느낍니다. 물론 공감도 없습니다.

밋밋한 대선후보 1차 TV토론회

방송 : 2021년 9월 16일

오늘부터 국민의힘 대선후보들 TV토론회가 시작됩니다.

앞으로 다섯 차례 토론이 예정되어 있지만 오늘이 첫 번째 토론입니다.

사실 그동안 어제 끝난 1차 컷오프가 있었음에도, TV토론회가 한 번도 열리지 않아 1차 탈락된 세 분은 하실 말씀도 있을 것 같습니다.

오늘 토론의 주요 관전 포인트는 아무래도 지금까지 지지율 1위를 독주해 오고 어제 1차 컷오프 결과도 1위 주자로 알려진 윤석열 후보가 토론능력이 어느 정도냐가 주목할 점입니다.

바꿔 말하면 검찰총장 하다가 갑자기 대통령을 하기 위해 정치 일선으로 뛰어든 윤석열 후보가 대통령이 되었을 때 어느 정도 감당할 수 있는 능력이 있는 지를 판단하는 게 주요 포인트일 겁니다.

윤석열 후보를 겨냥해 홍준표, 유승민 후보 등은 토론회를 통해 윤석열 후보의 능력을 점검하겠다고 벼려 왔습니다.

그동안 TV토론회를 통해 윤석열 후보를 주저앉히고 본인들이 그 자리로 약진하겠다고 여기저기서 얘기하지 않았습니까?

그런데 오늘 막상 뚜껑을 열었습니다.

어떻게 보셨는지 모르겠지만, 탐색전이어서 좌담회 수준 정도로 보여집니다.

질문자가 상대한테 이슈를 제시하고 어떻게 생각하느냐를 물어보면서도, 자신이 먼저 그 문제에 대해 의견을 얘기하고 예상 답변도 미리 얘기하는데 무슨 활발한 토론이 되겠습니까?

국수에 양념과 간장이 안 들어간 밋밋한 국물만 있었습니다.

먼저 윤석열 후보는 긴장해서인지 자신에게 불리한 내용은 애써 핵심을 피해가는 전략으로 나왔습니다.

1위 후보로서 방어적인 방향이 필요했지만, 긴장이 지나쳤고 유연하지 못한 대처는 순수하고 아직 아마추어다 하는 인식을 줄 수 있었습니다.

본인이 얘기해야 할 얘기는 단호하게 얘기할 수 있어야, 이 정권을 무너뜨릴 선두주자로서 지지자들에게 믿음을 주지 않겠습니까?

전체적으로는 본인이 잘 아는 분야인 법 이외에 경제, 사회, 안보 등 국정전반의 정책문제에 어느 정도 내공이 쌓여 있다는 걸 보여주는데 주력을 했습니다.

그러나 지지자들에게 안심과 친밀감을 높이는 데는 아직도 시간이 경과해야 할 듯합니다.

결과적으로 본인의 소신은 크게 보여주지 못하고, 애써 피하고 안정된 토론으로 객관적 평가가 어려웠습니다.

또 하나의 관전 포인트는 현재 따라붙고 있는 홍준표 후보에 대한 토론회 이후의 평가입니다.

이 평가는 우선 야권 내부에서는 지지율에서 윤석열 후보에 많이 근접한 홍준표 후보가 이번 TV토론회를 통해서 역전의 발판을 삼을 수 있을지 여부였습니다.

홍 후보 본인이 생각하는 야권 대선후보는 무조건 홍준표라는 '무야홍'의 꿈을 이룰 수 있을지가 관건입니다.

홍준표 후보도 이번 토론회에 크게 기대를 했을 겁니다.

국민의힘 대선 경선 토론회

이유는 지금 지지도에서 윤석열 후보를 거의 근접했고, 토론회에서 오랜 정치경륜에서 나오는 능력도 보여줬습니다.

특유의 좌충우돌, 직설적 화법, 소신발언도 계속 이어 갔습니다.

그동안 강한 자아를 보이는 독불장군 같은 처신도, 앞으로는 국민 속에서 함께 하겠다는 다짐도 곁들였습니다.

그러나 이번 1차 토론회를 통해서 윤 후보 보다 우위를 확보하지는 못했습니다.

1:1 대면토론이 많지 않은 토론회의 구성상, 홍 후보의 장점인 직설적 화법을 제대로 활용하지 못한 것 같습니다.

홍준표 후보가 이제까지 주력했던 윤석열 후보 한테만 문제제기 하는 전법도 여러 사람들과의 토론이다 보니까 특화해서 활용하지 못했던 것 같습니다.

결과적으로 윤석열 후보가 법 뿐만 아니라 다른 분야 공부도 열심히 하고 있다는 분위기를 보여 줘서 선전했다고 할 수 있습니다.

하지만 두 후보 각자에 대한 지지를 바꿀 정도의 격차는 보여주지 못했다는 판단입니다.

이번 토론회에서 약진한 후보는 유승민 후보였습니다.

유 후보는 그동안 잠재력이 있다는 평가를 받아 왔습니다.

유승민 후보가 해야 될 소리 쓴 소리를 기탄없이 함으로써, 부각되는 계기가 되었다고 평가됩니다.

하태경 후보도 촌철살인의 메시지로 토론회의 활기를 불어넣는 역할과 기대감을 가지게 한 것도 눈에 띄는 부분이었습니다.

사실 이번 TV 토론회는 너무 많은 후보가 나왔기 때문에 상대적인 평가나 파악이 쉽지 않았습니다.

그러나 TV토론회를 통하여 본인이 지지하는 후보를 더 지지하게 되는 보강효과 정도는 있었던 TV토론이었다고 생각합니다.

TV토론회는 이슈를 중심으로 해야 후보 능력이 원활하게 검증될 수 있습니다.

이번 토론회도 처음에는 고발사주 의혹 등등의 이슈를 중심으로 진행되었지만, 결국은 상대후보의 약점만 제기하는 인신공격성 토론회로 기울었다는 아쉬움이 남습니다.

전체적으로는 각 후보가 나름대로 무난하게 대처했지만, 완전하게 후보의 능력을 검증하기에는 부족한 점이 있는 아쉬운 토론회였습니다.

특히 야권 지지자들이 원하는 이 정권의 실정에 맞서서 정권교체를 어떻게 해야 하는지가 핵심이슈임에도 그 문제에 대한 언급이 불충분했다 할 수 있습니다.

또한 TV토론회를 통해서 승산이 높은 후보에게 지지율이 쏠린다는 밴드왜건 효과(편승효과)를 보여주지도 못했습니다.

그러므로 남은 5차 TV토론회까지는 지금처럼 서로의 입장을 지나치게 존중하는 좌담회 형식을 탈피해서 하태경 후보식의 맞짱 토론형식이 필요할 것 같습니다.

권력독재도 모자라,
국민을 편 가르는 정권

방송 : 2019년 5월 27일

국가적 행사 때 마다 대통령이 나서서 행사는 뒷전이고 지지층을 결집시키고, 반대하는 야당과 국민을 골탕 먹이는 말만 합니다.

5.18기념식 때도 그랬습니다.

5.18기념식을 하면서 야당한테 대놓고 독재자 후예 운운 해가며 또 국민을 내편 네편으로 갈랐습니다.

그동안 남북회담을 하면서도 뼛속 뿌리까지 독재자의 후예인 김정은에게는 정작 독재의 '독'자도 꺼내지 않은 사람들입니다.

그런 사람들이 이번 5,18행사에서 다른 사람과는 모두 악수를 하면서 황교안 대표한테는 악수를 하지 않았습니다.

사전에 이 정권의 핵심인사인 유시민 씨가 황 대표가 5.18행사에 참여하면 눈도 마주치지 말고, 말도 하지 말고, 악수도 하지 말자는 세 가지 대응방법을 실천했습니다.

현장, 야간시위 생중계

5.18기념식은 국가의 공식적인 행사가 아닙니까?

그런데 이번에 황 대표가 참석하겠다는데도 굳이 오지 말라고 했었습니다.

마치 어린아이들이 자기 집 행사에 누구는 마음에 들어서 오라고 하고 누구는 마음에 안 든다고 오지 말라는 것과 같습니다.

문제는 행사 참석여부를 가지고 왈가왈부 하는 것만 아닙니다.

그 자리에서 대통령까지 나서서 정치적으로 반대하는 사람들

권력독재도 모자라, 국민을 편 가르는 정권

을 5.18정신을 반대하는 사람들로 몰아세웁니다.

국민들을 5.18을 지지하는 사람들과 반대하는 사람들로 내편 네편으로 편 가르기를 한다는 것입니다.

무슨 근거도 없이 5.18을 지지하는 사람은 민주화운동 한 사람, 그 외 분들은 독재자의 후예로 나눕니다..

문 대통령과 현 정권이 5.18기념식이나 정부행사 때마다 정치적으로 반대하는 야당을 싸잡아 독재자의 후예들이라고 목청을 높이는 이유는 분명합니다.

앞장서서 지지층을 내편으로 확실히 굳히고 반대편에는 내편 한테서는 한 표도 못 뺏어가도록 미리 그물을 쳐놓는 표 공작을 위한 노림수입니다.

문제는 정치적으로 중립에 서야 하는 대통령이 내놓고 선거운 동 한다는 것입니다.

대통령이 그 시대 나라가 잘되고 국민이 잘 사는 것에는 큰 관심이 없고, 앞으로 20년, 50년 현 정권이 장기집권하는 데만 주력하고 있는 것 같습니다.

그러다 보니까 대통령이 추모식 같은 국가행사 때도 행사내용에 의미를 두는 것보다, 반대편 공격하는데 집중할 수밖에 없는 것 같습니다.

그러므로 문 대통령과 현 정권은 첫째, 대통령 자리를 수단 방법을 가리지 않고 권력을 더 강하게 하는 자리로 만들 수밖에 없습니다.

대통령 자리가 권력을 막강하게 하는 자리가 되고, 그렇게 함으로써 주변에서 그 권력에 기대려고 노력하게 됩니다.

이런 현상을 권력독재라 하며, 문대통령은 자의든 타의든 권력독재를 하고 있습니다.

둘째로, 또 자기 권력을 강하게 하려니까 자기를 지지하는 편만 지원하고 챙길 수밖에 없다는 것입니다.

대통령은 자기를 지지하지 않는 국민들에게도 공평하게 지원하고 협력하는 게 원래 대통령의 자세 아닙니까?

특히 우리나라는 5년 단임제 대통령이기 때문에, 다음 선거를 위해 국민들 눈치 볼 일이 많지 않습니다.

그럼에도 이 정권은 자기네 편만 자기들 권력으로 응집시킵니다.

이 정권이 이렇게 권력독재를 하기 위한 방법으로는 우선적으로 사법부와 언론을 장악합니다.

그렇게 함으로써 겉으로는 법에 맞게 합법적으로 통제를 하는 듯하게 보이고, 여론도 친정권적인 언론을 통해 많은 국민들이 동조하는 것 같은 분위기를 만듭니다.

이 나라에서 법으로 단속하고 언론 입에 재갈을 물리면, 알 길 없는 국민들한테는 합법적으로 보여지지 않겠습니까?!

법조계 예를 들면, '우리법연구회' 라는 현 정권과 같은 부류 사람들을 법원 요직에 앉혀서 자신들의 권력유지를 위해 '친문무죄 반문유죄'를 일상적으로 행하는 사법판단을 하게 합니다.

현재 드루킹 사건 판결이 이 정권을 옹호하는 선으로 진행되고 있는 것이 단적인 예가 됩니다 .

또 언론계도 교묘하게 이용하고 있습니다.

이 정권은 지난 번 4.13보궐선거에서 황교안 대표가 운동장에 들어가 관중들과 악수했다고 법을 어겼다고, KBS와 제도권 언론을 동원해 여론을 몰아 결과적으로 야당 몫 한 석을 빼앗아 가지 않았습니까?

이렇게 법과 여론몰이를 앞세워 합법적으로 권력을 장악해서 자기네 권력과 자기네 편을 위해 권력독재를 한다는 겁니다.

지금 국가의 모든 권력을 문 대통령과 현 정권이 움켜쥐고 있지 않습니까?

국가부채가 1000조원에 해당하고 실업자가 200만 명에 육박하는데 앞으로 국민을 잘 먹여 살릴 생각은 없는 듯합니다.

왜 국가행사를 비롯해 시도 때도 없이 대통령은 같은 나라 국민을 민주화세력과 독재자 후예로 갈라치는 지 국민들은 이해가 안 됩니다.

앞으로 몇 십년 집권하기 위해서는 자기편 지지층을 확실하게 편을 갈라 놔야 되기 때문입니까?

문제는 편을 가르는 방법이 더 큰 문제입니다.

과거의 독재세력들이 써먹었다는 지역감정을 이 정권도 단골 메뉴로 써먹는다는 것입니다.

현 정권과 문 대통령이 전 시대 정권이 지역감정을 정권 잡는 데 이용했다고 얼마나 비난을 했습니까?

그러면서도 대통령이 반대편을 독재자 후예라고 비난하는 것은, 영남표를 분산시키고 전라도표에 접근 못하게 지역감정을 더 심화시키는 겁니다.

그러면서 자유한국당 대표에게는 5.18행사 참여를 지역감정을 노린 행보라고 비난하며 의도적으로 막습니다.

또한 대통령과 이 집권세력은 이데올로기 이념까지 강조해서 장년세대끼리 불화를 불지르고 젊은세대는 혼란을 일으켜서, 국민을 내편 네편으로 확실하게 갈라 놓습니다.

참 종 잡을 수 없는 정권입니다.

집권하면 국가경영 철학이라도 생각해 본 집단인지 모르겠습니다.

김원웅 광복회장 멱살 잡은 이유

방송 : 2021년 4월 21일

지난 4월11일 서울 용산 효창공원에 있는 백범기념관에서 102주년 대한민국임시정부수립 기념식이 광복회 주관으로 열리고 있었습니다.

이 자리에서 광복회장으로 있는 김원웅을 광복회원으로 알려진 김임용 선생이 멱살을 잡고 흔드는 일이 일어났습니다.

김임용 선생이 광복회장의 멱살을 잡은 이유는, 본인의 할아버지인 1920년대 임시의정원 의장인 김봉준 선생과 할머니인 노영재 지사 때문이라고 밝혔습니다.

김임용 선생은 할머니가 손으로 한 땀 한 땀 뜨서 제작한 태극기를 광복회에 기증한 적이 있었답니다. 김원웅 광복회장이 이 기증받은 태극기를 방문한 손님들, 특히 여권 국회의원들과 기념사진을 찍을 때 함부로 사용해 왔다는 것입니다.

광복회장이 유족들 허락도 받지 않고 이 태극기를 지라시(상업적 목적을 가지고 무단 복제해서 사용함. 이 태극기는 김원웅 광복회장이 기념사진을 찍을 때 마다 트레이드마크로 사용했음) 처럼 사용하는데 그동안 항의도 했지만 시정되지 않았다 합니다.

이 소동이 각 언론사에서 기사로 나갔기 때문에 세간에 화제 가 되었습니다.

김임용 선생은 4월23일인 내일 광복회에서 징계위원회에 출 석하라는 통보를 받았다 합니다.

결과야 어떻게 될지 모르겠습니다.

이 사건을 보면서 일제시대 독립운동을 한 선조를을 둔 후손 들이 국가로부터 표창과 연금을 받는 사람들의 조직인 광복회에 서도 내편 네편 편 가르기가 심하다는 느낌을 지울 수 없습니다.

그린 갈등으로 이빈 일이 촉빌된 게 아닌가 생각되어 씁쓸한 마음입니다.

이 나라 국민 모두가 힘을 합쳐야 될 때입니다.

그러나 이 정권은 서로 생각을 달리하는 국민들끼리 편 가르기 를 부추기는 것 같습니다.

그런 양상이 이 정권이 정권을 잡자마자 시작하여 지금까지 국빈 따로 성권 따로가 되다 보니까, 이제는 일상적인 현상이 되 었습니다.

학교 동창들 카톡방에서도 누가 세상살이 바른말 하면 상대편 친구들은 정치얘기는 친구 모임방에서 하지 말자고 슬쩍 견제하 는 것, 많이들 봐 왔지 않습니까?

김임용 선생은 접촉한 일간 신문기자들에게 징계위원회에 가서 사실관계를 따지겠다고 했답니다.

이 사건을 보면서 이 사건이 우리 사회의 보수와 좌파들 대립의 축소판을 보고 있다는 생각을 하게 되었습니다.

우리 사회에서는 다 같이 나라를 생각한다면서도 같은 문제를 가지고 내편 네편으로 나눠 다른 생각을 합니다.

김임용 선생은 임시정부 입법기관이었던 임시의정원 의장을 지낸 당헌(棠軒) 김붕준 선생의 손자입니다.

또한 당헌 선생뿐 아니라 당헌 선생의 부인 노영재 지사와 아들, 큰 딸과 큰 사위, 작은 사위 등 일가족 7명이 모두 독립운동을 한 애국지사 집안입니다.

누구는 독립운동가 집안의 결정판 이라고도 합니다. 훌륭한 독립운동가 후손이란 뜻이죠.

김원웅 광복회 회장은 누구입니까?

국회의원도 여야를 넘나들면서 세 번이나 하지 않습니까?

이 분이 광복회 4000여 회원들에게 불신을 받는 것은 광복회장이 된 후에 보여주는 이해 못할 행동 때문입니다.

비상식적이고 독선과 오만으로 독립유공자 후손인 광복회 많은 회원으로부터 불신을 받고 있습니다.

광복회가 주는 독립운동가 최재형 상을 통상 1년에 한 번씩 주는 관행을 깨고, 7,8개월에 한 번씩 줘서 취임 후 벌써 서너 번을 수여했다고 합니다.

시기도 문제지만 그 상 주는 것도 정치편향성을 띠고 여당 정치인들만 골라 주면서, 수상의 기준도 회장 마음대로 결정하는 이해 못할 기준이라는 것입니다.

이 최재형 상이 문제가 된 것은 이래저래 유명해진 전 법무장관 추미애 의원에게 독립유공자 상을 얼마 전인 1월에 줬다는 겁니다.

최재형 독립운동가는 일제시대 러시아 연해주에서 언론과 교육사업으로 모범이 된 노블리스 오블리주를 실천한 분으로, 지금도 최재형 기념사업회가 별도로 있어서 상과 상금을 주는데 김원웅 회장이 취임하면서 광복회가 최재형상을 또 만들어 이원화시켰다고 합니다.

그 과정에 대해 구체적인 이유는 모르겠지만, 현 김원웅 광복회장의 제멋대로 독선은 어느 정도인지 파악되지 않습니까?!

김원웅 회장은 광복회 회장에 취임하면서도 정치인들에게 이해 못할 명분을 붙여 각종 명목의 상을 수여했다는 것입니다.

취임 이후 각종 명목의 상을 만들어 70여명에게 시상했습니다.

이 시상이 정치편향이 되었다는데 더 큰 문제가 있습니다.

더불어민주당 설훈 ·우원식 ·안민석 의원은 반일운동에 앞장섰다는 이유로 '우리시대 독립군'으로 선정해서 시상을 했습니다.

김임용 선생이 광복회장 멱살 잡은 사연은?

　같은 당 소속 은수미 성남시장에게는 '단재 신채호 상'을 줬습니다.

　김임용 선생을 비롯한 많은 독립운동가 후손들은 비상식적인 시상을 하는 김원웅 회장은 독립운동가의 이름을 팔아 자기 정치를 하는 사람이라고 비난을 합니다.

　오늘날 김원웅 광복회장의 정치편향과 함께 광복회의 이념편향도 도를 넘어 지나치다는 점입니다.

　김 회장은 지난해 광복절 경축사에서 "민족 반역자가 작곡한 노래를 국가로 정한 나라는 전 세계에서 대한민국뿐"이라며 애국가를 부정했습니다.

　문재인 대통령은 그 자리에 있으면서도 아무 말도 하지 않았죠.

　또 그는 "국립현충원에는 친일 군인을 비롯한 반민족 인사 69

명이 안장돼 있다"며 이들에 대한 파묘를 주장하고 여당에 법으로 정할 것을 요구했습니다.

이뿐만이 아닙니다. 그는 광복회 사업에 직접 관련이 없는 북한 핵개발을 옹호하고 미군 철수와 한·미동맹 파기를 주장하는 등 극단적인 친북·반미 행태를 보였습니다.

전횡하는 김원웅 회장이 주도하는 현 광복회에 정통 독립운동가 후손인 김임용 선생이 멱살을 잡고 흔드는 것을 본 보수진영에서는 통쾌한 대리만족을 느낄 수도 있습니다.

어떤 분들은 좌파들의 전횡에 사회 각 분야에서 이렇게 적극적으로 대적해야 할 때라고 힘주어 말하기도 합니다.

광복회장의 멱살을 잡고 흔든 김임용 선생의 행동을 미화하고 싶지는 않습니다.

하지만 온 나라가 권력과 힘을 가진 이 정권 편에서 억지와 독선으로 문제 해결을 하는 것을 보면서, '이것도 한 방법이다' 라고 느끼는 분들도 많은 것 같습니다.

끝까지 알박기 하는 청와대 인사

방송 : 2021년 5월 13일

반대 57.5%, 찬성 30.5%,,,

짐작하시겠지만 이번에 장관 임명 후보자 중 부적격하다는 세 사람을 대통령이 임명하는 것에 대해 "에스티아이" 이라는 여론조시기관에서 한 전 국민대상 여론조사 결과입니다.

장관 후보에 오른 과기부 임혜숙, 해수부 박준영, 국토부 노형욱 후보에 대한 국민여론조사 결과는 찬성보다 두 배 가까이 반대하고 있습니다.

이런데도 문 정권 특유의 '인사 몽니'가 또 시작되고 있습니다.

청와대는 인사청문회 보고서를 14일까지 국회에서 보내 달라고 요청했습니다.

이는 반대하든 말든 문제의 3인방 장관 후보들을 임명하겠다는 노골적 의지를 보인 것이겠죠.

이 정권이 국회 인사청문회에서 부적격 판정을 받은 인사를 임명 강행한 회수가 33회인가, 34번째입니다.

노무현 정권 3번, 이명박정권 17번, 박근혜정권 10번을 합친 숫자 30번보다 많습니다.

문제는 국민들은 인사청문회를 무시하고 후보자를 임명하는 것이 이 정권의 관행처럼 인식하고 있다는 사실입니다.

생각 있는 국민들은 대통령의 불통성격 수준이 이 정도인가에 대해 민망하게 생각한다는 분도 있습니다.

이번 4.7보궐 선거에서 국민들은 성난 민심으로 단호하게 혼을 내 줬지 않습니까?

이번 4월10일 취임 4주년 특별기자회견에서 문 대통령은 4.7 보궐선거에서 "졸다가 죽비를 맞았다"고 격해진 민심을 어느 정도 인식한다는 표현까지 했습니다.

그런 사람이 4월11일 국회가 보낸 장관 후보자 3인에 대한 인사청문 경과보고서를 무시하고 막무가내로 임명합니다.

평소에도 앞뒤가 안 맞는 말과 행동을 일상적으로 하는 사람이니까 이번에도 그러려니 하고 지나갈 수도 있습니다.

이번에는 조금 다른 것 같습니다.

같은 진영인 민주당에서 이상기류가 보이는 듯합니다.

당 대표로 새로 선출된 송영길 대표가 친문 골수가 아니어서 그런지, 민주당 내의 다양한 기류를 파악하는 듯한 모습을 보입니다.

4월12일은 청와대에서 인사청문회 경과보고서 요청서를 보낸

끝까지 알박기 하는 청와대 인사

44월11일 다음날입니다.

초선의원들이 송영길 대표에게 청와대에 반기를 들 것을 요구했답니다.

또 재선의원들은 "당청관계를 새롭게 설정해 달라"는 주문도 했습니다.

대부분 친문이 아닌 분들입니다만, 이상민, 조응천, 김병욱 의원 같은 민주당 중진분들이 "국민 민심의 눈높이에 크게 미치지 못한다" "당청 불협화음으로 내년 대선에 악 영향을 줄 것이다" 라고 목소리를 높였습니다.

그러나 아직까지 임명권자인 청와대는 '묵묵부답' '마이동풍'이어서 국민들은 답답하기만 합니다. 새 대표가 된 송영길 대표는 고립무원에 빠질 수밖에 없는 상황인 것 같습니다.

"뭔가는 해야 하는데 그렇게 하는 게 쉽지 않은 박스권에 갇혀 있는 샌드위치"가 되어 있습니다.

다시 말씀드리면 친문과 청와대가 합세해서 부적격자 3인방을 강공으로 임명을 몰아붙이니까 당 대표라는 사람이 설 땅이 없는 듯 합니다.

하지만 냉정하게 이 상황을 보는 사람들은 다르게 평가합니다.

송영길 대표는 청와대 3인방 임명에 어떤 역할을 못하는 것으로 전제합니다.

"그나마 초재선 의원 몇 명과 비문 몇 사람이 민심 눈높이에 맞

취 한 두 사람을 낙마시켜야 한다고 의견을 내지만, 당 대표가 명확한 결론을 못 내고 우물쭈물 한다"

이 정권에서는 여당의 당 대표는 있으나 마나 한 존재라고 폄하합니다.

3인방 임명의 주도권은 청와대와 강경 친문들이 주도권을 갖고 짜는 계략이라는 것입니다.

이들은 한 두 명은 낙마시킬 수도 있다는 복안을 가지고 있다 하겠습니다.

3인방 전부 임명동의를 요구하고, 그렇게 할 듯한 기세처럼 보입니다만, 앞서 여론조사에서 본 것처럼 벌써 두 배 이상 국민의 반대가 나옵니다.

이 정권도 주문처럼 외우는 내년 대선에서 정권 재창출에 나쁜 영향을 주는 것은 피하고 싶을 것입니다.

선거를 앞두고 무리수를 두고 싶지는 않을 것 같습니다.

현장, 청와대 앞 인사전횡 성토 기자회견

끝까지 알박기 하는 청와대 인사

계속해서 진행 될 김부겸 국무총리 후보자 임명동의안에 야당이 참여하지 않는다면, 그것도 국민들에게 부담을 주는 정황입니다.

그러므로 세 명 중 국토부장관 후보자는 무조건 살리고, 나머지 두 장관은 상황을 봐가며 결론을 내릴 것 같습니다만, 한 명이라도 낙마를 시킨다면,,,

낙마 1순위는 야당으로부터 여자 조국으로 평가 받는 임혜숙 과기부 장관 후보자를 버릴 공산이 큽니다.

이 분은 일반적인 교수생활 하는 분들은 이해가 안 되는 특별한 종류의 교수입니다.

가족 중에 한 번 정도면 몰라도, 해외세미나 갈 때마다 가족동반으로 해외여행을 갔다는 것은, 기본적으로 교수윤리도 못 지키는 사람이 국가의 공인 역할을 하겠다는 것으로 후안무치한 인격 소유자 같습니다.

다음 순서로 해수부 장관인데, 이 분은 백 번 봐줘서 수신제가만 못한 것이 아니라 국제적으로 국가 망신을 시킨 사람입니다.

외교관 생활을 하면서 개인 영리를 목적으로 부인을 앞세워 해외 물건을 국내 반입해 팔았습니다. 부인 탓만 할 게 아니고 남편이 묵인하거나 도와주지 않으면 못했을 것 아닙니까?

하지만 이 분은 간신히 살릴 수도 있을 것 같습니다.

앞의 과기부장관 후보자는 전문성은 고사하고 그냥 시장 아줌

마 같은 사고방식을 갖고 있는 분인데 반해, 그나마 해수부장관 후보자는 이 정권과 어느 정도 통하는 국정철학을 갖고 있다고 판단하는 모양입니다.

국토부장관, 이 분은 범법행위를 한 건 아니라지만 고위직 공무원 자리를 이용해 부동산 투자를 한 사람 아닙니까?

일반인들이 주택을 대출받아 또 주택을 사는 '갭' 투자를 했다면, 이 분은 공무원의 높은 지위를 이용한 '관'투자를 한 분입니다.

그럼에도 국토부장관 후보자가 이 정권과 국정철학이 가장 코드가 맞나 봅니다.

여차하면 앞의 과기부, 해수부 장관 후보자를 낙마시키더라도 국토부 장관은 임명 강행을 밀어 붙일 기세입니다.

이번 LH사건으로 전국의 몇몇 하위직 공무원들만 부동산 투기로 수사하고 구속시켰습니다.

그들과 그들 가족이 뭐라고 할까요?

"역시 같은 공무원이라도 정권과 밀착 정도, 소위 끗발(?)의 차이가 있다" 하면서 분을 삼킬 겁니다.

보고 있는 국민은 어떤 심경일까요?

이들의 낙마 여부는 4월4일 문 대통령 초청으로 청와대에서 열릴 신임 민주당 지도부 티타임에서 결정될 것 같습니다.

이 날 4월4일은 이들 부적격 3인방에 대한 청문보고서 재송부 시한입니다.

국민 여러분은 송영길 대표가 국민을 설득할 한 두 명의 낙마 카드를 내놓을 것 같습니까?

대통령의 의지를 꺾을 카드를 혹시 기대해 봐도 될까요?

국민은 장관 후보 3인방 임명을 57.5% 반대합니다. 찬성은 30.5%뿐입니다.

끼리끼리 회전문 인사의 완결판

방송 : 2021년 5월 31일

현 정권 들어 33번째 청문회 무시하고 일방적으로 임명된 김오수 검찰총장.

금융감독원장, 공정거래위원장 등 현 정권의 각종 회전문 인사 때 마다 이름이 오르내렸던 사람을 기어이 정권 말기를 책임질 방탄총장으로 앉혔습니다.

정치적 중립과는 거리가 멀 수밖에 없는 분을 검찰개혁의 완결판을 책임질 사람으로 세웠습니다.

어느 신문사 논설위원은 이번 인사를 끼리끼리 해먹는 원시시대 부족 인사를 보는 것 같아 헛웃음이 나온다고 합니다.

이번에 임명되는 김오수 검찰총장은 첫째. 김학의 전 법무차관의 불법 출금에 관련되어 혐의를 받는 수사대상자 라는 사실과 둘째, 현 정권의 실세들과 관련 있다는 라임과 옵티머스 펀드 사기 사건을 변호하며 몇 개월 기간에 2억원의 변호사 수임료를 전관예우로 받았다는 것이며, 셋째, 아들이 2017년에 한국전자기

술연구원에 취직할 때 아버지 직업란에 서울 북부지검장이라고 써넣어 아빠 찬스를 사용해 취직했다는 것입니다.

청문회에서 검찰총장은 "수사 중인 사건이라 언급하기 어렵다" "몸담았던 법무법인의 영업비밀이라 밝힐 수 없다" "기억이 안 난다" "모른다" 는 식으로 맥 빠진 청문회를 만들었습니다.

마치 5공화국 청문회 때 그 당시 한보그룹의 정태수 회장이 한 청문회 답변을 떠오르게 하는 판박이 청문회였습니다.

그동안 끊임없이 방탄 검찰총장 물망에 이성윤 중앙지검장과 함께 1순위에 올랐던 분이었습니다.

국민 입장에서는 청와대에서 대통령이 이 분을 선택할 때부터 청문회는 요식행위이며, 임명은 기정사실로 받아 들여졌습니다.

김오수 검찰총장이 검찰총장으로 임명된 것을 보면서, 이 정권이 인사정책을 잘하느냐 못하느냐는 생각보다는, 국민 입장에서는 단 두 가지 감정으로 정리가 될 것 같습니다.

첫째는, 정권에서 그렇게 강조하는 공직자 인사에서 '전문성'은 이제는 아무 고려대상도 아니라는 생각입니다.

검찰총장 추천위원회에서 이 분을 비롯해 같은 성향의 4명을 심사해, 지금 검찰총장이 4명 중 4위, 즉 꼴찌(청문회에서 수십번 거론되었음)를 했음에도 추천권자인 법무부 장관은 임명권자인 대통령에게 확실하게 그것도 격하게 추천했다 하지 않습니까?

검찰총장 자리에 누구를 임명하느냐 하는 것은 나라가 정상적으로 가느냐? 부정부패를 막을 수 있느냐? 나라가 사는 명운이 걸린 자리이기 때문에 우선적으로 전문성이 필요합니다.

그 전문성 평가에서 그 분야의 고명한 인사들로 구성된 추천위원회에서 순위를 정한 결과가 김오수 검찰총장이 가장 후순위로 추천되었습니다.

그럼에도 이 분이 임명권자인 문대통령으로부터 임명 받을 확률이 가장 클 수 있다는 추측은 사전에 난무했습니다.

권력을 유지하는데 핵심역할을 하는 검찰청장이 도덕성과 정치 편향성, 또 이기적 가족본위 처신 등으로 국민들한테 그 나물에 그 밥이라는 불신만 준 것이 이번 검찰총장 인사였다고 할 수 있습니다.

그럼에도 본인이 권력의지가 강하고, 정권과 코드가 맞는다는 속사정으로 검찰총장이라는 막강한 권력을 휘두르는 자리에 임명됩니다.

이런 검찰총장 인사라면 지켜보는 국민 입장에서는 이제는 검찰총장도 전가의 보도처럼 검사나 법조인이 꼭 할 필요는 없다는 생각이 들지 않습니까?

이제는 우리 국민들의 법률지식 수준이 상당합니다.

일부 판사, 검사, 변호사 등 법조계 출신이 법 지식과 경력을 정계와 권력진출의 도구로 사용해 왔던 전통에 대해 일반 국민과 젊은이들은 상당한 반감을 가지고 있습니다.

각종 회전문 인사 때 마다 이름이 오르내렸던 인사를 기어이 정권 말기를
책임질 방탄총장으로 앉혔습니다

회전문 검찰총장 임명 질타

　법률 지식이 조금 더 있다고 사회 모든 분야에서 전문가 대우를 받고, 사회 어느 조직에서나 고위직을 독점하는 구태는 사라져야 될 시기입니다.

　그리고 이렇게 되어야 우리 사회와 국가가 발전하고 미래가 밝습니다.

　실제로 현 정권에서도 가장 전문적이어야 할 방송통신위원회 위원장에 방송전문인이 아닌 변호사 출신이 임명되었습니다.

　요즘 방송이 얼마나 암담한 현실이 되고 있는지를 보시면 반면교사의 예가 될 수 있지 않습니까?

　이번 검찰총장 인사를 보면서 국민들이 걱정해야 할 것이 또 하나 있지 않나 싶습니다.

김오수 검찰총장은 남다른 충성심으로 검사들의 꿈인 검찰총장에 오르게 되었습니다.

김 총장은 조국 전 장관이 사퇴했을 때 차관이었습니다.

그 때 청와대에 불려가 검찰개혁을 차질 없이 추진하라는 대통령의 지침을 언론 앞에서 수첩에 받아 적는 모습을 기억할 겁니다.

현 정권이 김오수 검찰총장에게 기대하는 것이 무엇이겠습니까?

울산시장 부정선거에 문 대통령부터 혐의를 받습니다.

또 탈원전 한다고 월성1호기 폐쇄시킨 백운규 장관을 비롯한 산자부 공무원, 라임·옵티머스 펀드 사기사건 등에 정권 핵심인사들 개입 문제가 대두될 수밖에 없습니다.

김오수 총장은 정권 비위를 앞장서서 막아야 하는 방탄검찰 역할을 할 수 밖에 없습니다.

그러나 검찰총장 임기는 앞으로 2년입니다. 문대통령 임기는 1년이 채 안 남았습니다.

정권교체가 되어 야당에서 대통령이 나오면 더 가시적으로 나타날 수 있습니다.

여당의 누가 대통령이 돼도 지금 임명해 준 대통령을 위해 방탄검찰로 충성을 다 할 수는 없을 것입니다.

김오수 총장이 무리하게 정권비리 수사를 막을 경우에 직권남

용의 책임을 나중에 져야 될 수도 있습니다.

또 현 정권에서 정말로 충성을 다하는 현재의 법무장관의 지침을 받아 검찰총장이 앞장서서 정권비리 수사를 중단시킬 때, 양식 있는 검찰조직 구성원들의 반발도 만만치 않을 겁니다.

국민여론은 더 냉정하고 싸늘해 질 것입니다.

그럴 경우 정권이 바뀌면 김오수 총장은 적폐총장으로 찍히고 책임을 져야 할 운명에 처할 겁니다.

이 정권과 태생을 같이 하는 새 정부가 들어서도 마찬가지입니다.

권력의 생리는 과거와 미래가 없이 냉정하지 않습니까?

새로운 정권이 들어서면 전 정권의 핵심부의 비위 의혹은 제기될 수 밖에 없습니다.

그 때는 그 권력에 부화뇌동하기 위해 현재의 "방탄총장"에서 전 정권(문재인 정권)을 잡는 "자객총장"이 되어야 본인이 살아날 수 있지 않겠습니까?!

33번째 국민동의 없이 임명되는 김오수 검찰총장을 보는 냉정한 여론입니다.

두 번씩이나
비서실장 하는 문 대통령

방송 : 2018년 12월 7일

'일반인의 특별한 생각 홍용락의 레이져 뉴스' 시작하겠습니다.

문재인 대통령은 노무현 정권 때 왕 비서실장이었습니다.

그때의 향수가 남아서인지 요즘도 아무리 잘 봐주려고 해도 대통령인지 북한 김정은 비서실장인지 구별이 안 갈 때가 많습니다.

문 대통령이 뭣 때문에 북한 입장을 앞장서서 대변하고 국민들과 국가 자존심을 상하게 하는지가 우선 이해가 되질 않습니다.

또 미국과 주변국들에게 계속 북한 입장을 전달하고 약속을 받아내려고 동분서주하는 것을 보면서 도대체 우리나라 대통령인지 북한 김정은 비서실장인지, 아니면 대변인 역할까지 하는 것에 대해 대통령으로 뽑아준 국민들은 헷갈립니다.

더더구나 본인은 자신의 역할이 그런 역할이라는 것을 알고나 하는지도 궁금합니다.

속된 말로 일반인들 같으면 남자 둘이 특별히 약속한 것이 있으면 그걸 지키는 것이 신의가 있는 사람이라 합니다.

지금 문 대통령이 하는 언행을 보면, 남북 정상이 도보다리에서, 또 백두산에서 둘이 산책하면서 무슨 큰 맹세를 한 것이 아닌가 하는 의구심을 갖게 합니다.

얼마 전 남미 아르헨티나 G20 세계정상회담에서 문재인 대통령은 트럼프 미국대통령과 국가 간 격식도 안 갖춘 약식회담으로 홀대를 받아가면서도 회담을 간청해서 만났습니다.

문 대통령과 트럼프는 만나서 주로 두 가지 문제를 얘기했다고 합니다.

하나는, 트럼프와 김정은이 만난 후 북한의 양보가 너무 지지부진해서 미국에서 별로 상대를 하지 않으려고 하니까, 북한이 불안을 느낄 수밖에 없는 것이 솔직한 현실이 아닙니까?

그래서 북한을 대신해 문 대통령이 트럼프 대통령에게 김정은이를 만나달라고 조르는 자리였다고도 합니다.

또 하나는, 미국과 관계개선에만 관심이 있는 북한 김정은에게 트럼프 대통령이 먼저 김정은의 요구를 들어줘서, 문 대통령이 요청한 김정은의 남한 답방을 하게 해달라는 것이었다 합니다.

첫 번째, 문 대통령이 트럼프를 만난 이유인 미·북 간 만남은 한반도 비핵화 문제를 해결할 수 있는 일이기는 합니다.

그러나 북한 주민이 굶어죽지 않게 북한제재를 빨리 풀리게 하려면 남한의 대통령으로서는 김정은으로부터 비핵화에 대한 어느 정도의 명분을 받아내야 합니다.

핵무기와 전쟁 위협에서 벗어나려는 국민들을 위한 남한 대통령으로서는 당연히 할 수도 있는 일입니다.

그러나 경호와 안전문제를 핑계로 연내에 오기 어렵다는 북한 김정은을 남한 답방을 하게 하기 위해 트럼프 대통령에게 허락을 받으러 갔다는 것은 금방 이해가 안 되는 얘기 같습니다.

좋게 말해서, 문 대통령이 남북한 평화를 위해 답방을 이끌어내려는 심정은 이해가 갑니다.

하지만 트럼프 대통령이 김정은에게 배려를 해서 김정은의 남한 답방을 지금 이 시기에 굳이 애걸복걸하며 서두를 일은 아닌 것 같습니다.

우선 김정은이 그동안 두 번씩이나 만나서 철석같이 약속을 했다던 남한 답방을 경호와 의전을 핑계로 약속을 미루는 상황입니다.

문 대통령은 한 나라의 대통령으로서 자신의 처신을 한 번쯤 되돌아 볼 필요가 있지 않을까요?

김정은은 답방을 사실상 거부하며 의전과 경호를 핑계로 대는데, 우리 정권은 올지도 안 올지도 모르는데 최특급 호텔 전 층을 비워 놓는 성의를 보입니다.

두 번씩이나 비서실장 하는 문 대통령

또 청와대에서 잘 대접하기 위해서 찻방도 보수하는 등 부산을 떱니다.

이런 준비상황을 정부는 직접 북측에 통보하면 부담이 될까 봐, 우리 언론이나 정보를 흘리며 북한에게 일단 환심을 사두는 한편으로, 우리 국민에게는 김정은 답방 환영 분위기를 띄웁니다.

정부가 이렇게 유치하게 부산을 떠는 것은 국민 입장에서는 이해가 안되는 건 당연하지 않겠습니까?

아무리 생각해 봐도, 처음엔 북한의 핵 위협 때문에 그럴 수도 있겠다고 생각했습니다.

그러나 지나치게 북한에 굽실거리는 현 정권의 속셈을 국민들은 잘 모르겠다는 겁니다.

평화를 위해 답방을 반대할 국민들이 어디 있겠습니까?

문제는 외교적 실익에 대해 저쪽은 주판을 튕기는데, 이 정부는 김정은 답방에 조급증 걸린 것처럼 해야 할 이유가 없지 않습니까?

반면에 문 대통령은 비핵화 문제에 있어서, 미국 트럼프 대통령에게는 이상하리만치 대등한 외교적 절차를 고집합니다.

그 과정에서 미국이 불편해 하며 정상회담을 약식회담으로 격을 낮춰도, 우리 정부는 단둘이 얘기하면 가슴에 있는 얘기를 직접 많이 할 수 있다고 아전인수격 해석으로 국민들을 홀립니다.

급기야 김정은 답방 요청카드를 갖고 문 대통령이 평양에 갈 때는 미국의 양해를 받지 않았지 않습니까?

그럼에도 지금에 와서는 굳이 트럼프 대통령을 만나 허락을 받는 것은 김정은을 안심시키려는 제스처일 뿐이고, 김정은을 향한 배려에 배려를 더하는 자세라 생각됩니다.

김정은이 서울에 오는 것을 문 대통령은 남북 간 평화의 상징인 것 같이 말하지만, 명분에 비해 실제 비핵화 문제 해결에는 아무 실익이 없다는 것은 우리 국민들은 잘 알고 있습니다.

그러나 문 대통령은 트럼프의 양해를 받고 나서도, 오지 않겠다는 김정은 답방을 위해 국민들에게는 김정은이 들으라는 듯이 지침을 내렸습니다.

예를 들면, 김정은 경호·안전으로 생기는 불편은 국민들이 당연히 양해해 줘야 한다고 생각한다든지, 또 김정은 답방 시 진보와 보수, 여야 대립이 있어서는 안 된다고 공개적으로 말했습니다.

그 말의 옳고 그름을 떠나 그 말을 하는 문재인 대통령이 지금 대한민국 대통령인지 아니면 북한의 김정은 비서실장 정도가 해야 할 소리인지 이해가 안 됩니다.

국민들은 대통령이 이렇게 얘기하지 않아도 경호나 안전을 위해서라면 어느 누가 문제를 만들고 불편을 일으키겠습니까?

현 정권에서 문제의 소지가 있다는 소위 태극기 부대 일부가 역사적으로 쌓인 것이 있으니까 그렇게 할 수도 있겠죠.

설사 조금 소요가 있더라도 자유민주주의 나라에서 무슨 큰 문제이겠습니까? 오히려 김정은이 평양에서 문 대통령한테 그 문제를 농담 삼아 얘기 했다면서요!?

젊은 김정은이는 대수롭지 않게 생각하는데 문 대통령이 불안하게 생각하는 것은 천성이 난세 지도자로서는 유약한 새가슴을 가진 분일 수도 있고, 또 아직까지도 누구의 비서실장으로 역할에 익숙해 있는 업무 스타일 일 수도 있겠습니다.

자유민주주의 사회를 추구하는 대한민국에서 다양한 의견이 있다는 것은 민주주의 발전을 위한 원동력입니다.

그럼에도 불구하고 김정은 답방 때 문 대통령이 생각하는 것처럼 그를 생각해 달라는 것은 민주주의를 하는 이 나라 대통령으로서 할 말인지 한 번쯤 생각해 볼 문제입니다.

이 나라의 많은 국민들은 김정은과 북한체제에 대해 부정적이고 못마땅해 합니다.

그렇지만 대다수 우리 국민들은 한반도 평화를 위해서, 또 같은 동포인 북한 주민들의 안전과 생존권을 걱정해서 현재 문재인 정부에서 진행하는 소위 한반도 평화프로세스를 묵인하고 감수하고 있다는 것입니다.

그리고 대통령이 이런 국민들의 입장도 고려해서 김정은과 미국과의 일도 진행해 달라고 위임한 것입니다.

그럼에도 불구하고 많은 국민들은 문 대통령이 미국에 대해서도 북한에 대해서도 국가의 품격과 국민 자존심에 상처를 주면서 일을 추진하는 점에 대해 많은 유감을 가지고 있습니다.

외교와 안보도 상대가 있기 때문에 필요하면 거래도 하고, 또 우리의 주장을 관철하기 위해서 상대에게 숙여야 할 때도 있습니다.

하지만 많은 국민들은 문 대통령이 이 문제에 대해 시기와 방향을 잘 구분하지 못한다고 느낀다는 것입니다.

그 단적인 예가, 두 번의 만남을 통해 김정은과 신뢰를 구축했다고 주장하면서도, 김정은 답방에 대해서는 북측에게 동정에 가까운 선의를 베풀어 줄 것을 고대하고 있다는 문제입니다.

많은 국민들은 현재로서는 꼭 김정은 연내 답방이 이뤄지지 않아도 크게 불안하지 않고, 남북한이 평화 공존하는데 큰 문제가 된다고 생각하지 않습니다.

이미 두 번 만났고, 또 문 대통령이 평양까지 찾아가서 만났기 때문에 당장에 남북 간 평화가 깨지는 것도 아니고, 전쟁이 일어날 것 같은 위협도 느끼지 않습니다.

또 연내에 답방해 봐야 김정은이 남한에 대고 비핵화의 완전 폐기를 선언할 것도 아니지 않겠습니까?

만약 문 대통령과 김정은이 결론을 내릴 수 있다 해도, 트럼프 대통령과 다시 재협상을 해야 진짜로 유효하다는 것을 세 사람

뿐만 아니라 우리 국민도 모두 다 잘 알고 있습니다.

오히려 김정은 연내 답방을 서두르다 보면, 우리로서는 북한이 받고 싶어하는 경협을 구실로 돈을 퍼줘야 하기 때문에, 아무되돌려 받는 것 없이 북한에 퍼주기만 함으로써 남한 국민들 사이에 국론 분열만 대통령이 앞장서 부추기는 경우가 될 수도 있습니다.

많은 국민들은 김정은과 북한이 가당치도 않게 고자세를 취하는데, 왜 나라의 국격과 국민의 자존심을 대표해야 할 대통령이 트럼프 대통령을 찾아가서 김정은 비서실장처럼 행동하는지에 대해서 이해를 못합니다.

또 국민들을 생각하는 것보다 김정은에게만 매달리는 대통령의 오불관언 태도를 솔직히 못마땅하게 보는 사람이 대다수입니다.

이해한다고 하는 사람도 문 대통령 개인이 좋을 뿐이지, 대통령이 김정은과 국가를 대표해서 행동하는 자세에 대해, 그것이 왜 옳은지 설명할 수 있는 사람이 많지 않을 겁니다.

문 대통령이 김정은 비서실장 같은 언행을 하는 것은 지금 뿐만이 아닙니다.

얼마 전까지는 문 대통령이 미국과 우리 국민들에게 김정은을 대신해서 그의 생각을 전하며 설득도 했기 때문에, 김정은 대변인 역할을 한다고 미국과 우리 국민들 사이에서 비아냥을 당했습니다.

문재인 대통령은 평양과 판문점 정상회담 후 우리 국민들에게 "김정은 위원장이 1년 내에 비핵화 할 의지가 분명히 있다" 라고 했고, 또 북한의 핵 실험장이 완전히 폐기됐다고 전했습니다.

이 말을 트럼프 대통령에게도 전했지만 나중에 북한이 미사일 기지 16곳 이상에서 핵탄두를 탑재한 미사일을 계속 개발하는 것이 들통 났을 때, 트럼프 대통령으로부터 "문 대통령이 전한 말과 북한 태도가 왜 이렇게 다르냐"고 항의를 받았으며, 결국은 북미 간 대화가 한 때 끊어지는 계기가 되었다는 것입니다.

이후에도 미국과 유럽 국가들 뿐만 아니라 아시아 국가들까지 문 대통령에 대한 신뢰가 떨어졌음에도, 문 대통령은 끊임없이 북한에 대한 경제제재를 풀어줄 것을 호소하고 찾아다니지 않았습니까?

사실은 북한이 제대로 먹고 살려 한다면, 당연히 비핵화를 해야 자연스럽게 우리나 미국이나 국제사회의 지원을 받지 않겠습니까?

우리 대통령으로서는 지금 단계에서 이 정도 노력했으면 북한도 비핵화 방향으로 노력해야 하지 않겠습니까?

문 대통령을 중간에 끼워놓고, 미국과 시간끌기 같은 밀당 외교를 하기 때문에 벌써 이뤄졌어야 할 북한의 손털기가 지연되고 있다고도 합니다.

문 대통령은 김정은의 입장을 대내외적으로 설득하는 노력이 계속되면, 항간에 떠도는 종전선언 후 미군철수까지 이어지는 북한의 대남 통일전략을 앞장서서 이뤄준다는 유언비어가 실제로 실현될 수 있다는 점을 염두에 두어야 할 것입니다.

다시 말하면 대한민국을 북한의 김정은에게 넘겨주려 한다는 밑도 끝도 없는 오해의 소지가 더 커질 수 있다는 말입니다.

또 지금처럼 북한과 김정은을 대신해 발로 뛰어다니며 대북한 제재 완화를 설득한다면, 전에는 그래도 말로만 했기 때문에 그나마 대변인이냐는 평가를 받았지만, 이제는 좇아 다니며 행동으로까지 하기 때문에 비서실장이 아니냐는 조롱을 받을 수 있습니다.

많은 국민들은 문재인 대통령이 대한민국의 국가와 국민의 자존심을 가지고 한반도 비핵화에 앞장서기를 간절히 기대합니다.

그 역할을 하기 위한 한 방법으로는 먼저 북한이 완전한 비핵화를 이루도록 끈기있게 설득을 한 후, 미국과 국제사회의 대북 제재를 해제하게 하는 순서와 방법으로 노력하는 문 대통령이 되어야 합니다.

이것이 제대로 된 국민이 바라는 운전자 역할입니다.

또 우리가 북한을 지원해야 하는 시기도 미국과 국제사회가 대북 제재를 해제한 후 동시에 국민들 동의를 얻어 지원해야 합니다.

배부른 사람이 배고픈 사람에게 알아서 해결해 주지 않으면, 배고픈 사람이 배부른 사람에게 조아려야 배고픔을 해결할 수 있는 것이 세상 이치 아닙니까?

문 대통령이 요즘 혼자 밥을 먹는 고독한 생활을 한다는 소문도 있지만, 능력 있는 대통령은 많은 사람들에게 귀를 열어놓고 많이 들어야 국민이 원하는 대통령이 될 것입니다.

문 대통령이 남북한과 미국과의 관계에서 그 방법과 순서를 순리적으로 추진하는 것이 국가와 국민의 자존심을 회복하고, 현재 비핵화 문제에 현명하게 대처하는 대통령의 의무라는 것을 터득하길 국민의 한 사람으로서 간절히 기대하고 희망합니다.

꽃놀이 패 쥐고 웃는 안철수 후보

방송 : 2021년 11월 8일

야권 대통령 후보가 선출되었습니다. 윤석열 후보가 국민의 힘 경선에서 대통령후보로 선출되었습니다.

여야 후보가 선출되었기 때문에 대선에서 인물 구도는 결정되었다 보면 됩니다.

이제 바람만 불어주면 정권교체의 희망을 가져볼만 합니다.

윤석열 후보를 앞세워 보수와 야권이 이제는 정권교체를 위해 한 방향으로 가야하는 이정표 앞에 섰습니다.

이 시점에서 윤석열 후보가 주목해야 할 일은 안철수 후보의 대권 선언입니다.

안철수 국민의당 대표가 지난 11월1일 20대 대통령선거에 출마한다고 선언했습니다.

안 대표가 대선 출마를 선언하자, 여러가지 평이 나왔죠.

"언제 철수할 건가" "때가 되어 또 나왔군요" "언제 단일화 할 건가요" 등등 그동안 10년 가까운 안철수 후보의 정치 이력을 보고 대부분 기대보다는 부정적인 평가가 많았습니다.

전 민주당 정동영 의원은 '정치는 생물이다'는 말을 자주 언급했습니다.

정치는 살아 움직이는 고기이기 때문에 어디로? 어떻게? 움직일지 모를 수 있다는 말이 아직도 우리 정치현실이라면 안철수 후보의 출마를 그렇게 조롱하는 투로 볼 일은 아닌 거 같습니다.

특히 이번에 정권교체 사명을 가지고 국민의힘 후보가 된 윤석열 후보측에서는 더더욱 신중하게 봐야 할 부분입니다.

윤후보 캠프 쪽 사람들은 이런 부분을 예측해서 그동안 안 후보와 같이 정치를 한 김경진 전 의원 등등을 진작부터 포진해 놓고 대비를 했다고 합니다.

자칫 시간을 놓치고 미리 안심한다면 돌이킬 수 없는 자만에 빠지는 실책이 될 수도 있습니다.

일반인들은 안철수 후보에게 2012년 대선, 2017년 19대 대선 후보 때 21.4%나 지지해주던 그 사람들 중 떠날 사람은 다 떠나갔다고 추측들 합니다.

안 후보도 마음속에서 이미 그 사람들을 지워버린 지 오래 되었다고 판단하는 분들이 많습니다.

하지만 정치생리는 그렇게 단순한 게 아닙니다.

안 후보는 지나온 대선 때 지지층을 기반으로 정치 멘토층을 새롭게 해서 이번 대선을 준비하고 있습니다.

먼저, 안철수 후보가 대선 완주를 할까요?

안철수 후보의 완주가능성? 저는 완주 가능성도 30%이상 있다고 봅니다.

또 여러분 생각과 같이 70%는 단일화 가능성도 있습니다.

문제는 안철수 후보의 단일화 가능성을 야권에서는 당연한 것으로 생각하는데 있습니다.

많은 정치평론가들도 김대중 대통령의 DJP연합을 거론하면서 당연히 그렇게 될 것이라고 예상합니다.

그러나 안철수 후보가 단일화 할 경우, 윤석열 후보와의 단일화만 생각하지는 않을 거 같습니다.

민주당 이재명 후보와의 단일화 할 가능성도 반반은 된다고 생각합니다.

뭔 뜬금없는 소리냐고 지적하실 분들도 있을 것입니다.

안철수 후보가 작년 4.7서울시장선거에서 보수로 나와서 국민의힘 오세훈 후보와 단일화 경선도 하고, 경선패배 후 오 후보와 유세도 같이 했기 때문입니다.

기억할지 모르지만, 안철수 후보는 4.7서울시장 후보경선 시 이번 대선 불출마를 선언한 사실도 있습니다.

그러나 이번 20대 대통령선거에 또다시 출마했습니다.

이번 대선 왜 나왔을까요? 정치인은 국민한테 한 약속은 지켜야 한다는 것이, 정치인이 가지는 불문율이라고 합니다.

안철수 후보는 자신이 지키고자 하는 이미지 중 국민을 상대로 거짓말 안하는 자세를 거듭 강조해 왔습니다.

국민으로부터 잊혀질까 봐 조급증을 낸다고 보는 분들도 있습니다.

이번 선거의 당락은 2, 3%대 안에서 결정된다고 많은 전문가들이 예측하고 있습니다.

여론조사 자체가 문제가 있고, 믿을 수 없는 풍조가 만연합니다.

그러나 빅데이터 분석을 통하면 선거 예측은 어느 정도 가능합니다.

이번 국민의힘 대선 경선 예측에서 1,2위 지지율 차이를 5%에서 10% 내외로 계속 예측할 수 있었던 것도 빅데이터 분석에 근거했기 때문입니다.

이번 선거에서 2%에서 3% 차이로 당락이 결정된다면 단일화가 변수이기 때문에, 안철수 후보는 윤석열 후보와 이재명 후보 측 모두로부터 러브콜을 받을 수 있다는 것입니다.

안철수 후보는 중도진보의 정치적 성향이기 때문에 이재명 후보측에서도 적극적으로 동참을 요구할 수 있는 여지가 충분합니다.

이재명 후보는 윤석열 후보가 국민의힘 대선 후보로 선출된 날, 전략적으로 보수 근거지 대구에 가서 박정희 대통령찬가를 불렀습니다.

꽃놀이 패 쥐고 웃는 안철수 후보

이재명 후보의 겉으로 나타나는 이미지로만 보면, 당선만 된다면 김대중, 박정희 따질 필요가 없다고 보는 분 같습니다.

안철수 후보가 민주당과 단일화에 나설 경우, 본인의 정치노선에도 아무 문제는 없습니다.

안철수 후보는 18대 대선 때도 민주당 문재인 후보와 단일화 협상을 통해 대선 후보를 양보했습니다.

그 이후에도 한동안 민주당과 같은 정치적 노선을 유지했습니다.

문재인 정권 폭정을 빌미로 요즈음에는 정치노선을 보수진영으로 바꿨습니다.

안철수 후보 입장에서는 현재의 대선에서도 양강 구도에 끼여 존재감이 없습니다.

이재명 후보가 다음 대선을 기약해 주는 실리적 보상안을 안 후보에게 적극적으로 제시하면, 이재명 후보쪽과 단일화 가능성도 크다 할 수 있습니다.

윤석열 후보 입장에서는 좋은 자리 줄 사람이 넘치기 때문에 안철수 후보에게 올 순서가 어려운 상황도 이재명측으로 기우는 변수가 될 것 같습니다.

그러나 안철수 후보가 윤석열, 이재명 후보와 단일화가 잘 안 될 경우 경비와 조직을 줄여서라도 힘들게 완주를 할 가능성도 30%가 까이 있습니다.

안철수 후보는 10년 정치를 하면서 이해 못할 포기와 철수를 반복하였습니다.

이번에도 포기를 한다든지 명분 없이 어느 쪽을 밀어주게 되는 상황이 되면, 이제는 안 후보에게 국민들의 기대가 없어질 수 있습니다.

어쩔 수 없이 정치를 포기해야 될 수도 있습니다.

안 후보에 대한 국민 지지율이 2012년 18대 대선후보 때는 박근혜 전 대통령이 40% 지지율을 보일 때도, 민주당 문재인 후보를 제치고 안 후보가 30%를 넘나드는 지지율을 보였습니다.

그 이후에 정치적 부침을 거듭하다 지금의 20대 대선 출마를 한 시점에는 고작 5, 6%의 지지율을 보여 심상정 후보와 함께 '제3후보'로 전락한 상황입니다.

안철수 후보 대권도전 진정성 있나?

꽃놀이 패 쥐고 웃는 안철수 후보

안철수 후보가 완주를 목표로 대선전을 치른다면, 30%의 중도층을 우선 전략적으로 공략 대상으로 하면서 양당 후보(윤석열, 이재명)에 대한 실망층으로 부터 이탈한 표를 거두는 반사이익을 노리는 선거전략일 수밖에 없습니다.

윤석열 후보와 이재명 후보에게 갈 중도층 표심을 안철수 후보가 더 끌고 갈지가 두 사람 중 한 사람에게 치명타를 입힐 수가 있지 않겠습니까?

윤석열 후보측에서 2백5십만표 이상을 가지고 있는 안철수 후보를 안이하게 야권 진영으로 흡수할 수 있다는 것은 자칫 오판일 수 있습니다.

안철수 후보로는 이번에야말로 정치적 승부수를 노리면서 동시에 배수진도 치는 대선출마 전략을 보여주고 싶을 겁니다.

현재의 안철수 후보의 대선 입지는 분명합니다.

끝까지 가시밭길로 가서 5년 후 다음 선거에서 대권도전을 하느냐, 아니면 윤석열 후보와 이재명 후보와 단일화협상을 통해 다음 대권도전을 할 것인가 하는 갈림길에 서 있습니다.

그 중에서 우리가 쉽게 예상치 못한 민주당 이재명 후보와의 단일화도 두 사람이 필요충족조건에 따라 충분히 이뤄질 수 있는 가능성이 있습니다.

이렇게 되면 윤석열 후보에게 독한 고추가루를 뿌리는 결과가 될 것입니다.

문 정권도 권력암투는
피해갈 수 없는 시나리오인가?

방송 : 2018년 12월 3일 방송

'일반인의 특별한 생각 홍용락의 레이져 뉴스' 시작하겠습니다.

2000년도에 들면서 '친구'라는 영화가 큰 성공을 거두었습니다.

이 영화는 이런저런 이해관계를 떠나 친구 간에 끈끈한 우정을 보여주는 내용입니다.

인정이 없어지는 각박한 세상에서 친구들끼리 끈끈한 우정을 보여준 점이 고독한 현대인에게 공감을 줬기 때문에 많은 관객을 모을 수 있었습니다.

그런데 집권 1년 반을 넘은 더불어민주당과 여권의 권력다툼을 보면, 인간적인 정리라는 것은 조금도 찾아볼 수 없는 각박하고 잔인한 느낌을 떨칠 수 없습니다.

정치하는 사람들은 평생동지라는 말을 흔하게 사용합니다.

피를 나눈 부모형제만큼 가깝다는 의미로, 태어나서 죽을 때까지 같은 생각을 가지고 같이 행동해야 하는 것이 정치세계에서는 평생동지라고들 합니다.

그런데 이 평생동지가 권력 앞에서는 평생 원수로 돌변할 수밖에 없다는 것을 이 정권에서도 여실히 보여주고 있습니다.

밑바닥 조폭세계보다 수준이 더 떨어지는 것이 정치세계라고 하지만, 그래도 인권변호사 출신 대통령이라고 내세웠던 이 정권마저도 피해갈 수 없는 것이 권력암투의 정치세계입니다.

지켜보는 국민입장에서는 치열한 선거로 대통령으로 뽑힌지 일년 반 지난 시점에서, 벌써 차기 대권을 두고 일어나는 집권당 내부의 권력 암투가 꽤나 당황스럽고 걱정이 앞섭니다.

우선 앞으로 20년, 50년 집권을 장담하는 민주당 정권이 자중지란으로 연결될 때, 당연히 소득양극화, 노사문제 등 현재의 경제정책이 시행착오로 이어질 수밖에 없기 때문에 국민들 살기가 더 어려워 질 수 있다는 것입니다.

국가의 운명이 변곡점에 있는 이시기에 국민을 이렇게 불안하게 하는 현 집권세력의 권력다툼에 대한 책임은 분명히 문 대통령에게 있습니다.

대통령제 아래서는 정권의 권력 배분과 권력 운영은 전적으로 대통령만이 할 수 있고 책임도 대통령이 질 수밖에 없습니다.

그럼에도 문 대통령은 권력다툼 문제가 표면화되는 것을 국민들이 체감하는데도 수습하려는 의지가 없는 듯이 보입니다.

이는 문 대통령이 비록 최고 권력자이지만, 현재 차기 대권을 두고 일어나는 권력암투에 전혀 개입할 존재감이 없다는 추측도 난무하는 실정입니다.

현재 여권 권력투쟁의 특징은 대권 주자들끼리 상호 펀치를 날리는 것이 아니라, 보이지 않는 세력에 의해 개인적으로 하나씩 여론의 뭇매를 맞아 침몰한다는 것입니다.

그렇다면 막강한 권한을 가진 대통령제에서 이런 일이 벌어진다는 것은 누군가가 최고의 권력자 대통령의 신임을 등에 업은 최측근에 의해 기획되고 조종되고 있다고 판단할 수밖에 없지 않겠습니까?

더불어민주당과 여권의 차기 대권을 놓고 벌어지는 권력 암투가 조폭영화보나 너 계획적이고 더 산인하게 신행뇌고 있는 것을 보고 있는 많은 국민들은 조폭영화 보는 것 이상의 흥미를 가집니다.

문재인 정부가 집권해서 5년을 정치를 해가야 하는데 이제 겨우 1년 반이 지났을 뿐인데, 벌써 내부적으로 권력다툼이 벌어지는 것은 조금은 특별한 것 같습니다.

이해찬 민주당 전 대표는 현 집권세력이 20년 이상 집권해야 그나마 지금하고 있는 정책이 뿌리를 내린다고 말했습니다.

20년이든 50년이든 정치하는 분들은 집권을 할 수만 있다면 더 하고 싶겠지요.

하지만 국민들 입장에서는 "물이 고이면 썩는다" 라는 격언을 인용하지 않더라도, 정치세력이 장기간 집권할 경우 국민들의 삶은 물질적이건 정신적이건 팍팍해 질 수 밖에 없습니다.

역사도 많은 교훈을 남겨주고 있지 않습니까.

가까운 예로 박정희 대통령의 유신시대가 장기 독재로 인해 많이 고통스러웠고, 민주주의 발전에 걸림돌이 되었습니다.

경제발전의 대가로 국가적으로 잃은 것이 적지 않습니다.

고려시대 무신정권도 100년 동안 일곱 명의 왕을 멋대로 세우고 폐위하며 백성들을 창과 칼로 통치하였습니다.

이 기간 동안 국가체제와 질서가 무너지면서, 전국적으로 25번 이상 평민과 천민들의 민란이 일어났습니다.

또 권력암투가 계속되는 과정에서 부패가 극심해서 몽고 같은 외부의 침략에도 속수무책으로 무릎을 꿇고 말았습니다.

현 정권이 집권한지 1년 반 밖에 지나지 않았지만 남북문제, 최저임금문제, 노조갈등이 더욱 커졌습니다.

특히 일자리 80만개가 줄어들고, 전체 실업률이 4% 안팎, 청년실업률은 20%, 또 30대에서 50대까지의 집안 가장들 고용률이 90% 이하로 내려가 가정경제가 파탄 날 지경입니다.

이런 상황에서도 문 정권 내에서는 차기 집권을 두고 권력투쟁이 예외 없이 벌어지고 있습니다.

이 권력투쟁은 얼핏 보면 우연히 발생하는 것 같지만 대단히 계획적으로 일어난다는 것입니다.

현재 문 대통령의 다음 주자로 거론되는 안희정 전 충남지사,

이재명 현 경기지사, 그리고 현 서울시장인 박원순 시장, 드루킹 사건으로 재판을 받는 김경수 경남지사와 김부겸 장관은 공공연하게 일반국민들에게 차기 대권주자로 회자되고 있습니다.

먼저 지난 대선과정에서 문 대통령과 후보 지명에서 접전을 벌였던 안희정 지사는 사회적으로 불 뿜는 듯이 타오른 '미투운동'에 맥없이 나가떨어졌습니다.

안 전 지사는 '미투운동'에 걸리는 바람에 차기 대선후보 1순위 입장권을 확보한 위치에서 이제는 존재감의 흔적도 찾을 수 없는 상황이 되었습니다.

문제는 안 지사가 문 대통령과 사적으로 호형호제 하는 사이인 셋으로 알려져 있지만, 안 지사가 '미투운동'에 곤경에 처하자 문 대통령이 전혀 말려보려는 노력도 보이지 않았다는 겁니다.

이 사회에서 남자가 살아가기 위해 극히 절제해야 할 것은 돈 문제와 여자문제라고 합니다.

안 지사는 유권자의 반수인 여성에게 비토 당함으로써 이제 정치적으로는 회생이 불가능하게 되었습니다.

또 한 사람 유력후보인 이재명 현 경기지사는 요즘 들어 곤혹을 치르고 있습니다.

허공에 대고 위력 없는 선제공격도 해보지만, 새장에 갇힌 새처럼 아무도 구해 주지 않는 상태에서 기진맥진 해가고 있습니다.

이재명 지사는 소위 촛불시위에 가장 큰 덕을 본 사람입니다.

아시다시피 전 정권을 규탄하는 촛불시위가 일어날 때, 앞의 안 지사와 달리 이재명 지사는 활활 타는 불에 부채질 하는 기름 역할을 했습니다.

현역 지사로서는 트윗과 페이스북을 자유자재로 활용해 독보적인 SNS 정치인으로서 많은 팔로우를 열광시키는 감성 어록도 남겼습니다.

오죽하면 같이 경쟁하고 있는 문 대통령이 본인은 말주변도 없이 묵묵한 고구마 같은 존재라고 하면서, 이재명 당시 성남시장은 사이다처럼 시원시원하게 국민들의 가려움을 긁어주는 역할을 한다고 부러워했지 않습니까.

그러나 지금 다시 대권 반열에 선 권력투쟁 선상에서 이재명 지사는 태풍 앞에 선 촛불 같은 존재가 되었습니다.

이 풍전등화가 자기만 아니라 이 지사 부인까지도 대선 때 문 대통령과 노무현 대통령을 비난한 당사자로 지목되었습니다.

부인은 그동안 자신의 트위트 계정으로 노 전 대통령을 비난하고도 아니라고 거짓말을 한 당사자로 검찰에 기소 당했습니다.

현 정권에 의해 부부가 무자비한 공격을 받고 있습니다.

이 지사가 후일을 위한 자구책으로 문 대통령 아들을 끌어들이자 이제까지 관망만 하던 민주당까지 가세하기 시작합니다.

이 지사가 문 대통령 아들을 걸고 넘어지자, 친문 비문의원 할 것 없이 앞장서서 이재명 지사 탈당을 요구하기에 이르렀습니다.

또 다른 대선 유망주자인 박원순 서울시장은 지지난 대선 때 새 정치 아이콘을 표방한 안철수 후보로부터 소위 '아름다운 양보'를 받아서 서울시장 3선을 누리고 있습니다.

박 시장은 2017년에는 대선 불출마를 선언하며 현 정권을 안심시키는 전략적인 지략도 보였습니다.

하지만 3선이 되면서 차기 대선을 위한 폭넓은 활동을 합니다.

전전 정권의 해묵은 과제인 서울 용산권 개발과 여의도 개발을 시도하는 등 예비 대권주자로서 나름의 노력을 합니다.

그럴 때마다 이 정권은 중앙정부의 통해 박원순 시장의 대권행보를 거칠게 방해하고 있습니다.

드루킹 사건으로 잘 알려진 김경수 경남지사는 국민이 보기에는 현 대통령의 수족 같은 존재나 마찬가지입니다.

지난 대선 때 SNS를 통한 부정선거 혐의가 드러난 드루킹 사건은, 대다수 국민들이 보기에 문 대통령과 관련이 있을 수 있다고 판단합니다.

김 지사는 자신이 전부 안고 간다고 법정진술을 하며, 대통령 문재인을 곤경에서 구출합니다.

그래서 이 정권은 검찰과 경찰을 앞세워 일단 구속은 안 되게 했지만, 재판 진행여부에 따라 상황이 달라질 수 있는 명백한 물증과 증인이 있습니다.

또 한 사람의 대권주자인 김부겸 장관은 아직은 인위적으로 표면화 시키지 않습니다. 본인도 나름 진중하게 처신하는 거 같습니다.

주도권을 가지고 차기 대권 권력투쟁을 기획하는 측에서도 김부겸 장관의 정치적 입지를 감안해서 크게 부각시키지 않으려고 하는 것 같습니다.

김부겸 장관이 현 정권과 정서적 동질성을 가지는 지역연고가 아닌 대구출신이면서 실제적인 대국민 선호도가 높지 않기 때문에, 차기 대권 권력투쟁에는 핵심인물이 아니라고 판단하는 것 같습니다.

차기 대권주자의 자리매김에 꽃 뿌려주는 화동 역할 정도로 과소평가하는 것 같습니다.

현 정권의 차기 대권 유력주자에 대한 대통령 측근의 견제와 권력투쟁은 안희정 전 지사에 대해서는 도저히 기사회생을 할 수 없도록 짓밟았습니다.

반면에 다른 주자들에 대해서는 이 권력투쟁을 기획한 대통령 측근이 차기대권 주자로 부각되는데 적절하게 활용하는 정도로 견제하고 있습니다.

이재명 지사에게는 운신할 수 없을 정도로 직접적인 위해를 가하는 것이 아니라, 부인을 검찰에 넘기는 정도로 경고를 주게 될 것 같습니다.

이는 조폭영화에서처럼 마음에 들지 않는 2인자는 일찌감치 제거해버리는 것과 같은 이치가 적용된다고 보겠습니다.

대신에 큰 영양가 없이 울타리 정도 해줄 대권 주자에 대해서는 경우에 따라서는 조금씩 치료도 해주면서 또 불러서 경고도 하고, 어떤 경우에는 관심 없이 풀어주면서 적당히 관리해 준다고 볼 수 있지요.

이렇게 조기에 벌어지는 이 정권의 차기 대선 구도는 문 대통령은 아닌 척 하지만 자신의 가장 측근을 대선주자로 낙점하기 위해 일찌감치 일을 만들어가고 있습니다.

지켜보는 국민 입장에서는 당선된 지 얼마 되지 않은 대통령이 국가를 안정시키고 새롭게 국가발전을 위해 노력해야 할 시점임에도, 차기대권을 두고 일어나는 주변의 권력투쟁을 보면서 꽤나 당황스러워 하고 있습니다.

현재 여권 권력투쟁의 특징은 표면적으로는 대통령이 관계하지 않는 상황입니다.

또 유력 대권주자들끼리 상호 펀치를 날리며 갈등하는 것도 아닙니다.

눈에 보이지 않는 세력이 주도해서 유력주자들을 하나씩 여론을 통해 상처를 입히고 침몰시킨다는 것입니다.

그럼에도 문 대통령은 그런 상황에 대해 모른 척할 뿐더러 일언반구도 하지 않습니다.

제왕적 대통령제 아래서 이 정권 차기 대권주자들이 정리되고 있다면 정말 대통령이 모르고 있는 것일까요?

아마도 최고의 권력자인 대통령의 묵인아래 대통령의 신임을 등에 업는 현 대통령 최측근 누군가에 의해 기획되고 조종되고 있다고 할 수 밖에 없지 않겠습니까?

실제로 많은 국민들은 대통령을 대신해 주변의 누가 이 권력투쟁을 기획하고 조종하고 있는 지에 대해 이미 알고 있습니다.

시중에 공공연히 떠도는 청와대 최측근 임 모씨가 거론된다면, 이들은 또 명예훼손 운운할 겁니다.

많은 국민들은 현 정권의 권력투쟁이 문 대통령 집권 초기부터 발생한 것에 대해 매우 우려합니다.

권력투쟁이 지나치게 일찍 시작되었다는 것은 문 대통령의 정치적 능력에 대해 불신으로 연결되며, 이 불신은 조기 레임덕 현상을 초래할 수도 있을 것입니다.

또 현 정권에 대한 불신이 커지면 커질수록, 현 정권을 대신할 새로운 대체세력에 대한 기대가 상대적으로 커질 수 있습니다.

특히 먹고 살기 힘든 경제상의 문제에 계층에 관계없이 불만이 커지는 상황에서는, 정치적 대체세력에 대해 새로운 희망의 돌파구를 찾으려 할 것입니다.

문제는 정치적 대체세력인 야당에도 큰 기대를 갖지 못하게 된다면 많은 국민들은 정신적 무정부상태가 계속되는 고통도 겪게 된다는 것입니다.

묻지마 대북지원,
말 못할 뒷거래 의혹 밝혀라

방송 : 2019년 5월 16일

'일반인의 특별한 생각 홍용락의 레이져 뉴스' 시작하겠습니다.

북한 김정은이 미사일을 쾅쾅 쏴 대는데도, 문 대통령이 북한에 쌀을 퍼준다, 남북철도를 연결해 준다며 대북 지원을 못해 안달하는 이유는 무엇일까요?

또 지금에 와서 지금까지 안중에도 없던 국민들 동의를 받아야한다고 난데없이 국민들을 끌어들이는 말 못할 사정은 뭘까요?

문 대통령과 이 정권이 김정은에게 오매불망 지원하고자 하는 것에 대해 일반국민들은 궁금한 두 가지가 있습니다.

첫째는 문 대통령과 이 정권이 김정은이 그렇게 고분고분하지 않는데도 왜 자꾸 북한에 지원을 못해줘서 안달을 하는지가 궁금합니다.

지금 김정은은 식량지원 정도는 양에 안 찬다고 배짱을 튕기고 있습니다.

김정은은 한 때는 의형제 같다는 문 대통령한테 "오지랖 중재자 행세 말라"고 꾸짖습니다.

풀어서 말하면, '야! 똑바로 해' 라고 문 대통령한테 험한 말로 화풀이를 하는 겁니다.

그리고 한국을 겨냥해 미사일을 시도 때도 없이 쏴 댑니다.

그런데도 이 정권은 김정은 심기가 불편할까 봐 미사일이 아닌 것 같다고 변명하기에 급급합니다.

물론 김정은을 잘 달래서 남북한이 평화롭게 살자는 뜻이라고 내세웁니다만, 솔직히 이해가 안 되는 게 대부분의 국민들 심정입니다.

또 하나의 궁금증은, 이제까지 문 대통령과 이 정권이 국민은 안중에도 없이 대북 지원을 일방적으로 진행해 왔지 않습니까?

그런데 이번엔 황당하게도 대북지원 절차는 국민동의를 얻어야 한다고 발표를 합니다. 국회동의를 얻는다는 것이죠..

이 정권이 이제야 철이 들었다는 얘기입니까? 아니면 국민여론에 못 견딜 정도가 된 것입니까?

아니면 퍼주려는 데도 김정은이 통째로 가져오라고 내 뱉으니까 이제 와서 국민들한테 책임을 떠넘기려는 얕은 수작을 부리는 건지, 도무지 알 수가 없습니다.

몇 번 말합니다만, 문 대통령이 모호하게 김정은을 감싸고 돌기 때문에, 우리 국민은 핵과 미사일을 머리에 이고 사는 입장이 되고 있습니다.

또 대통령이 그렇게 하기 때문에, 김정은이 미사일을 마구 쏘아 대면서 그동안 우리 국민들이 피와 땀으로 이뤄놓은 것을 내놓으라고 윽박지르고 있지 않습니까?

문제는 김정은의 오만불손한 태도입니다.

문 대통령이 트럼프에게 사정해서 쌀도 주고 철도도 놔주려고 하니까, 이제는 김정은이 뭘 맡겨 놓은 것 같이 개성공단도 재개하라고 윽박지릅니다.

개성공단을 통해서, 내놓고 남한 돈 긁어가겠다는 계산 아니겠습니까?

김정은에게 눈 정권이 이렇게 쩔쩔매는 이유가 도대체 무엇인지, 문대통령은 국민들에게 분명히 밝혀야 하는 시점입니다.

문 대통령이 미국에 통사정 해 놓았는데 김정은이 요구하는 정도가 감당이 되지 않는 상황입니다.

그렇다면 당연히 식량이건 철도건 아무것도 줄 수 없다고 단호하게 거절하면 그만인 것입니다. 간단한 이치입니다.

그런데도 그런 말은 직접 못하고 김정은이 쌀 정도 가지고는 양에 안찬다 하니까, 이제 와서 국민들 동의를 얻어야 하고 국회의 동의도 얻어야 한다고 둘러댑니다.

김정은이 안 받겠다고 해서 무안 당한 책임을 왜 회피하고, 애꿎은 국민들을 끌어들여 덤터기를 씌웁니까?

트럼프에게 사정해서 대북 쌀 지원을 허락 받은 듯 한데, 김정은이 안 받으니까 트럼프한테도 면목이 안서서 국민 핑계를 댑니까?

대통령이 적대국을 지원하려면, 그것도 대량으로 지원해주려면 당연히 국민 동의를 받아야 한다는 것을 몰랐습니까?

국민 동의부터 얻어야 된다는 것 정말 모르고서 그 동안 장관 몇이 손잡고 북한에 철도 놔준다고 김정은과 남북철도 연결사업 착공식 했습니까?

그 때 국민들 뜻 물어봤습니까? 국회에 동의 받으려 해 봤습니까?

이번에도 이런 절차 다 무시하고 미국 트럼프 대통령과 전화통화 한 후, 북한에 식량 지원해준다고 통일부 장관을 앞세워 하려고 했지 않습니까?

김정은은 남한에 미사일을 쏴대면서, 문 정권에게 식량 정도는 기본이고 개성공단을 재개해서 김정은 체제가 장기적으로 먹고 살 방법까지 요구합니다. 요구가 아니라 협박이죠..

이렇게 이 정권이 사면초가를 당하니까 빠져나갈 구멍을 찾는 것 아닙니까.

더구나 미국도 알아서 잘 해보라고 시큰둥하게 쳐다만 보는 상황입니다.

시쳇말로 미국한테도 또 김정은한테도 쫓기다 보니까 만만한 국민들만 다시 볼모로 잡으려 하는 처사 아닙니까?

문 대통령과 이 정권, 너무 속 보이는 행동을 하십니다.

사람이 사람답기 위해서는 염치가 있어야 하고, 정권이 정권다워야 하는 것은 정책에 있어 일관성 있는 신뢰를 쌓아야 한다고 했습니다.

문 대통령이 굳이 대북 지원을 한다면, 두 가지 전제조건을 만족시켜야 한다는 것은 삼척동자도 다 아는 얘기입니다.

첫 번째로, 진심으로 국민의 동의를 얻어서 진행해야 한다는 것이 '기본'입니다.

또 하나는 대북 지원이 비핵화를 앞당기는 구체적인 방법을 김정은으로부터 받아내야 한다는 것입니다.

먼저 지금처럼 김정은에게 치이고 트럼프에게 치이는 위기를 모면하기 위해, 지금 와서 국민 동의 운운하는 정치쇼부터 걷어치워야 합니다.

지금이라도 국민들이 진심으로 원할 때에 대북 지원을 거론해야 합니다.

문 대통령의 지지율은 여러 변수를 감안하더라도 40%대 정도입니다.

나머지 5,60%는 아직까지 문 대통령이 대북 경제지원을 하는 것이 옳은 지를 쉽게 동의하지 않는 국민들입니다.

이런 상황에서도 문 정권만 독단적이고 일방적으로 김정은에게 대북 지원을 하려고 합니다.

구구하게 국민동의 절차가 어쩌고 둘러대는 것은 위기모면의 술수로 밖에 보이지 않는다는 것입니다.

두 번째로는, 비핵화를 위한 구체적 방법을 김정은으로부터 받아내야 한다는 것입니다.

미국이 대북 지원을 묵인하는 것은, 그렇게 해도 된다고 눈 감고 있는 것은 아닙니다.

계산 속이 빠른 트럼프 대통령은 문 대통령이 구체적인 비핵화 방법을 못 받아 내고 물색없이 대북지원만 한다면 김정은과 한 통속으로 기정사실화 시키려 할 것입니다.

그러나 이 두 가지가 전제된다 할지라도, 국민들은 문 대통령이 왜 이렇게 김정은한테 끌려 다니는지를 정말로 납득할 수가 없습니다.

아마도 몇 차례 남북회담에서 모종의 밀약이 있지 않았나 하는 의심도 강하게 하게 됩니다.

그렇지 않다면, 우리가 핵을 머리에 이고 살아야 하면서도, 김정은이 위협하며 손을 내밀 때마다 갖다 바쳐야 하는 한심한 나라꼴이 된 것을 어떻게 이해할 수 있을까요?

그런 누명을 벗기 위해서라도 문 대통령이 이렇게 하는 두 가지를 국민들에게 분명히 밝혀야 할 부분이 있다는 겁니다.

첫째, 그동안 몇 차례 문 대통령이 김정은과 정상회담을 하면서 정작 세계와 우리 국민들이 원하는 비핵화에 치중한 것보다,

남북한의 정치체제 결합에 꼼수를 두지 않았나 하는 점입니다.

다시 말하면 김정은과 남북연방제를 하기로 약속하고 그 연방제를 하기 위해 김정은의 투정까지 받아줘야 하는 딱한 처지가 되지 않았나 하는 것입니다.

자기 나라를 남에게 넘겨주면 매국노라고 합니다.

정치에서도 권력 잡았다고 멋대로 행사하는 것, 특히 국민이 원하지 않는 정치체제로 독선적으로 몰아가는 것도 국민들한테는 같은 취급을 받을 수 있습니다.

또 하나의 궁금한 흑막으로서 문 대통령 개인적 차원에서 김정은과 같은 이데올로기인 공산주의 사상을 가지고 있지 않다는 사실을 분명히 밝히길 바랍니다.

김정은은 눈 뜨자마자 아버지, 할아버지 3대에 걸쳐 공산주의 사상을 가져온 사람입니다.

김정은과 같은 국가체제와 정치사상을 가지고 있기 때문에 김정은이 요구하는 대로 추종한다는 일각의 주장을 불식시켜야 하는 것입니다.

문 대통령의 정치사상이 의심스럽다는 주장은 MBC 방송문화진흥원 이사장을 지냈던 고영주 변호사가 "공산주의자"라고 공개발언 한 적도 있습니다.

고영주 변호사 주장은 법원 재판과정을 통해 어느 정도 인정된 주장이기도 합니다.

보수우파 유튜브가
무너질 수밖에 없는 이유

방송 : 2019년 10월 9일

'일반인의 특별한 생각 홍용락의 레이져 뉴스'입니다.

말끝마다 정의를 부르짖는 이 정권도 방송만은 자기네 입맛에 맞게 여론을 길들이고 싶은가 봅니다.

현재 애국시민 약 70만명 정도가 보수 유튜브를 구독하는 것으로 판단됩니다.

이 정권의 권력독재가 더 강해질수록 상시 유튜브 구독자는 150만 이상으로 확대될 것으로 예상합니다.

국민들 중 현재 유튜브 구독자들은 정치적 성향이 강하고 또현 정권에 반대하는 보수의 여론지도층(Opinion Leader)이라는 사실에 주목해야 합니다.

보수우파 애국시민들은 이 유튜브를 통해 이념정권인 현 정권의 퇴진운동을 치열하게 벌이고 있습니다.

이렇다 보니 이 정권이 애국시민 70만명을 잡기 위해 보수우파 유튜브 탄압에 나섰습니다.

유튜브를 잡아서 보수우파 민심이 뭉쳐지는 뿌리를 이 기회에 도려낸다는 것입니다.

이를 위해 더불어민주당과 탄압 시행처인 방송통신위원회가 전면에 나섰습니다.

먼저 민주당의 원내대표와 방통위원장이 만나서 명분을 내세웁니다.

유튜브가 가짜뉴스, 허위조작 정보로 여론을 조작하며 사회적 갈등 소지도 있는데다가 심각한 인권침해 문제까지 안고 있다고 강변합니다.

이 명분에 따라 가짜뉴스를 척결해야 한다면서 민주당 의원들이 유튜브 탄압을 골자로 하는 입법을 발의했습니다.

핵심내용은 구글 같은 유튜브 플렛폼 사업자가 가짜뉴스를 미리 모니터해서 알아서 삭제하라는 것입니다.

방통위가 개인 미디어를 직접 탄압해서 나중에 문제가 될 수 있는 시비 요인을 피하려는 것입니다.

그러면서 단위 유튜브 플렛폼 사업자인 구글에게 삭제 권한까지 부여해서 개인 미디어 탄압을 배후에서 조종하겠다는 의도입니다.

만약에 플렛폼 사업자인 구글이 가짜뉴스를 알아서 적발하지 못하면 과징금을 물어야 하는 규제조항도 들어있습니다.

　　　　　보수우파 유튜브가 무너질 수밖에 없는 이유

이 징벌적 과징금이 무려 매출의 10%나 됩니다.

2017년 구글이 1년에 3000억원을 번다는 소문이 있었습니다.

그래서 한 번 경고를 받으면 과징금이 300억원에 달합니다.

그리고 분기에 한 번은 적발 결과를 방송통신위원회에 보고를 해야 한다는 겁니다.

가짜뉴스로 적절하게 적발했느냐 하는 판단 여부는 방송통신위원회서 별도의 심의기구를 만들어 판정을 내릴 겁니다.

또 가짜뉴스의 규제 기준도 앞에서 말한 명예훼손만이 아닙니다.

뉴스의 대상이 모욕감을 가지거나 혐오감을 느낀다든지, 또는 공격 목적이 있다고 판단된다든지 하는 구체적이지 못하고 자의적이고 추상적인 기준으로 판정을 내린다고 합니다.

여기에 역사왜곡, 차별금지 조항까지 넣었습니다.

역사왜곡은 5,18의 원인에 대해서 보수우파가 말하면 십중팔구 가짜뉴스로 판명되는 조항이 되지 않겠습니까?

또 요즘 위안부 문제나 일본과의 문제도 정권 입맛에 맞지 않는 내용은 무더기로 가짜뉴스로 판명날 것입니다.

기타 차별금지나 동성혼 반대 등도 가짜뉴스로 걸러질 수 있겠죠.

이것만 놓고 보면 이 정권과 반대되는 생각은 모두 가짜뉴스로 검열에 걸린다는 겁니다.

궁극적으로 유튜브 활동을 근본적으로 막으려는 저의입니다.

결과적으로 보수우파 애국시민들의 입을 틀어막겠다는 속셈입니다.

민주당 의원들이 법안 발의만 한 게 아닙니다.

정부기관인 방송통신위원회가 본격적으로 간여하기 시작했습니다.

방통위위원장은 민주당 의원들과 별도로 지상파 3사 사장들을 불러놓고서 '미디어 비평을 강화하라' '지상파가 방송의 공공성을 회복하면 광고 편성규정을 변경할 용의가 있다' 라며 당근까지 던졌습니다.

해석해서 말씀드리면 기존의 유튜브 시장을 지상파 및 종편, 뉴스채널이 점령하라는 얘기가 아닙니까?

그래서 정권 입맛에 맞는 뉴스로 시청자를 현혹시켜 주면서, 또 개인 유튜버가 가져가는 돈을 지상파나 공중파 매체에서 수입을 가지라는 얘기입니다.

이렇게 지시에 잘 따를 경우, 지상파의 오랜 숙원인 중간광고를 허용해 주겠다는 것입니다.

지상파의 중간광고란 시청자들이 1시간짜리 드라마를 볼 때 15분마다 잘라서 광고를 내보내는 것인데, 이제는 시청자의 불편은 아랑곳 하지 않겠다는 선언입니다.

보수우파 유튜브가 무너질 수밖에 없는 이유

즉 지상파가 정권의 입맛에 잘 맞게 방송하면, 금전적으로 연간 500백억원 이상의 수입을 확보해 주겠다는 계산입니다.

아닌 밤중에 홍두깨 같은 소리로 들리지만, 방송가에서는 이 얘기가 한마디로 보수우파 유튜브를 잠식하라는 정부 명령이라고 해석합니다.

쉽게 말하면, 뉴스 제작능력과 뉴스시청자가 월등한 지상파가 유튜브를 만들어 이 유튜브가 뉴스 아이템을 먼저 선점하고 또 그 내용도 정권 입맛에 맞게 보도하라는 얘기입니다.

그래서 집권 여당에 불리한 기존의 자생적 우파 유튜브 뉴스를 가짜 허위조작뉴스로 몰아세워 반정부 여론을 잠재워 달라는 것입니다.

이 얘기가 나가자마자, 유튜브 플렛폼인 구글 유튜브에 지상파나 YTN, 연합뉴스 같은 뉴스채널과 종편이 제작한 뉴스꼭지가 추천 아이템으로 전 화면을 장악하다시피 합니다.

이런 지상파와 공중파 뉴스는 나오자마자 만 명 이상 조회를 기록하기 때문에, 기존의 자생적 유튜브가 아무리 유명하다 할지라도 결국은 경쟁에 밀려 망하고 도태될 수밖에 없는 실정입니다.

물론 어떤 방송학자나 야당 국회의원들은 지상파나 뉴스채널들이 지금까지 객관적인 방송을 해오지 않았기 때문에 현실적으로 유튜브 뉴스를 뛰어넘지 못할 것이라 전망도 합니다.

그렇지만 유튜브 뉴스는 기본적으로 팩트체크(사실규명) 기능이 약하고, 더구나 진실을 입증하는 제작능력은 지상파 등 메이저 매체에게는 상대가 되지 않게 뒤 떨어집니다.

당연히 지상파와 공중파 공세 앞에 보수 유튜브 붕괴는 시간문제일 수밖에 없습니다.

이렇게 보수 유튜브가 무너지면 보수우파 세력도 이 정권에 맞설 수 있는 힘이 동시에 떨어질 것은 명약관화한 일입니다.

그때는 이 정권이 지금보다 더 제멋대로 나라를 좌지우지 하지 않겠습니까?

이 보수 유튜브가 없어지는 것을 막기 위해서는 첫째, 보수우

유튜브 연합회 회원들과 구글코리아 앞에서 항의 집회

　　　　　　　　　　　　보수우파 유튜브가 무너질 수밖에 없는 이유

파 애국시민들이 적극 나서야 합니다.

보수우파 국민들이 공생공사의 의지를 가지고 진정성 있는 보수우파 유튜브를 더 적극 구독 조회하는 것도 한 방법입니다.

둘째, 자유한국당과 야당 의원들이 보수유튜브가 망하면 야당도 치명적인 타격을 입을 수 있음을 생각해서 민주당의 유튜브 탄압 법안을 막아줘야 합니다.

지금까지 박대출 의원만 민주당 유튜브 탄압 법안에 대해 반대 성명을 발표했을 뿐입니다.

셋째, 구글 유튜브 플렛폼은 법도 제정되기 전에 벌써부터 알아서 보수우파 유튜브에 전면적으로 노란딱지를 붙이고 있습니다.

보수유튜브에 과징금을 부과하는 노란딱지를 붙이기 전에, 인터넷은 통신사업에 속하기 때문에 내용 규제는 불법이라는 것을 구글은 한 번이라도 생각해 봤는지 묻고 싶습니다.

전 세계에서 단위 유튜브에 노란딱지를 붙이고 과징금을 부과하는 나라가 없음에도, 현 정권은 보수유튜브와 국민을 탄압하는데 한 치 부끄러움이 없습니다.

구글에게 돈을 벌게 해주는 것이 광고주만 아닙니다. 구독자가 많이 조회해줘야 광고주도 광고를 붙이는 것입니다.

구독자인 우리 국민을 이렇게 구조적으로 무시해도 되겠습니까?

연말이면 디즈니플러스, 애플TV, 아마존, 페이스북 같은 대형 글로벌 온라인 동영상서비스(OTT) 회사가 한국에 들어올 예정이라고 합니다.

물론 이 정권과 구글이 야합하면 대형 글로벌 온라인 동영상서비스 매체의 한국 상륙은 늦춰지고, 구글 독과점은 계속 유지될 수도 있습니다.

그렇다면 유튜브 구독자인 국민은 구글 불매운동을 소비자 보호운동 차원에서 전개해야 합니다.

넷째, KBS, MBC, SBS지상파와 YTN같은 뉴스채널, 일부 종편들은 지금까지 정권 입맛에 맞춰 보도를 하다 보니까 시청률이 떨어져서 광고수입이 줄어 회사경영 문제가 현안으로 대두됩니다.

이제까지 이들 방송사들은 정권 눈치만 보면서 사실보도를 소홀히 한 것이 사실입니다.

비판이라는 뉴스의 고유기능을 포기한 상황입니다.

메이저 방송들이 경영난에 봉착하니까, 정권의 지원 아래 단위 유튜브들의 생존권까지 넘보는 몰염치한 짓을 하고 있는 것입니다.

다섯째, 정권이 1차적으로 독과점 플렛폼 구글에 과징금을 부과하면 그 피해가 보수 유튜브들에게 2차 직격탄으로 고스란히 넘어올 것입니다.

구글이 10% 과징금 손해를 당하지 않으려고 보수 유튜브에게 그만큼 피해를 전가하지 않겠습니까?

정권이 요구하는 대로 개인 유튜브에 노란딱지를 붙여 문 정권의 권력독재 비판을 못하게 하고, 수입 창출도 하지 못하게 하는 발상이 아니고 무엇이겠습니까.

결과적으로 문 정권을 비판하는 유튜브는 경영이 불가능하기 때문에 스스로 고사시키겠다는 속셈입니다.

보수 유튜브의 폐업은 세계적으로 막 시작되는 개인 미디어 발전환경에 찬물을 끼얹는 처사가 됩니다.

또 다른 영향은 이 나라의 보수 우파국민들의 몰락도 가져올 수 있습니다.

이 정권의 마지막 장악 목표는 바로 보수 유튜브입니다.

법적으로도 개인 미디어 제재는 헌법 제21조에 명시된 표현의 자유와 국민의 알권리 조항을 완전히 무시하는 것입니다.

국회앞 유튜브 탄압 반대시위 성명서 낭독

사실 특정 유튜브의 명예훼손과 인신공격을 문제 삼는다면, 현재 있는 실정법으로도 얼마든지 처벌이 가능합니다.

현 정권이 야당일 때 방송탄압을 하지 말라고 얼마나 표현의 자유와 국민의 알 권리를 들먹였습니까?

그런데도, 개인적 통신기구인 유튜브를 굳이 언론으로 규정해서 규제한다면, 방송법 제2조25항에 명시된 구독자인 시청자들의 보편적 시청권을 무시하는 불법행위가 아닐 수 없습니다.

이 정권은 보수 유튜브를 탄압하기 위해 초법적 제제를 시도하고 있는 것입니다.

무엇보다도 보수우파 애국시민들은 현 정권의 보수 유튜브 규제가 현행법에도 저촉될 뿐더러 헌법정신에도 위배된다는 점에 공감 해 주셔야 합니다.

윤석열 vs 홍준표,
본선 경쟁력 누가 더 강할까?

방송 : 2021년 9월 6일

　국민의힘을 포함한 야권 경선에서 어느 후보가 본선 경쟁력이 제일 강해 정권교체의 선봉이 될까요?

　어제 국민의힘 정홍원 경선 위원회에서는, 그동안 논란이 되었던 문빠나 민주당 지지자들이 야권 경선에 참여해 본선에서 약한 후보를 지지하려는 '역선택' 방지조항을 선택하지 못했습니다.

　야권에서 본선 경쟁력으로 가장 유력한 사람은 윤석열, 홍준표 후보입니다.

　별 이변이 없다면 ,이 두 분 중 한 사람이 내년 20대 대통령선거에서 야권 후보로 선출될 확률이 가장 큽니다.

　또 홍준표 후보가 윤석렬 후보를 오차범위 내로 따라 붙었다는 주장도 있습니다. 오차범위가 5% 내라는 것입니다.

　이 수치라면 윤석열, 홍준표 두 후보 중 누가 최종 후보가 될지는 아직은 예측하기 어려울 수도 있습니다.

홍준표 후보와 윤석열 후보가 국민, 특히 야권의 지지를 압도적으로 받는 이유는 무엇보다도 이 분들의 인성이나 현실을 보는 시각에서 강한 신념이 있다는 것입니다.

두 사람이 자기 소신을 누구와도 쉽게 타협하지 않는 강인한 인성의 소유자이면서, 정치적으로 강력한 전투력을 가진 사람들일 것 같다는 것입니다.

윤석열 후보의 경우, 개인적으로는 처가 문제를 말할 때부터 턱을 내세우는 "도리도리" 이미지 등으로 얼마나 비호감이 많습니까.

그것 뿐입니까. 정치적으로는 박근혜 정권을 적폐로 몬 장본인이라는 비난도 받시 않습니까.

그렇지만 본인은 어느 정권이든 잘못된 것은 과감히 척결하는 것이 자기의 본분이었다고 강조합니다.

주변에서는 1990년대 이탈리아 정치권의 부패구조를 손댄 피에트로 검사를 능가하는 역할을 했다는 주장도 합니다.

얼마나 자기 주장이 강하면, 선거캠프의 미디어 본부장은 윤 후보는 고칠 게 없고 행동하는 모습을 자연스러운 이미지로 만드는 작업을 할 뿐이라고 말합니다.

한편 홍준표 후보는 앞의 피에트로 검사의 한국판인 '모래시계' 드라마의 실제 주인공이었다고 하지 않습니까.

홍 후보는 직선적이고 타협하지 않는 강직한 성격으로 국민들에게 비호감으로 꼽힐 때도 있었습니다.

경남도 지사 시절 진주의료원이 무위도식하는 노조의 투쟁 장소화로 되어 간다는 이유로 하루아침에 폐쇄시킨 과단성도 보여주지 않았습니까.

이 분들의 강인한 성격과 직선적으로 돌파하는 인성을 요즘 사람들은 별로 좋아하지 않습니다.

특히 젊은 사람들이 좋아하지 않을 뿐더러 부담스러워하고 심지어 혐오하는 경향도 없잖아 있습니다.

그런데도 이 분들이 야권의 대선 선두주자 후보가 되는게 이상하지 않습니까?

이유는 우선 문 정권한테 국민들이 너무 시달렸기 때문입니다.

세금으로 뺏기고, 집값은 천정부지로 오르고, 외교 안보도 무능하고.... 등등 국민으로서는 많이 시달렸습니다.

윤석열, 홍준표 후보가 결코 국민 친화적이 아니면서도 야권 주자 1,2위가 되는 이유가 또 있습니다.

현 정권에 대한 반감과 더불어 무능한 정권으로부터 국민들이 더 피해를 보지 않게 국민의 삶을 되돌려 달라는 것입니다.

국민들은 윤석열, 홍준표 후보 중 한 분이 그 역할에 앞장서 줄 것을 크게 기대합니다.

그러나 지금 상황은 누가 본선 후보가 될 지 예측불허 상황으로 전개되고 있습니다.

윤석열 후보는 정치, 경제, 외교, 안보, 국방 등에서 아는 게 많지 않다고 하는데도 여론조사에서 부동의 1위를 차지하고 있습니다. 그리고 본선 경쟁력에서도 1위입니다.

그럼에도 윤 후보를 비판하는 사람들은 아직 정치경험이 없는 윤석렬 후보가 강기와 소신 하나로 버티기는 많이 모자라기 때문에 대안을 찾아야 한다고 주장합니다.

당연히 다양한 분야에 능력을 갖춘 정치 8단 홍준표 후보가 오차범위 내로 지지율이 좁혀질 수밖에 없다는 것이죠..

그러므로 이들은 홍준표 후보가 대통령이 된다면, 국가를 안정되게 이끌 수 있다고 전망합니다.

이 점에 대해 동의하지 못하신다는 분들도 꽤 있을 겁니다.

동의 못하신다는 분들은 나라 문제를 대통령 혼자서 다 해결할 수는 없다, 대통령은 방향만 정해놓고 나머지는 전문가들을 잘 뽑아 쓰면 된다고 반문합니다.

현 정권에게 핍박 받은 국민들의 아픔을 법이라든지, 제도, 또는 인적 청산을 통해 제대로 하는 게 중요하다고 생각합니다.

국민은 윤석열, 홍준표 후보 중 누가 당선되더라도 앞서 제기된 문제를 제대로 돌려놓고 정상화 되기를 원합니다.

누가 더 강력하고 바르게 할지는 두고 봐야 될 것 같습니다.

그러나 윤석열, 홍준표 두 후보가 본선에서 누가 더 잘 싸울 수 있을까 하는 것은 지금으로서는 다소 먼 얘기입니다.

그 이전에 누가 본선으로 직행할지를 놓고 각 경선후보들과 사생결단을 해야 한다는 사실입니다.

선거에서는, 경선에서나 본선에서나 2등은 의미가 없지 않겠어요?

이렇게 경선후보들끼리 경쟁에서도 일단 앞서는 분이 윤석열, 홍준표 후보입니다.

먼저 해결해야 할 문제는 앞서 말한 '역선택' 문제도 난제 중의 하나입니다.

같은 맥락에서 이 정권이 민주당 후보 당선을 위해 야권 후보를 분열시키는 흑색선전을 방어해야 하는 문제가 있습니다.

두 번째, 폭넓게 중도층 확장을 통해 본선 경쟁력을 확보하지

치열했던 본선후보 대결

못하면, 그 또한 본선 경쟁에서 필패로 끝날 수 있는 고민이 있다는 것입니다.

이 정권은 끊임없이 윤석열, 홍준표 후보의 약점을 파고들어 누가 올라오든지 본선에서 이길 수 있게 제도권 언론을 총동원해 역선전을 할 것입니다.

이것만이 아니죠. 또 야권 내부에서도 경선 룰을 두고 설왕설래 하고 있습니다.

앞에서 말한 야권 경선에서 '역선택' 조항을 선택할 때의 유·불리를 놓고 후보들끼리 설전이 대단했습니다.

현 정권과 민주당 지지자들인 '빠"들은 앞장서서 야권 경선에 숨어들어 훼방을 놓을 거라는 점은 알 만한 사람은 다 압니다.

역선택은 규범을 중요시하는 보수정당이니까 우여곡절 끝에 잘 정리 되었습니다.

하지만 앞으로 여론조사 퍼센트 범위 등을 정하는 제도 선택을 놓고 야권 후보들끼리 요란한 대결을 할 경우에는 지지자들을 식상시킬 수 있는 여지가 아직 남아 있습니다.

다행인 것은 아직까지는 이 정권의 역선전과 흑색선전에도 중도층이 4.7보궐선거 때 표심을 크게 바꾸지 않고 있다는 사실입니다.

현 정권이 윤석열 후보 부인문제를 들고 나왔습니다만 국민들은 덤덤합니다.

민주당 정권에서는 인륜적으로 패악질을 한 사람이 대통령 후보로 선출될 것 같습니다.

이런 것을 보면 이제는 야권 후보도 가족문제 등 사소한 인간적인 결점은 국민들 표심, 특히 중도층과 젊은층의 표심 변화나 결정에 큰 결정요인이 되지 않는 듯합니다.

때문에 윤석열, 홍준표 두 후보가 인간적으로 어느 정도 결점이 있다고는 하지만 1,2위의 야권 후보로서 당분간 변동은 없을 것 같습니다.

결국 이 두 분 중에서 누가 중도층을 빨리 흡수하느냐가 본선 후보 경쟁에서도 이기고, 나아가 대선 승리도 확신할 수 있는 초점이 될 것거 같습니다.

궁극적으로는 국민의 뜻에 얼마나 잘 맞추는 후보가 누구인가가 중요합니다. 결국은 국민이 선택할 몫이 아니겠습니까?

부부동반 한미 정상 회동,
국민들 자존심만 깎아

방송 : 2019년 4월 14일

'일반인의 특별한 생각 홍용락의 레이져 뉴스' 시작하겠습니다.

오늘은 '부부동반 회동 결과는, 남과 북 모두 알아서 뼈를 깍아라' 라는 제목으로 시작하겠습니다.

이 말은 트럼프가 한미 정상회담에서 '나는 관여하지 않겠다. 내가 가고자 하는 방향에 문 대통령과 김정은이 알아서 따라오면 만나주고, 그렇지 않으면 내 식대로 하겠다'는 이야기입니다.

이번 한미 정상회담을 부부가 같이 모여 밥 먹는 회담을 한 것은 보기에 따라서는 편하게 진행되었습니다.

그러나 돌아온 결과는 트럼프가 문 대통령한테 '남과 북 모두 같은 편이니까 비핵화 하려면 이거 저거 필요 없다. 당신들 국민 살점을 떼 내든지, 뼈를 깎든지 당신들끼리 알아서 판단하라'는 최후통첩을 보낸 것이었습니다.

구체적인 말은 안 했지만, 문 대통령이 김정은을 설득해서 미국이 요구하는 완전한 비핵화에 응한다면 다음에 만나주겠다는 것이었습니다.

이번 한미 회담은 정상회담 절차에서부터 만나서 나눈 얘기가 정상회담에 어울리지 않는 비정상적인 것이었습니다.

결과는 트럼프 측이 일방적으로 지시하듯이 던졌고, 문 대통령은 사전에 언론을 통해서 포괄적 북한 비핵화를 합의하고 단계적 이행을 하자는 중재자 역할을 하겠다고는 거창하게 밝혔습니다.

트럼프와 문 대통령이 만나서 어떤 얘기를 했는지는 잘 모르겠지만, 트럼프는 문 대통령 생각에는 일언반구도 진지성이 없다는 투의 반응이었습니다.

또 김정은과 미북 대화 다시 하는 것조차, 시간을 두고 천천히 하자고 여유를 보였습니다.

문 대통령 측은 어떤지 모르지만 우리 국민입장에서는 참으로 국민들까지 참담한 수모를 당하는구나 하는 생각이 먼저 듭니다.

문 대통령은 지난 번 중국의 시진핑을 찾아갔을 때, 중국에서 아무도 불러주는 사람이 없어서 혼밥, 혼자 밥을 먹는 무시를 당했습니다.

이번 한미 정상회담에서 이렇게 무시 당하는 것도 국민들 보기에는 다름 아닌 문 대통령과 정권들이 자초한 일입니다.

이런 국가적 수치가 반복되는 것은 문 정권이 국가의 외교와 안보를 국가 실익에 맞추는 것이 아니라 문 정권의 이념에 맞추기 때문에 일어난 일이라고 생각합니다.

자 따져 봅시다. 이번 정상회담의 절차가 어떻게 진행됐는지, 나아가 정상회담 내용을 알아보면 제 말이 속 시원하게 이해되실 겁니다.

먼저 이번 한미 정상 만남이 누가 먼저 요청한 것인지는 모르겠습니다만, 서로 협조적인 정상회담이 안 되고 미국의 일방적인 절차로 진행된 된 것은 분명합니다.

문 대통령은 이번 정상회담 일정도 트럼프의 편한 시간에 맞출 수밖에 없었기 때문에 허겁지겁 잡았습니다.

여기서 허겁지겁 이라고 굳이 말할 수밖에 없는 것은 문 대통령 입장에서는 만사를 제쳐놓고 이 회담에 갔기 때문입니다.

그도 그럴 것이 정상회담을 한 4월11일은 문재인 정권이 지금까지 대한민국 정부 수립일인 1948년 8월15일을 부정하고, 대신 4월11일을 정부수립일로 정해 거창한 기념식을 하는 날입니다.

100년 전 4월11일 상해임시정부가 출범한 날이 대한민국 뿌리라는 것입니다.

결국 이 상해임시정부 수립 100주년 행사를 문 대통령이 참석해 치르지 못하고, 트럼프 일정에 맞춰 한미 정상회담이 이뤄진 것입니다.

국가 간 대통령끼리 만남인데 한 국가에서 중요한 일정을 양보 받지 못하고 한 쪽 입장에 따라 만남이 이뤄진다는 것은 국민들이 생각할 때 두 가지로 생각될 수 있습니다.

우선, 트럼프가 하노이 미북 정상회담에서 북한 김정은과 비핵화 협상을 하면서 꼼수를 부리냐고 면전 박대를 했지 않았습니까?

평소 김정은과 찰떡궁합을 보이던 문 대통령이 좋게 말하면 중재자, 나쁘게 말하면 대리인 역할로 나서서 트럼프와 김정은을 다시 만나게 하려 했던 것 같습니다.

또 하나의 입장은 트럼프가 문 대통령을 호출한 성격의 한미 정상회담이라고 할 수도 있습니다.

이유는 하노이 북미회담에서 김정은이 미국의 요구에 전혀 미치지 못하는 협상안을 들고 나왔다는 겁니다.

트럼프는 북한의 직접적인 후견인 역할을 하는 중국의 시진핑을 무역관세로 꼼짝 못하게 눌러놓은 상황에서도, 김정은이 미국과 맞상대를 하려 한다고 본 것이죠.

이런 김정은의 오만한 자세가 평소 김정은의 대리인 역할을 한 문 대통령이 김정은의 기를 너무 살려 놓았기 때문이라고 본 것 아니겠습니까?

그래서 트럼프는 이번 기회에 문 대통령이 한미 동맹을 맺고 있는 나라의 대통령으로서 김정은과의 관계를 분명히 해줄 것을 요구한 것이라 볼 수 있습니다.

결과적으로 앞으로 문 대통령이 김정은과 남북 정상회담을 하는 것도 트럼프한테 허락을 받아야 하는 굴욕을 이번에도 당하지 않았습니까?

이번 한미 부부동반 정상회담의 진행을 보면서, 국민들은 평소 대통령과 정권의 못난 처신으로 일어난 외교참사를 결국은 국민들이 책임을 져야 하는 허탈감도 가집니다.

트럼프가 이번에 유례가 없는 정상회담에 부부동반을 시킨 것은, 중요한 얘기는 하지 않고 의례적으로 차나 한잔 하자고 무시하는 것 아닙니까?

또, 미국 대통령인 트럼프에게 직접 해야 할 문 대통령 하소연을 우리 수행참모들이 트럼프 참모들에게 하게 했습니다.

이 대목이 옛날 조선시대 중국에 간 사신이 중국 황제는 나중에 멀리서 절 한 번 하고 나오고, 그 전에 밑에 사람들을 찾아다니면서 통사정했다는 사극 드라마 장면이 연상됩니다.

이런 절차적 과정이 상호 존중 받는 분위기가 아니었기에, 정상회담 결과가 맹탕이고 빈손입니다.

오히려 혹 떼러 갔다가 혹 붙이고 온 격입니다.

그 과정이야 어찌 되었든 이 정도 정상회담이라면 전화로 해도 될 일 아닙니까?

앞에서 얘기한 것처럼 김정은과 남북 정상회담도 전에는 우리가 알아서 했지만, 이제는 트럼프의 허락을 맡고 해야 하는 것으로 바뀌었습니다.

트럼프가 문 대통령에게 한미 동맹국의 대통령으로 어느 편에 설 건지를 분명히 하라는 최후통첩을 부인인 김 여사까지 불러놓는 자리에서 했습니다.

한 나라의 대통령이 무시 당하면 그 나라 국민들 자존심은 얼마나 상처 받겠습니까.

이번 기회에 문 대통령과 정권은 비핵화 과정에서 국가와 국민을 위해 어떤 길을 가야 하는지 통절히 깨닫는 계기가 되길 바랍니다.

비핵화 합의는 힘이 있는 미국 트럼프가 주장하는 완전한 합의가 최선의 길입니다.

문 대통령과 그 정권이 주장하는 단계적 비핵화는 김정은을 이념적으로 가깝다고 도와주는 길입니다.

금강산 관광과 개성공단을 재개하고 철도연결 하는 것은 명분은 그럴 듯합니다.

하지만 따져보면, 그것은 북한주민을 돕는 것도, 통일 위한 노력도 아닙니다. 김정은과 독재집단의 배만 불리는 일입니다.

결국 남한 국민의 살을 깎아 김정은 정권 유지하는데 도와주는 것 이상도 이하도 아닙니다.

도와준다고 해도 김정은이 비핵화 한 후에 우리가 얼마든지 도울 수 있지 않습니까?

김정은이 비핵화도 안했는데, 돕다가 핵을 무기로 이것저것 내놓으라고 협박 당할 가능성이 농후하지 않습니까!

그때는 우리 국민은 살을 깎아서 만이 아니라 뼛가루를 갈아서라도 갖다 바쳐야 될 상황이 될 수도 있습니다.

문 대통령과 정권도 이 기회에 단 5년이 아니라 나라의 긴 장래를 정확히 판단하길 바랍니다.

외교와 안보에 국익보다 이념을 먼저 앞세우면 국민들로부터 외면당하는 정권이 된다는 것을 알기 바랍니다.

이번 한미 정상회담처럼 잘못될 경우에 대통령 당사자도 물론이지만 국가와 그 나라 국민까지 수모와 수치를 겪게 된다는 것을 다시 한 번 확인하는 기회가 되길 바랍니다.

블랙리스트! 전 정권은 '적폐',
내 집권에는 '알박기'

방송 : 2019년 3월 30일

'일반인의 특별한 생각 홍용락의 레이져 뉴스' 시작하겠습니다.

전 환경부 장관은 구속되지 않고 살아났습니다.

영장전담 판사가 도주의 우려가 없고, 전 정권에 협력한 인물을 파악해 보는 것은 관행적으로 있어 왔던 일이기 때문에 그것이 법을 어겼는지는 재판을 통해 확인해 봐야 한다는 이유입니다.

한 마디로 장관이 같은 편이 아닌 사람을 쫓아내는 게 무슨 죄가 되느냐는 것이죠.

하지만 우리에게 아직도 생생하게 기억되는 것이 있습니다.

전 정권에서 블랙리스트를 만들었다고 전 대통령 비서실장과 문화부장관을 한 순간에 구속한 데 대해 어느 누가 감히 "아"소리라도 낸 적이 있었던가요?

그 법적 판단은 공무원이 국민을 위한 봉사자가 아니고 어느 정권을 위해 봉사한다는 것은 당연다고 받아들인 것이죠.

또 블랙리스트란 것이 당시에 장관과 대통령비서실장을 구속하는 직접적인 이유가 된다는 것도 그 당시에 알았습니다.

역사적으로 블랙리스트를 널리 사용한 것은, 1642년 영국에서 청교도 혁명 때 의회파 크롬웰과 싸우다가 프랑스로 도망간 왕당파인 찰스2세가 다시 돌아와 재집권하면서 자기 아버지 찰스1세를 단두대에서 사형한 정적들 수십 명 명단을 뽑아 처형합니다.

이 때 이미 무덤에 간 올리버 크롬웰의 시신을 파내서 다시 죽이는 부관참시도 합니다.

이 명단을 블랙리스트라 하게 되면서 오늘날 정치적으로 보복을 해야 될 상대를 부르는 말로 사용되었습니다.

문제는 이 정권에서 블랙리스트를 써 먹은 사람들한테 적용하는 법이 달라서 국민들은 헷갈리고 있다는 것입니다.

실제로 지난 박근혜 정권에서는 문체부 블랙리스트를 뽑아는 났지만, 현 정권에 비해서는 소극적으로 인사나 지원을 배제하는 정도였지 않습니까?

쫓겨나거나 감옥까지 간 사람은 없습니다.

지난 박 정권에서 대표적인 블랙리스트 명단에 올랐던 배우인 송강호 씨가 '변호인', '택시운전사' 등에서 연기파 배우로 계속 활동을 했지 않습니까?

또 유명 여배우 김혜수 씨도 나꼼수 등에 출연하면서 적극적으로 세상에 자기 주장을 폈지만, 그 때나 지금이나 활동에 큰 제한을 받은 것 같지는 않습니다.

그럼에도 불구하고 이번 정부의 환경부 산하기관 등의 블랙리스트는, 자리에서 쫓아낸 것이기 때문에 위법성에 있어서는 전 정부에 비해 잔인하게 적용된 것이라고 할 수 있습니다.

현직에서 잘라낸 것만 아니라 문 정권이 들어서자 사표를 내고 물러난 환경부 산하 환경산업기술원 김정주 본부장한테는, 나온 후에도 노조를 통해 법적인 소송 등으로 괴롭혔고 현재도 새 직장까지 찾아다니면 시비를 거는 등 감정적으로 보복을 하고 있지 않습니까?

지금까지 드러난 실체를 보면, 환경부의 블랙리스트에 오른 사람들에게 사표를 받아 쫓아낸 과정이 법적인 절차도 무시하고 청와대와 상의해서 쫓아냈다는 것 아닙니까?

문제는 박근혜 정부 때 문체부 블랙리스트가 법적으로 위반됐다고 법원이 판단해서 조윤선 전 문체부 장관과 전 대통령 비서실장 등을 구속시킨 일입니다.

그렇게 엄하게 적용했던 법의 잣대가 단 몇 달 만에 똑 같은 과정으로 환경부 산하 직원을 쫓아내기 위해 청와대와 장관이 서로 협의 시행한 것은 법 적용이 180도 달라졌다는 것을 뜻합니다.

이 과정에서 정치지향성이 강한(?) 모 판사가 장관 구속영장을 기각했습니다.

전 정권이나 현 정권이나 같은 선상에서 봐야 될 문제인데, 문 정권하에서 환경부장관이 산하 직원을 쫓아낸 것은 청와대와 협의한 결과, 블랙리스트가 아니라 단지 서로가 업무적으로 의견 교환을 한 '체크리스트'라는 낯간지러운 용어로 왜곡하면서 영장을 기각했습니다.

일반 국민들 입장에서는 판사가 이렇게 까지 정권에 앞장서서 문 정권 입장을 편드는 것이 세금을 내서 판사 봉급을 주는 국민들로서는 참 당황스럽기 짝이 없지 않겠습니까?

입으로는 공정사회를 만들겠다는 문 정권이 잡은 권력을 이용해서 법 적용까지 자기 편에게만 유리하게 적용합니다.

앞에서는 민주주의이고 뒤에서는 자기네들 권력 유지에만 집착하는 집단 본색이 드러나고 있는 것 같습니다.

아무튼 이 문제는 자기편 진영한테 권력을 몰아주는 진영권력 독재를 하고 있는 현 문 정권의 대표적인 예가 될 것 같습니다.

왜냐하면 민주주의가 발전한 나라일수록 권력이 한 곳에 집중되지 않고 수평이동 된다고 합니다.

그런데도 수평적으로 권력을 가지고 서로 견제해야 할 입법, 사법, 행정이 서로 균형을 이루지는 못할망정, 사법부가 정권 세력과 야합하여 진영독재의 하수인 노릇을 스스로 하고 있는 상황에 더 큰 분노를 느낍니다.

더구나 한 사회의 법적 심판은 국민들에게는 살아가는 기준을 결정하는 기본가치 아닙니까?

거창하게 생각하지 않더라도 이번에 사법부를 대표하는 모 판사가 김은경 전 장관의 구속영장을 기각한 것이 법과 양심에 따라 했다고 누가 믿겠습니까?

일반 국민의 생각에는 첫째, 전 정권 블랙리스트 문제로 대통령 비서실장과 문체부 장관이 구속된 사건과 현 정권의 환경부 블랙리스트는 똑 같은 목적을 가지고 청와대와 협의했다고 생각됩니다.

오히려 전 정권은 소극적인 지원 제한과 인사배제 정도였지만, 현 정권은 블랙리스트 대상자들을 잔인하게 밥줄까지 잘랐습니다. 사표를 받은 거죠.

그럼에도 사법부는 이 정권에 앞장서서 블랙리스트를 목 자르고 칼춤 춘 장관은 업무추진 과정에서 당연히 그렇게 할 수밖에 없는 상황이라며, 법적인 판단보다 정치적 판단을 먼저 했습니다.

영장담당 판사에게는 장관의 인사권과 감찰권이 그 산하기관 임원들에게 법적으로 잘 사용되었는지가 영장발부 여부를 결정하는 판단에 가장 중요하지 않겠습니까?

최순실 등의 국정농단 사태에서 어느 기관의 운용이 잘 되었는지, 그 기관장이 인사권과 감찰권을 적절하게 사용할 필요성이 있는지를 영장발부 판사가 굳이 법적으로 판단할 영역이 아니지 않습니까?

문 정권과 한 통속이 된 사법부는 지난 정권에서 정부기관의 인사를 청와대와 협의해서 블랙리스트를 만든 것은 법 위반으로 죄를 물었습니다.

반면에 지금 정권에서 청와대와 협의한 것은 관행이었기 때문에 죄가 되지 않는다고 감싸고 있습니다.

다시 말하면 자기편인 환경부 장관이 산하기관 임원에 대한 블랙리스트를 만들고 청와대와 협의해서 내쫓는 것은 잘 해보겠다고 노력하는 업무추진 과정이었다고 두둔한다는 겁니다.

세 살 먹은 어린아이한테도 물어봐도 과연 이것이 납득되는 논리인지 묻고 싶습니다.

몰염치하게 법을 어긴 것도 지금까지 관행이었기 때문에 묵인해야 한다는 법 이전의 궤변을 영장기각 사유로 제시하는 판사의 수준은 법관이 아니라 정권의 행동대장 수준의 천박한 사고입니다.

전 정권 인사는 문체부 블랙리스트 작성으로 공무원들에게 인사 불이익을 줬다고 징역살이를 하고 있습니다.

현 정권도 똑 같은 일을 했는데 풀려난다면 이게 무슨 법치주의를 하는 민주국가란 말입니까?

블랙리스트! 전 정권은 '적폐', 내 집권에는 '알박기'

자기네끼리는 무조건 서로 봐주고 두둔하는 깡패집단이나 하는 수준 아닙니까?

또 이런 일은 같은 편 같은 진영인 전 환경부 장관이 퇴직했기 때문에 특별히 죄를 물을 필요가 없다는 말도 안되는 얘기도 합니다.

그렇다면 퇴직한 국정원장 세 사람을 구속한 건 그렇다 치고, 대법원장이었던 양승태 대법원장도 퇴직한 사람인데 또 국가의 3부요인이었는데 간단히 구속영장을 발부했지 않습니까?

그런 논리라면 차제에 현 정권이 자기네 권력 유지하려고 적폐로 몰아서 없는 죄도 뒤집어 씌워 구속시킨 전 정권의 대통령과 모든 구속된 사람들을 이 기회에 다 풀어 줘야 하지 않나요?

문 정권이 내편 네편을 군이 가려서 내편만 들고 반대편은 적폐라고 몰아세우는 것은, 촛불민심 덕에 엉겁결에 권력을 잡은 사람들이 끼리끼리 권력을 휘두르는 것으로 밖에 보이지 않습니다.

현재 문 정권은 국가운영에 있어서는 무능과 독선으로 이미 국민들의 신임을 잃었지 않습니까?

나라가 혹 불면 날아갈 것 같은 불안한 국가 운영을 하고 있지 않습니까.

그러면서도 국가 권력을 자기네 편끼리 몰아 가지며, 법도 간단하게 무시하고 권력만 쥐고 흔드는 집단은 진영독재, 끼리끼리

독재라고 해도 할 말이 없을 것입니다.

국가를 정상적으로 운영하는 정권과는 거리가 멀다는 것이죠.

문제는 지금처럼 같은 진영끼리 권력을 끼리끼리 해먹고 주고받고 밀어주다가 나라가 망해 버리면 피해는 고스란히 우리 국민들이 질 수밖에 없다는 것입니다.

앞에서 말했던 영국의 청교도혁명 때 올리버 크롬웰이 왕정을 무너뜨리고 의회주의를 확립하는 공적은 분명히 있었습니다.

그러나 무늬만 의회주의면서 국민들을 상대로 크롬웰이 가혹하게 권력을 독점하는 독재와 공포정치를 했지 않습니까?

그것도 모자라 능력이 없는 아들 리처드에게 절대권력까지 세습하려 했습니다.

지금 문 정권도 '말 따로 행동 따로' 국민들에게 반복하고 있습니다.

민주화 과정에게 억압받은 사람들에게 부와 권력을 잘 나눠야 된다고 말로는 그럴듯하게 외칩니다.

그러나 실제 행동에서는 전문성, 독립성, 도덕성도 엉망인 사람들에게 친분관계로 권력과 부를 몰아주고 있는 게 현실 아닙니까?

문 정권이 아무리 그럴 듯한 말로 국민들을 선동하지만, 무능과 독선으로 실제에 있어서는 끼리끼리 진영권력독재를 하고 있는 것이 솔직한 현실입니다.

청교도 혁명시절, 시작과 뜻은 좋았지만 뒤에 권력독재를 한 크롬웰을 타도하고 크롬웰 시체까지 부관참시 하는 분노가 폭발할 수도 있는 것이 바로 국민의 힘입니다.

국민 신뢰가 떨어진 문 정권이 이제는 사법부까지 자기들 권력 유지를 위한 수단과 방편으로 활용합니다.

이 기회에 국민들의 인내에는 분명히 한계가 있다는 것을 알아야 합니다.

대통령은 사오정,
국민은 낙동강 오리알

방송 : 2019년 1월 15일

지난 해 한반도에 남북한 전쟁이 일어날 것 같은 위기 상황이 있었습니다.

그 때 문재인 대통령이 나서서 당황한 북한의 김정은을 만났습니다.당시에 일촉즉발 터질 것 같았던 미국과 북한의 충돌위기를 중재단계에 들어갔습니다.

사실 그대로 놔뒀으면 북한이 미국에게 무조건 백기를 들었을 수도 있었습니다.

북한은 주민들이 먹고 살기 어려운 나라이고, 요즘 세상에 있을 수 없는 3대를 이어 세습한 독재국가입니다.

남한의 모든 국민들은 김정은 정치집단 밑에 북한주민들이 힘들게 살기를 원하지 않습니다.

그렇다고 우리 국민 입장에서는 북한이 주제도 모르고 미국과 맞붙었을 경우 우리나라는 자동적으로 고래싸움에 새우등 터지는 것처럼 원하지 않는 전쟁에 끌려 들어갈 수 있습니다.

문 대통령이 혼비백산한 김정은을 만나고, 트럼프한테 중재하겠다고 해서 미국과 북한이 정상회담하게 된 것은 한 나라 대통령으로서 역할을 잘 했다고 하겠습니다.

처음 문 대통령의 이런 의도와 역할에 대해 우리나라 국민들도 정상적인 생각을 하는 사람들이라면 어느 정도 공감할 것입니다.

문제는 그 이후에 문 대통령의 통일 안보개념과 국내정치에 대한 대통령의 역량에 대해 많은 국민들에게 실망을 준 부분입니다.

한반도를 둘러싸고 첨예하게 대립되는 주변국가 간의 외교와 안보문제에 있어 국가이익의 방향타를 제대로 못 잡는 문 대통령 처신에 황당할 때도 있다고 생각하는 것입니다.

국내정치, 경제이슈에 있어서도 대다수 국민들이 원하지 않는 방향으로 집권이 계속되면 국민들에게 상처를 줄 뿐 아니라, 국가의 존망에 대해서 까지 많은 국민들이 우려할 수 있습니다.

이번에 신년기자회견을 하면서도 잘하겠다는 얘기 외에 그 동안의 주장을 백화점식으로 나열한 것은, 국가위기에 직면해 있다고 믿는 많은 국민들의 생각을 무안하게 만드는 내용 없는 회견이었습니다.

대통령과 국민생각과의 불통은 어제 오늘의 일이 아닙니다.

문 대통령과 이 정권은 집권 후에 두 가지 점에서 국민들에게 비난을 받습니다.

첫째는, 남북한 관계에서 국민들의 뜻과 다르게 처신함으로써 이대로 가면 북한의 김정은에게 나라를 송두리째 넘겨주는 결과가 있을 수 있는 국가안보의 우려입니다.

둘째는, 정치의 기본은 국민을 배불리 먹여 살리는 것이 우선인데, 그 방법도 제대로 알지 못해서인지 임기 끝날 때까지 시험만 계속하고 있는 것입니다.

우리 국민들을 보호하는 대통령으로서 한반도 주변 안보상황을 냉정하게 보고 대처하는 게 필요합니다.

북한 김정은과 마치 동네에서 일어난 사건을 동네 앞 뒤 집에 사는 선후배 입장에서 처리하려 것이 아닌가 하는 생각조차 듭니다.

이런 이유로 문 대통령은 국제적으로도 남북 어느 쪽 대통령인지 모르겠다는 조롱을 무수히 받았습니다.

문 대통령이 한반도 문제에 주도권을 가지려고 노력을 하지만, 한반도 문제는 애초부터 미국이 주도할 수밖에 없는 현실이고, 북한이 미국의 생각에 어떻게 부응하느냐가 해결의 방향이 될 수 있습니다.

우리나라 입장에서는 미국과 보조를 맞추면서 북한을 달래는 것이 그나마 임시방편으로 위기상황을 극복하는 방향일 수도 있습니다.

지금까지 우리나라 어느 정권도 이 원칙을 벗어나 보지 못한 것은, 이렇게 하는 것이 국민들의 뜻을 받드는 방향이기 때문입니다.

이전 두 번의 좌파 정권도 이 원칙을 기준으로 상황에 맞게 탄력적으로 대처하면서 정상회담도 하고 경제지원도 해 온 것입니다.

우리나라가 북한 정권을 달래기 위해 지원해준 현물과 현금이 얼마나 됩니까?

1990년대 말부터 최근까지 지금까지 개성공단, 금강산 관광 등 민간 차원을 제외하고 순수 정부 차원에서만 직접 대북 지원 규모는 2조9900억 원입니다.

어느 때는 북한주민들이 굶주림을 해결해주기 위해 우리 정부가 식량차관으로 1조원을 빌려줬지만 북한 정권은 갚을 생각도 하지 않습니다.

이런 상황에서도 북한은 대남 적화야욕을 버리지 않고, 남쪽으로 포를 쏴대고 군함을 침몰시키는 테러를 자행하고 있습니다.

마치 옛날 소설에서나 볼 듯한 잘못 큰 의붓자식이 오히려 잘 키워준 모친과 이복형제들에게 행패 부리는 격입니다.

김정은 정권의 근본이 이렇습니다.

그럼에도 문재인 정부는 한반도 문제를 해결하기 위해 마치 주도권을 남한의 문 대통령이 쥐고 있는 듯 착각하고 있습니다.

그러나 미국을 비롯한 우방국도 이를 탐탁지 않게 생각합니다.

심지어 우리 국민들도 의혹의 눈초리를 보내는 분들이 많습니다.

김정은 만은 문 정권이 북한 정권을 돕는 '특급 도우미' 역할을 계속할 것으로 확신하는 듯합니다.

그러면서도 정작 미국과 조율을 할 때는 문 대통령은 안중에 없고 중국 시진핑을 만나 지침을 받아오는 일을 반복하고 있습니다.

이런 상황이 계속되리라는 것은 이미 예견된 일입니다.

그런데도 문 대통령이 계속 한반도 문제 해결의 주도권을 잡으려고 고집한다면, 현실감각이 너무 없는 대통령의 개인적인 멘탈을 국민들에게 적나라하게 보여주는 결과가 될 수 있습니다.

문 대통령은 2019년 신년 기자회견을 하면서도 애초부터 주도권을 가지지 못한 남북 비핵화문제를 미국을 도외시하고 북한, 중국과 긴밀히 해결한다고 자신했습니다.

이 점을 보면서 많은 국민들은 문 대통령이 상황파악을 거꾸로 이해하고 있는 게 아닌가 우려했습니다.

미국의 국력에 북한 김정은 정권이 정면대결 하는 것은 마치 어른한테 젖먹이 어린이가 세상물정 모르고 억지 쓰는 격 아니었겠습니까?

앞으로도 미국의 트럼프 대통령은 2020년 미국 재선거를 앞두고 지금처럼 미국의 국익을 앞세우는 한반도 정책을 계속 추진하지 않겠습니까?

지금의 트럼프 대통령 입장에서는 세계 최빈국 북한 김정은 정권에게 약간의 시혜를 베풀면서 북한 비핵화를 시키면 재선 가도에 도움이 되지 않겠습니까?

문 대통령이 지금처럼 미국을 도외시하고 북한의 김정은 정권과 시진핑에게 까지 같은 편이 되기 위한 태도를 보이는 것은 우리 국민들로서는 대통령의 안보관이 국민과 한참 어긋나 있다고 판단할 수밖에 없습니다.

문 대통령은 김정은이 고대하던 남한 답방도 해 주지 않으면서 2차 미북 정상회담을 앞두고 중국 시진핑에게 지침을 받아오는 현 상황을 바로 직시해야 합니다.

많은 국민들은 김정은의 태도를 예상하고 있었습니다.

문 대통령만 국민의 뜻은 안중에 없이 김정은의 궂은 일을 도맡아 합니다.

김정은 정권의 문 정권 무시로 말미암아 대통령 때문에 국민도 같이 무시 당해야 하는 서운함이 있습니다.

남북관계에서 잘못된 대통령의 처신이 결과적으로 국민의 안전과 나라의 안보가 위태로워질 수 있습니다.

대통령이 알고도 그런 처신을 한다면, 국민들 입장에서는 나라의 운명을 따져 봐야 하는 시점입니다.

한편으로는 문 대통령의 이런 처신이 내년 4.15총선에서 문 정권 지지자들을 결속시켜서 총선 승리로 정권을 계속 유지하려는 작은 잇속에서 나오는 태도일 수도 있습니다.

이것이 사실이라면 우리 국민들로서는 역사적으로 신라 경순왕 이후에 스스로 원하지 않는 정권에 나라를 통째로 넘겨준 것처럼 우려스럽지 않을 수가 없습니다.

문 대통령이 지금같이 김정은 정권을 두둔하면 할수록, 김정은은 남한을 뛰어넘어 미국의 트럼프 대통령과 직접 협상을 통하여 경제적 도움을 받고 핵무기 관리를 미국 요구에 적당하게 맞춰주는 척 할 것입니다.

그러면서도 미국에게 남한의 미군철수와 북한의 핵무기 감축을 협상안으로 테이블에 올려놓을 것은 뻔한 이치입니다.

문재인 정권 지지자 중 많은 수는 전에부터 미군철수를 지속적으로 요구하며 시위를 하고 있는 차제에, 내년 2020년 총선을 앞두고 큰 이슈로 등장할 것으로도 예상됩니다.

평소에도 지지층 지원을 최우선시 하는 문재인 정권도 기다렸다는 듯이 국민여론을 앞세워 미국을 압박할 수도 있습니다.

이런 불행이 없기를 소원하는 국민의 한 사람으로서, 2500년 전 공자가 얘기한 '민무신불립(民無信不立)'을 오늘날 문 대통령과 이 정권이 새겨봐야 할 것 같습니다.

나라의 지도자가 되면 우선 백성을 배 불려야 하고(食), 또 군사적 방비를 잘해야 하며(兵), 나아가 국민으로부터 믿음을 얻어야 된다(信)는 얘기입니다.

이 중에 믿음(信)이 그 무엇보다 중요하다고 공자는 갈파했습니다.

결과적으로 문 대통령이 한반도 안보에 대해서 판단착오를 하는 지 여부는 불분명합니다.

대통령으로서 역량 부족이란 말을 들으면서도 좌충우돌해서 국민들에게 불안감만 조성해 왔습니다.

국민의 먹고 사는 문제에 도움을 주는 지도자라도 되어야 국민의 신뢰를 조금이라도 얻을 수 있었을 텐데, 그마저도 국민 기대에 미치지 못했습니다.

문 정권 집권 후 듣도 보지도 못한 '소득주도 성장'이라는 경제정책으로 국민들의 경제생활을 실험해 봤지만, 결과적으로 국민들의 생활은 점점 힘들어질 뿐 입니다.

5천만 국민은 힘들어졌는데, 반대로 209만 노조원들은 혜택을 봅니다.

그 중에서도 71만여 명에 달하는 민주노총 노조원들이 가장 큰 수혜자라는 것은 누구도 부인 못할 사실입니다.

정권이 전체 국민을 잘 먹고 잘 살게 하는 것이 근본적 지향점인데도 불구하고, 정권 지지층에만 특별하게 시혜를 주는 정권은 국민의 정부가 아니라 특정계층을 위한 끼리끼리 사설정권이란 오명을 벗어날 수 없습니다.

신년 기자회견에서 경제와 성장과 혁신을 몇 십번 외치면서도, 문재인 정권은 일자리 만드는 정책보다 실제는 최저임금 인상에 올인 하는 우선순위가 뒤바뀐 시행착오 정책을 고집합니다.

이 결과 주휴수당 포함 최저임금을 30% 인상하면 웬만한 기업은 직원 채용도 못할 뿐더러 문을 닫을 수밖에 없는, 악화가 양화를 구축하는 정책이 과연 국민들을 위한 정책이겠습니까?

안보정책 역량 부족으로 인해 미국과 한반도 주변 우방국가들로 부터 고립무원의 신세로 전락하게 만든 대통령이, 먹고사는 문제로 또 국민들을 힘들게 합니다.

그러면서도 전체 국민이 먹을 파이를 문 정권을 지지하는 특정 계층 노조에게만 몰아주는 몰빵 경제정책만 고집해서 나라경제를 그르치는 대통령과 정권이 되지 않길 바랍니다.

정권의 오만과 권력 남용에 대해서 많은 국민들이 말을 하지 않지만, 부글부글 끓는 비등점을 향해 가고 있다는 것을 냉정하게 이해해야 할 시점입니다.

대통령은 사오정, 국민은 낙동강 오리알

정치방역에 터지는 국민 울화통

방송 : 2020년 3월 26일

'홍용락의 레이져 뉴스' 시작하겠습니다.

코로나로 힘든데 우리 국민은 엉뚱한 뉴스에 낚여서 이중삼중 고통을 당하고 있습니다.

지금 만명 가까운 코로나 확진자가 발생했고 하루 백 명 가량 확진자가 나오는 가운데 그것도 해외 유입자가 2분의1이나 된다고 하지 않는가요? 하루에 2,3명 나아가 다섯 명도 죽는다는 거죠.

그런데도 해외 언론들은 한국정부의 대처가 모범적이고 본받아야 할 대책들이라 보도한다고 합니다.

우리 정부가 하고 싶은 말을 보도해서 고개가 갸우뚱 할 수밖에 없습니다.

정부는 코로나 최초 발원지인 중국으로부터의 유입자를 막지 않았습니다.

미국과 유럽이 확산되는 데도, 중국 유입자를 막지 않기 위해

공항을 전면 개방하고 있습니다.

방역 실무진들은 어디서부터 손을 써야 할 지 몰라 우왕좌왕할 수밖에 없습니다. 결국은 국민들이 각자도생해야 합니다.

이런데도 사실상의 관영 통신사인 연합뉴스는 한국의 방역체계를 배워야 한다는 해외 발 외신기사를 크게 확대해서 국내 언론사에 공급하고 있습니다.

국민들은 이 정권이 코로나 사태에 잘 대처해서 세계적으로 인정받는다는 황당한 여론몰이에 의아해 하고 있습니다.

현 정권은 원래 국민을 상대로 전투적인 여론몰이를 하는 데는 일가견이 있습니다.

코로나 사태에 대한 정권의 여론몰이의 특징은 국민들이 잘 모르는 외국 언론사들의 작은 보도를 국내용으로는 마치 이 정권이 크게 잘 하는 것으로 부풀려 확산시킨다는 점입니다.

또 다른 방법은 외국 언론에 보도된 단순 기사를 친정권 통신사인 연합뉴스가 교묘하게 이 정권을 칭찬하는 제목으로 만들어 국민들을 혼란스럽게 한다는 것입니다.

구체적인 방법으로 미국 등 해외 유명 언론사 보도를 인용해서 국민을 믿게 합니다.

한 예로, 미국 일간지 월스트리트 저널(WSJ) 기사에 한국의 부족한 병상 대처방법을 간단히 소개했습니다.

이것을 다시 "한국, 부족한 병상 해결" 이란 제목으로 뽑아 마치 한국정부가 뛰어나게 대처를 잘 하는 것으로 미화하면서, 의료 선진국인 미국이 따라 할 것처럼 우리 국민들을 현혹시키는 것입니다.

국민 여러분이 아시다시피 코로나는 중국 우한에서 발생했습니다. 그래서 우한폐렴 이라고도 합니다.

중국에서 무서운 속도로 번질 때 가까운 나라인 한국은 이웃의 어려움을 모른 척해서는 안 된다고 굳이 중국발 탑승객 입국을 허용해줬기 때문에 한국만 급속도로 코로나 바이러스가 번졌습니다.

그때 중국과 국경이 맞닿아 있는 대만, 몽골은 즉시 국경패쇄를 해서, 지금도 대만은 방역에 문제가 없고 국가경제도 큰 타격이 없지 않습니까?

지금 코로나가 확대되는 미국과 유럽이 배워야 할 나라는 대

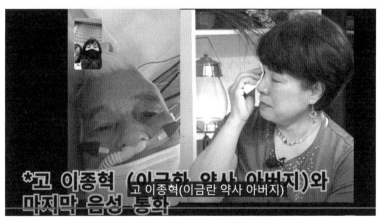

부(父)사망, 가족 강제격리 : 이금란 약사 증언

만 등입니다.

이제 나라경제, 가정경제 붕괴가 눈앞에 닥쳐올지도 모르는 우리나라를 배워야 할 이유가 없습니다.

그럼에도 이 정권 나팔수 통신사인 연합뉴스와 좌파언론들은 미국에서 좀 알려진 신문에서 난 작은 기사를 마치 한국을 본받아야 한다는 뉘앙스로 제목을 바꿔 배포합니다.

이것이 심정적 가짜뉴스 아니겠습니까?

우리 국민을 기만하는 역선전 여론몰이가 코로나 확산 속도와 비례해 증가합니다.

이렇게 실제와는 다른 선동보도가 우리 언론에 나갈 경우, 우리 국민들은 외국에서는 우리 시민의식을 높이 인정해 준다고 생각하게 됩니다.

이게 여론조작이 아니고 뭐가 여론조작 이겠습니까?

또 하나 여기서 생각해 봐야 할 것은 외국 언론들이 한국관계 보도를 할 때 사실을 따져서 보도하기가 어렵다는 점입니다.

그 이유는 미국과 같은 해외 언론사에서 한국에 나와 있는 기자는 대부분 한 두 명의 특파원입니다.

이들이 한국에서 직접 취재를 하는 데는 인원이 부족하기 때문에 한계가 있습니다.

따라서 한국의 외교부나 특히 이들을 관리라는 문화관광부 해외문화홍보원 등에서 배포하는 보도자료를 그대로 베껴서 자기네 본사에 보낼 수도 있습니다.

해외에서 한국에 대한 보도를 보면 미국, 프랑스, 독일 언론사 제목이 거의 똑 같은 것이 비일비재한 이유입니다.

그럼에도 우리나라 언론에서 취급한 기사가 미국 언론에서 보도된 기사라고 보도가 되면, 국민들은 그대로 받아들이고 믿을 수밖에 없는 것이 현실입니다.

결과적으로 국민들은 언론보도의 흐름을 주도하는 정권의 홍보전에 휘둘릴 수밖에 없습니다.

국민들은 이와 같이 억지보도(?)가 왜 우리 국민들을 대상으로 대량 살포되는지도 궁금합니다.

현 정권이 다가오는 4.15총선에서 이기기 위하여, 즉 코로나 상황의 위기를 승리 발판으로 하기 위한 친정권 선전매체들을 총동원하는 차원일 것입니다.

코로나 펜데믹 시작 때, 이 정권이 중국발 입국을 제한을 하지 않았고 마스크 국민 배급 등 이념방역을 실시함으로써 국민들의 원성이 높았습니다.

혹시나 떠날 수도 있는 민심 이반을 우려해 이 정권은 해외언론 뻥튀기(?)를 하는 것입니다.

전통적으로 국민들의 고정관념은 사회의 어떤 분야 보다 언론에 신뢰를 더 주고 있습니다.

그와 같은 사실을 이 정권 홍보 실무자들이 잘 알기 때문에, 해외언론 보도에 근거하여 국내보도를 확대함으로써 친정부 여론을 조성해 나간다는 것입니다.

먼저 외교부와 해외문화홍보원을 통해 해외 언론에 국정홍보를 명분으로 한국에 유리한 보도가 나게 합니다.

어떤 경우는 유료 광고를 내는 대가만큼 호의적 보도기사를 요청할 수도 있습니다.

실제로 지금까지는 국내 언론사들이 의도적인 해외 발 홍보기사는 국내언론에서는 보도를 하지 않는 경향이 있었습니다.

하지만 국민 상대로 여론몰이에 몰입하는 이 정권 실무진들은 해외언론에서 보도된 정권 홍보용 소위 뻥튀기 보도도 마다하지 않습니다.

그 결과 많은 국민들이 이 정권의 선동용 언론보도에 낚이는 입장이 될 수밖에 없게 됩니다.

무도한 '세금정치' 앞에서
입 봉한 국민들

방송 : 2021년 6월 4일

작년 6월 여의도에서 임대차 3법 시위를 하며 눈물로 호소하던 50대 후반 여인의 모습을 TV를 통해 보았습니다.

그 여인은 퇴직한 남편과 전 재산을 털고 융자를 얻어 연립주택 몇 채를 구입해, 임대수입으로 그럭저럭 노년을 지내고 있었습니다.

그러나 정부는 임대사업자라고 해서 무조건 임대인만 보호하고, 임대사업자들 한테는 세금폭탄을 퍼부었답니다.

또 제도를 급조해서 팔려고 해도 막대한 양도세금 체계 때문에 이러지도 저러지도 못한답니다.

그 때 상황에서는 꼼짝없이 경매를 당할 처지였기 때문에 여의도에서 시위를 하며 피눈물을 흘렸습니다.

우리나라 국민처럼 세상일을 감정적으로 받아들이는 국민은 없다고 흔히들 말합니다.

임대차3법, 아스팔트 나선 분노 시민들

그래서 우리나라 국민성을 두고 주변나라에서 빈정댈 때는 "끓는 냄비 같다" 라고 말하기도 합니다.

금방 끓었다가 언제 그랬느냐는 듯 또 금방 식는다는 뜻입니다.

지난 4.7보궐선거가 야당의 압승으로 끝났습니다.

선거 전까지 국민여론은 현 정권에 대한 불만이 대단했습니다.

지금까지 부동산정책 25번이나 정권 멋대로 바꿔 봤지만, 집값은 천정부지로 올랐고 세금도 덩달아 올랐습니다.

그 중에서도 이제 안정적인 장년을 보낼 사람들한테는 가진게 죄라도 되게 하려는 듯이 세금을 징벌적으로 부과했습니다.

오죽하면 세금폭탄이라는 말까지 나왔겠습니까?

문제는 이렇게 막무가내로 세금을 올렸을 경우에는, 거둔 세금이 상대적으로 못사는 사람들한테 혜택으로 가야 합니다.,

지금 못사는 사람들한테 형평성 있게 분배가 됩니까?

이 정권은 그나마 4.7보궐선거에서 참패를 하고 나니까, 부동산 세금정책이 너무 졸속으로 이뤄졌다는 비난을 받아들일 의도를 잠시 내비쳤습니다.

국민한테 미안하다는 말 한 마디 잘 안하던 대통령이 취임 4주년 기자회견을 하면서, 국민들한테 죽비(절에서 스님들이 참선할 때 졸면 때리는 대나무 막대)를 맞은 기분이라고 하면서 시정하겠다고 했습니다.

그러나 한 달 남짓 지난 지금에서야 겨우 종부세를 전 국민의 2%에게만 부과한다고 개편안을 내놨습니다.

재산세 감면 상한선도 그 동안 6억짜리 집에서 9억짜리 집으로 확대 한다고 합니다.

이제 9억짜리 집까지 세금을 0.05% 깎아준다고 합니다.

이 정권은 4년 동안 공시지가 집값을 천정부지로 올려놨습니다.

6억짜리에서 9억짜리까지 0.05% 깎아줘 봐야 국민들한테 실제 큰 이득이 없습니다.

종부세도 전 국민의 2%에게 종부세를 거둔다는데, 세계 어느 나라에서 2% 국민을 콕 찍어서 세금을 거두는 나라가 있습니까?

종부세를 거두는 나라 자체가 없습니다.

전국에 단독주택 약 417만 가구와 공동주택 약 1420만 가구 중 지역에 따라 집 값 오르는 기준이 다릅니다. 그 때마다 상위 2%의 기준을 다르게 책정하나요?.

이 외에도 부부 공동명의와 단독명의를 어떻게 나눌지에 대해서도 많은 민원이 있습니다.

현 정권 들어 집을 살 때(취득세), 보유하고(재산세·종부세), 팔 때(양도세)도 내는 모든 세금을 천정부지로 올렸습니다.

정권 실정 때문에 집값이 올랐는데, 이를 통해 아무런 이득도 취하지 않은 1주택자가 '세금폭탄'을 맞는 건 부당하다는 것입니다.

그런대도 핵심 불만을 해소할 생각은 하지 않고 국민을 98대 2로 갈라쳐서 상위 2%에게만 징벌적 세금을 매기겠다는 방안은 지난 4년간 숱하게 경험한 '부동산 정치'의 패착일 뿐입니다.

아마도 내년 3.9대선을 앞두고 종부세 완화라는 '선심'정책을 계획한 듯합니다.

그때 가서 2%에서 벗어난 중산층 표를 선거에서 줍겠다는 기대가 아닌가 여겨집니다.

이런 임시미봉책은 국민들한테는 언 발에 오줌 누는 격인데도, 선거에 나타난 민심을 수습한다는 시늉에 그칠 뿐입니다.

반면에 이런 중차대한 문제에 대해 야당인 국민의힘은 말 한 마디 없이 당 대표 선거에만 몰두하고 있습니다.

국민은 현 정권의 세금폭탄과 부동산 폭정에 못 견뎌서, 선거를 통해 야당을 전폭 지지해줬습니다.

솔직히 국민 대다수는 야당을 믿거나 기대하고 지지한 건 아니었다고 생각합니다.

그런데 목이 졸린 국민들의 세금을 조정하는데 야당은 일언반구도 없습니다.

여당은 차기 대선용으로 '세금정치'를 하지만, 야당 의원들은 세금조정액에 대해 한 마디도 언급하는 분이 없습니다.

이런 모습을 보이는 국민의힘이 대표가 누가 된 들, 또 대선에 누가 당선된 들 국민의 아픔인 세금문제에 대해서는 기대를 할 수 없는 상황입니다.

더 궁금한 것은 오른 세금에 많은 국민들이 해당자임에도 국민들도 특별한 불만 표시가 없다는 겁니다.

우리나라에서 세금을 내지 않는 국민은 약 40% 가까이 된다고 합니다.

그러니까? 60% 세금 내는 분들의 대부분은 이 정권에서 세금폭탄 희생자들이라고 해도 과언이 아닙니다.

2020년 여의도 조세저항 시민시위 현장

그럼에도 이 정권이 시늉만 하는 재산세 감면에 만족하고 있습니까?

아니면 이 정권으로부터는 세금 정상화를 기대할 수 없다고 체념하는지요?

그것도 아니면 우리나라도 이제는 세금을 이 정도 내야 많은 국민들이 같이 먹고 산다고 생각하는지요?

그러기에는 이 정권의 세금 부과가 현실에 맞지 않게 무리입니다.

과도한 세금은 정치적으로 이 정권 편이 아닌 계층에 징벌적으로 부과되고 있습니다.

이제는 52만명 임대사업자들에게도 세제혜택을 없앤다고 합니다.

임대사업자들이 소유한 주택을 매물을 내놓아 주택공급을 늘린다는 그럴듯한 얘기입니다.

하지만 이들 임대사업자들이 가지고 있는 주택은 대부분 서민용 다가구 빌라들입니다.

요즘 주택임대를 원하는 사람들은 낡고 힘든 주택에 살기를 원하지는 않습니다.

명분과 달리 실제는 젊은 시절 알뜰하게 살아 노후에 자식 도움 없이 살아가려는 장년세대에 대해 '정치세금'으로 압박을 합니다.

즉, 장년세대가 대부분 현 정권과 정치적 뜻이 다르다는 이유로 삶의 터를 세금 폭탄으로 뺏는 정치부동산 정책의 하나라고 판단됩니다.

이렇게 이 정권은 보유세(종부세, 재산세)를 정상화하라는 민심의 요구를 내리는 시늉만 함으로써 현실화 하지 않고 있습니다.

이번 선거 민심은 양도세 같은 거래세를 대폭 내려서 20만이 넘는 다주택자들이 주택을 내놓을 수 있는 여건을 마련해 줌으로써, 주택공급의 숨통을 터줄 것을 요구했었습니다.

하지만 양도세를 한 푼도 손대지 않은 것은 이 정권이 소위 '있는 사람'에게는 절대 이득을 줄 수 없다는 감정적인 세금정치의 한 단면입니다.

이런 모습을 보면 현 정권은 국민이 다 잘사는 정책에는 관심이 없는 듯합니다.

또 야당은 자기들의 정치적 입지에만 관심이 있는 듯합니다.

그리고 국민은 각자가 자기 세금만 몇 푼 줄어들면 감지덕지합니다.

면면이 내로남불 세상 풍조입니다.

세금착취를 당한다 해도, 누가 어떻게 누구에게 하소연할 수 있습니까?

앞에서 언급한 작년 6월 임대차 3법 문제가 나올 때 여의도에서 울부짖던 아주머니의 눈물이 다시 생각납니다.

'신한반도체제'
속임수는 남북연방제로 가는
문 정권의 교두보 정책?

방송 : 2019년 3월 19일

2월 28일 베트남 하노이에서 2차 미북 정상회담이 세계적으로 관심을 끄는 가운데 끝났습니다.

요란한 것에 비하면 결과는 아무 성과도 결론도 없이 허무하게 맹탕 쇼로 끝났습니다.

우리는 이런 결과를 문 대통령과 이 정권 권력자들만 빼놓고는 충분히 예상할 수 있었습니다.

기껏해야 결과는 트럼프가 김정은에게 경제적으로 또는 군사적 이득을 충분히 챙기는 조건으로 북한을 핵보유국으로 일부 인정하는 빅딜을 하는 정도라고 계속 예상했지 않았습니까?

그럼에도 만약 미북 회담이 잘 되었다고 한다면, 문 대통령은 기다렸다는 듯이 우리 국민의 동의절차 없이 남북경협을 빌미로 김정은에게 아낌없이 경제적 지원을 퍼 줄 것입니다.

그러나 분명한 것은, 그 동안에 한미 공조가 잘 안되었기 때문에 우리나라는 미국이 북한한테 챙기는 안보와 경제적 이득에 한참 못 미치는 이득만 볼 것입니다.

이번 베트남 북미 정상회담에서도 봤지만, 트럼프가 김정은에게 숨겨놓은 핵을 공개하라고 강력하게 요구하자 당황한 북한이 시치미를 딱 잡아뗐습니다.

그래서 트럼프 대통령이 못 믿겠다고 자리를 박차고 나온 것 아닙니까?

김정은 입장에서는 크게 아쉬운 게 없는 미국 트럼프 대통령에게 이렇게 만용에 가깝게 버티는 이유는 무엇일까요?

그의 입장에서는 트럼프와 협의가 잘 되지 않아도, 마지막에는 문 대통령이 정리를 해줄 수 있다고 철썩 같이 믿고 버티면서 객기를 부리는 것입니다.

두 사람 관계를 잘 파악하는 미국이 미북회담이 비록 잘 된다고 해도 우리나라를 크게 신경 써 줄 필요가 없지 않을까요?

트럼프가 귀국길에 문 대통령에게 생전 안하던 전화를 한 것도 문 대통령과 김정은을 동시에 경고한 것이고, 이번 '노쇼회담'의 배후 책임은 문 대통령이라는 것을 다시 한 번 확인시킨 거죠.

김정은은 회담에서 영변의 핵이 북이 가진 전체 핵인 것처럼 얘기하면서 전체 핵 폐기를 한다는 그럴듯한 제안을 했습니다.

하지만 트럼프 대통령은 영변 핵은 용도폐기된 헌 칼 같은 존재라는 것을 알면서, 김정은이 새로운 핵무기 실험 장소를 숨겨 놓고 새 칼을 갈고 있다는 것을 미리 파악하고 있었습니다.

그러면서도 트럼프는 동맹국 대통령인 문 대통령이 주선한 미북회담을 하면서, 이 사실을 문 대통령한테는 사전에 일언반구도 하지 않았다는 것입니다.

이렇게 우리 대통령에게도 알려주지 않은 것을 보면, 미국이 앞으로 이 정권과 우리를 어떻게 대할지 예상 답안이 나오지 않습니까?

결과적으로 이번 베트남 미북 정상회담은 냉정하게 보면, 우리나라의 운명이 걸린 자리임에도 우리는 어떤 참여도 못하는 수모를 당했습니다.

그럼에도 이번 베트남 미북 정상회담이 개최되는 시기에 문 대통령은 비핵화라는 본질문제를 해결하는 차원과는 전혀 동떨어진 엉뚱한 두 가지 일을 벌였습니다.

첫째가 제도권 방송을 동원해 누가 봐도 우리 방송인지 평양 제2방송인지를 착각할 정도로 김정은을 집중보도하는 철딱서니 없는 우리국민 상대 여론전을 벌였습니다.

우리의 제도권 방송은 이제까지 유례가 없었던 김정은 출발 동선부터 안 해도 될 내용까지, 방송 전문용어로 '경마식 보도'를 앞장서서 했습니다.

김정은이 중국 시진핑의 후원을 등에 업고 있다는 것을 과시하기 위해, 60시간 넘게 기차로 중국대륙을 전략적으로 횡단 이동할 때 시시콜콜 따라가며 보도했습니다.

베트남 주석과 김정은의 만찬 장면까지 정규방송을 중단하고 생중계 한 것은 미국의 CNN을 비롯한 세계의 어느 방송도 하지 않는 행동이었습니다.

둘째는 정상회담 전부터 청와대 수석회의 등을 통해 정상회담 후 '신한반도체제'라는 시스템을 가동시킨다는 계획을 야심차게 마련한 것 같습니다.

'신한반도체제시스템'이라는 것의 핵심은 남북 협력방향이라는 것으로, 경제부터 안보 등 모든 것을 김정은에게 주고 협력하겠다는 선언입니다.

다행히 베트남 미북 정상회담이 빈손 쇼(노쇼)로 끝났기 때문에 동력이 떨어져서 신한반도체제를 좌파 정권지지자들을 동원해서 마구 밀어 붙이지는 못하고 있습니다.

이 시점에서 문 대통령의 신한반도체제라는 것을 면밀히 살펴볼 필요가 있습니다.

앞에서 말한 것처럼 모든 면에서 남북협력을 적극적으로 하자는 것입니다.

또 앞으로 김정은과 남북연방제로 가기 위한 정치적 내용도 당연히 포함됩니다.

문 대통령도 앞으로 이 신한반도체제 로드맵에 따라 남북한의 협력관계를 주도적으로 추진해 나가겠다고 했습니다.

더 구체적으로 '신한반도체제'의 내용은 다음과 같습니다.

첫째로, 남북한이 전쟁과 대립을 버리고 서로 평화와 공존을 이루겠다는 것입니다.

두 번째는 이제는 진영과 이념을 버리고 경제와 번영을 추구하겠다는 것입니다.

먼저, 전쟁과 대립을 버리고 평화와 공존을 유지하겠다는 말은 더 정리하면 남북이 군사적 대결 없이 화해시대를 100년 이상 열어가겠다는 말입니다.

액면 그대로 보면 북한과의 대치국면에 손을 놓겠다는 말입니다.

하지만, 이번 베트남 미북 회담에서 김정은은 핵을 포기 않겠다는 저의를 분명히 보였습니다.

국가 간 회담은 자국에게 유리하게 협상해서 이익을 취하는 것입니다.

하지만 물건을 사줄 사람인 미국에게 김정은이 보잘 것 없는 물건을 내놓고 지나치게 높은 가격을 부른다는 것은 팔 의향이 없다는 생각이 더 있기 때문이 아니겠습니까?

이게 1차회담이라면 몰라도 2차회담이면 이미 서로의 요구사항을 다 아는 상황 아닙니까?

결국은 김정은이 비핵화를 하지 않겠다는 의도가 분명했지 않습니까?

사실 문 대통령은 평양 남북회담 때부터 지금까지 김정은이 비핵화를 분명히 했다고 공언해 왔지만, 막상 뚜껑을 열어보니까 김정은은 비핵화에는 근접도 못하게 하는 꼼수를 가지고 있지 않습니까?

문 대통령의 '신한반도체제'란 것은 이런 냉엄한 현실에서 남북한이 전쟁 없이 평화공존을 하자는 것입니다.

얼핏 보기에 평화를 추구한다는데 누가 반대하겠습니까?

하지만 핵을 가지고 있는 김정은과 핵을 머리에 이고 사는 우리가 어떻게 대등하게 평화 공존이 가능하겠습니까?

더구나 지난 번 평양 남북회담을 하면서 국민 동의도 없이 문 대통령 독단으로 김정은에게 휴전선 빗장을 풀어 준 상황에서, 대등한 평화공존이 가능하다는 것은 현실적으로 한참 무리한 생각입니다.

또 이번에 베트남에서 트럼프가 기자회견 하면서 우리와 군사훈련 하는 것을 자제하겠다고 까지 했습니다.

이 말은 표면적으로는 트럼프가 한국의 방위비 분담을 문제 삼는 듯하지만, 그 속은 한미동맹이 있어도 우리가 북한의 침략을 받았을 때 미국이 적극 나서지 않겠다는 얘기에 다름 아닙니다.

다시 말씀드리면 핵을 포함한 군사력에서 북한이 갑이고 우리가 을의 입장에서는 기계적인 평화공존은 공염불에 불과할 수 밖에 없습니다.

문 대통령이 발표한 신한반도체제의 또 다른 문제점은 핵심 내용에 남북한이 같이 경제와 번영을 추구하겠다는 것입니다.

얼핏 보면 맞는 얘기죠. 하지만 같은 내용도 상황에 맞춰보면 문제가 됩니다.

첫째, 같이 잘 살겠다는 얘기를 하지만, 대북 경제제재 등 우선권을 가진 미국이 우리가 먼저 북한과 경제협력을 하는 것을 못하게 합니다.

이 경우 우리가 북한과 원만한 경제협력을 하기 위해서는 한미공조가 우선인데, 미국은 문 정권을 협조가 불가능한 정권이라고 낙인을 찍다시피 하고 있는 것이 현실 같습니다.

또 하나, 여차직 하면 핵이 없는 우리에게 핵을 가진 북한이 우리를 협박해서 일방적으로 경제협력을 요구할 게 뻔하지 않습니까?

심한 비유로 떡줄 사람인 미국과 북한은 생각도 않는데 우리만 김칫국부터 마시는 격입니다.

하지만 무엇보다 더 큰 문제는 경제와 번영을 추구하겠다는 발표에 전제조건이 진영과 이념을 버린다는 겁니다.

남북관계에서 진영과 이념을 버린다는 것은 얼핏 보면 자유민주주의와 공산주의 이념을 모두 버리고 오직 경제적 교류만 한다는 것으로 들릴 수 있습니다.

그러나 이번에 베트남에서 김정은은 앞에서는 비핵화를 한다고 하면서 뒤로는 새로운 핵시설을 숨기다 탄로가 나는 양두구육(?)의 공산당식 협상전략을 보여 줬지 않습니까?!

진영과 이념을 버리고 경제적 협력을 하기 위해서 남북한이 원하는 국가체제를 비교해 봐도, 우리는 국가연합체인 1민족 2국가 2체제 2정부를 하자는 것이고, 북한은 그 동안 주장해 오던 연방제인 1민족 1국가 2체제 2정부를 고집합니다.

우리는 남북한이 같이 살 수 있는 2국가 체제를 주장하고 있는 것입니다.

반면에 북한은 한반도를 공산화 시켜 철옹성 같은 하나의 국가로 만드는 것, 그것이 변치 않는 그들의 적화전략입니다.

엄연한 남북한 분단 현장 판문점

김정은은 2016년 7차 당대회에서 남북한 통일방안으로, 궁극적으로는 1국가체제로 가는 연방제를 분명히 주창한 바도 있습니다.

앞으로 아무리 상황이 변한다 할지라도 김정은은 핵을 가졌고 우리는 그렇지 못한 경우에, 분쟁이 발생할 경우 핵을 가진 김정은이 먼저 자기들 이익을 취하는 것은 명백하지 않겠습니까?

결국은 문 대통령이 진영과 이념을 버리고 경제적 협력을 도모하겠다는 것은, 시간이 지나고 상황이 변화하면서 결과적으로 남북한은 남북연방제 체제가 될 수밖에 없는 수순입니다.

신한반도체제는 결과적으로 남북연방제로 가는 고속도로를 까는 길입니다.

궁극적으로는 김정은에게 나라를 갖다 바치는 주장일 수 있습니다.

지금의 문재인 정권은 남북화해와 남북한 경제협력이라는 겉보기는 그럴 듯한 내용인 신한반도체제를 발표해서, 정권의 나팔수 노릇을 하는 제도권 언론을 동원해 판단이 잘 안 되는 국민들을 혹세무민하고 있습니다.

베트남 미북 정상회담에서 보았듯이 김정은은 절대 스스로 비핵화 조치를 하지 않을 것입니다.

반대로 아쉬울 게 없는 미국으로서 완전 비핵화를 하지 않는 북한의 제재를 풀어주겠습니까?

문재인 대통령과 그 주변은 베트남 회담이 완전히 실패했는데도 불구하고, 열매는 못 맺었지만 열매 맺을 수 있는 가능성은 더 커졌다고 궤변을 늘어놓는데 지금 그럴 때가 아닙니다.

비핵화 회담으로 우왕좌왕하는 상황에서 국가와 국민들에게 100년을 신음하게 만드는 '신한반도체제'가 잘못된 남북협력방안이고, 궁극적으로는 나라를 연방제로 인도하는 눈가림 방안이 될 수 있다는 사실은 자명합니다.

왜? 대통령이
우방 찾아다니며 북한 핵보유와
경제제재 해제 부탁하나

방송 : 2019년 2월 11일

'일반인의 특별한 뉴스 홍용락의 레이져 뉴스' 시작합니다.

오늘은 좀 무거운 주제로 우리도 핵무기 보유국으로 가자는 얘기를 해보겠습니다.

우리가 핵을 보유해야 하는 이유는 무엇보다도 우선적으로 트럼프 미국 대통령이 북한을 핵 보유국으로 인정하려는 초읽기에 들어간 상황이기 때문입니다.

북한이 핵 보유국이 되면, 우리는 현재도 실제적인 핵 보유국인 일본을 포함해 핵무기 보유국가들로부터 지리적으로 완전히 둘러싸입니다.

주변이 모두 핵 보유국인데 우리만 평화를 노래 불러봐야 힘 앞에 한없이 허약한 헛다리 평화구호 제창 밖에 되지 않지 않겠습니까?

북한이 핵 보유국로 인정되면, 북한은 남북경협이란 미명 아래 우리가 그 동안 피땀 흘려 이뤄놓은 이 나라의 경제를 막무가내로 나누라고 요구하겠지요.

또 중국이나 일본과 분쟁이 발생할 때도, 막강한 핵의 힘 앞에 어김없이 양보를 하지 않을 수 없지 않겠습니까?

미국과 북한의 2차 미북 정상회담이 있었습니다.

이 정상회담은 우리가 원했던 완전한 한반도 비핵화의 방향으로 진행되지 않는 것만은 분명한 것 같습니다.

오히려 북한의 비핵화는커녕, 북한을 포함한 주변의 핵 보유국들이 상호 이해관계를 협상할 때 한국은 부수적으로 봐줘야 하는 거래품목 국가로 써먹힐 것만 같습니다.

우리 국민 입장에서는 어이없는 일이지만, 한심한 지경이 되어가고 있는 분위기입니다.

또 그 동안은 북한에 대한 경제제재가 완전 핵폐기를 위한 지렛대로 활용되었습니다만, 이마저도 우리 문 정권이 미국과 유럽의 정상들을 찾아다니며 대북 해제를 요청했기 때문에 불가피하게 완화할 수밖에 없을 것 같습니다.

이런 상황이기 때문에 최근 미국은 북한에게 이제는 완전하고 검증된 비핵화가 아니라며 한 발 물러서는 입장을 보입니다.

핵시설 폐기 후 종전선언을 하자면서 폐기된 핵 신고시간을 나중의 어느 시점으로 미뤄준다는 것입니다.

나중의 어느 시간으로 미룬다면 결과적으로 종전선언 시까지 폐기하지 않은 핵시설은 신고 못하고 남아있을 수가 있지 않겠습니까?

바꿔 말하면 일정부분 핵무기가 북한에 남았다면 북한은 핵무기를 실제적으로는 보유하고 있다고 할 수 있지 않습니까?

결과적으로 북한이 핵 보유국이 되면 우리 국민이 그렇게 바랐던 한반도 비핵화는 물 건너간 것이라고 할 수 있습니다.

한 마디로 국민 입장에서 보면 심한 표현을 써서 죽 쒀서 뭐 준 결과가 되어버리고 만 것입니다.

이렇게 되면 우리는 회오리치는 국제정세 속에서 어떻게 살아남을 수 있느냐 하는 생존문제를 심각히 생각해야 합니다.

힘과 힘이 대결하는 국제사회에서, 또 주변에 핵무장한 국가들 사이에서, 더구나 북한 김정은까지 핵 보유국으로 인정 받는 상황이 되면 문제는 심각해집니다.

이런 상황에서 핵이 없는 대한민국 혼자 한반도 평화통일을 외쳐봐야 공염불에 지나지 않지 않겠습니까?

그렇다면 경제적으로 북한보다 서른 배 더 잘 산다는 남한 경제규모만으로 남한 국민들의 안보가 보장될 수 있을까요?

핵을 가진 나라 사이에 핵 없는 나라가 가지는 경제력과 국가 자존심은 바람에 나는 겨와 같이 갈피를 잡지 못하는 무기력한 존재가 될 것입니다.

이런 이유에서 현실적으로 남북관계의 균형을 이루기 위해서도 북한과 대등한 관계를 가질 수 있는 핵무기를 가져야 하는 것이 우리 앞에 주어진 역사적 과제가 아닐까요?

지금까지는 우리는 미국과 한미동맹의 도움을 받아 간신히 김정은 정권의 핵 위협으로부터 모면해 왔지 않습니까?

만약에 한반도 종전선언이 된다면, 이후에는 한국에 미군이 주둔할 명분이 없어집니다. 북한이 종전선언을 노리는 이유지요.

미군철수 후 한미 군사동맹은 사실상 휴지나 다름없지 않겠습니까?

한미동맹이 유효한 지금도 천안함 사건과 연평도포격 때 북한을 즉각 응징 못한 것은 북한이 실제적으로 핵을 보유하고 있기 때문에 우리는 말할 것도 없고 미국까지도 주저하지 않았나요?

미군이 철수할 경우, 우리는 주변 국가의 핵 위협에 맨살이 그대로 드러나 낙동강 오리알 신세가 될 수밖에 없다는 것입니다.

더 구체적으로 우리가 핵무기 위협으로부터 가장 취약한 국가라는 사실입니다.

취약한 첫 번째 이유는 무엇보다도 우리나라 주변 나라들이 모두 핵 보유국이라는 현실입니다.

주변의 핵 보유국으로 부터 우리 안보를 지키기 위해서는 핵은 핵으로 대응하는 것이 최선의 방법입니다만, 우리에게는 현재 핵이 없습니다.

미국이 1945년 제일 먼저 핵무기를 가졌기 때문에 세계 경찰 국가로서 냉전시대 주도권을 가졌고, 그 전 시대 군사력이 막강했던 유럽 국가들도 먼저 핵을 가진 미국에 주도권까지 어느 정도 양보했지 않습니까?

북한이 핵 보유국으로 실제적으로 알려지고 있고 러시아, 중국도 현재 핵 보유국입니다.

일본은 미국이 한반도에서 손을 떼게 되면 북한의 핵으로부터 자국의 안전을 지키기 위한 핑계로, 또 중국을 견제하기 위한 미국의 지원을 받아 당장이라도 강력한 핵무기 보유국이 될 수 있는 단계에 있습니다.

핵 있는 나라와 핵 없는 나라가 대립할 때, 주변국들은 야속하지만 핵 있는 나라 편을 드는 게 당연합니다.

그렇게 될 경우 유일하게 핵무기가 없는 우리는 지리적으로 북한 뿐만 아니라 중국과 일본에까지 많은 군사적 경제적 수모를 당하지 않겠습니까?

적절한 표현일지 모르지만, 그 때 우리나라는 김치 냄새, 단무지 냄새, 짜장면 냄새가 범벅이 되는 시기를 맞이할 수도 있습니다.

두 번째, 핵무기 보유국은 핵무기를 가지지 못한 경쟁국가를 일거에 흡수해서 굴복시킬 수 있습니다.

대표적인 예로 1973년 핵을 가진 인도가 당시 핵이 없던 파키

스탄으로부터 동파키스탄을 빼앗아 지금의 뱅글라데시로 독립시켰지 않습니까?!

핵 보유국이 된 북한의 김정은이 핵 없는 우리나라와의 관계에서 형식적으로 평화를 유지한다 하더라도, 핵 없는 우리에게 경제적 외교적인 굴복과 굴욕이 반복될 것은 명약관화하지 않겠습니까?

현재 시시각각 동북아 각국이 핵무기 보유를 앞세워 자국의 실리 챙기기에 앞장서고 있는 상황 아닙니까?.

우리도 또 다시 나라 뺏기는 수모를 당하지 않고 스스로 나라를 지키는 최선의 방법이 핵무기를 가지는 것입니다.

문재인 정권은 북한이 핵 보유국으로 인정된다면 우리나라도 핵 보유를 얻어내야만 국민의 안전을 우선하는 정권으로서 해야 할 일을 하는 것입니다.

쓸데없이 미국과 방위비 분담금 1000억원대 차이를 가지고 옥신각신해서 미군철수의 빌미를 제공할 일이 아닙니다.

냉전시대 이후 미국이 주도하고 있는 핵무기 비확산체제(NPT)를 어떻게 해결하고 협조 받을지를 고민해야 합니다.

국제원자력기구(IAEA)는 한국이 마음만 먹으면 2년 이내에 핵무장을 할 수 있는 국가로 평가합니다.

그 이유는 첫째, 세계 제4위로 높게 평가되는 원자력 기술수준입니다.

그리고 기술적으로는 핵연료 확보도 어느 정도 가능하고 핵연료 재처리기술도 어느 정도 있기 때문에 미국을 비롯한 주변국들의 동의만 있으면 1,2년 안에 가능하다고 하지 않습니까?!

현재 미국이 북한의 핵 보유국을 인정하는 협상이 확실해지면, 분명히 좌파들은 미군 철수를 주장할 겁니다.

오히려 이런 시점이 반대급부적으로 우리 안보를 우리가 지킬 필요성을 강조해서 우리가 핵 보유를 요구할 절호의 기회가 될 수 있지 않을까요?

그럼에도 문 정권은 IAEA(국제원자력기구)와 NPT(핵확산 금지조약) 등의 규제를 탈퇴해서 핵무기 보유국이 되면 국제사회에서 제재를 당해서 힘들어 질 거라고 핑계 아닌 핑계를 댑니다.

미국, 중국, 영국, 프랑스, 러시아 등 핵무기를 먼저 가진 나라

북한핵 위협을 머리에 이고사는 남한

들로부터 핵 포기 압력을 받는다는 것입니다.

또 군사 외교 및 경제제재도 당할 수 있다는 겁니다.

이 시점에서 같이 생각해 봅시다.

이치로 따지면 북한에게 핵 보유국 인정을 양보해 줬다면, 대치하고 있는 우리한테도 핵 보유를 당연히 인정해야 되지 않나요?

또 세계 10위권의 경제력을 가진 한국을 제제를 해 본들, 미국 중국이 우리와 경제교류가 되지 않으면 자기네 나라도 손해인데 어떻게 쉽게 제재한다고 나오겠습니까?

몇 년 전 국민여론조사에서도 60% 이상의 국민이 우리가 스스로 핵무장 하기를 찬성하고 있습니다.

지금쯤은 분위기가 더 높은 찬성율이 나올 수 있습니다.

북한이 핵무기 보유국으로 인정된다면, 대한민국은 국가가 망하느냐 유지되느냐 기로에 서게 되고 국민들의 생사가 걸리게 될 것입니다.

지금은 문 정권이 자기들만의 탈원전, 비핵화의 이념만 가지고 고집할 문제가 아니지 않습니까?!

필요하다면 국민투표를 거쳐서라도 국민이 원하는 방향으로 핵 보유 문제를 결정지어야 하지 않나요?

국민투표를 통해 결정될 경우, 미국을 비롯한 핵 보유국가들에게도 절차적으로 정당했다고 주장하기가 쉽지 않겠습니까?

국민투표까지 극단적인 방법을 쓰지 않을 거면, 무조건 틀어막지 말고 공론화라도 먼저 시작하는 것이 이 정권이 역사 앞에 떳떳해 지는 것입니다.

국가는 정권의 국가가 아니고 국민의 국가입니다.

정권은 몇 년이지만 국민들은 자손대대로 살아가야 하고 지켜야 할 국가입니다.

윤석열 8월 입당은
"국민의힘" 희망사항이다.

방송 : 2021년 5월 17일

윤석열 대선 예비후보가 국민의힘 8월 입당설에 대해 정확하게 밝히지 않습니다.

아니다 라고 딱 잘라 얘기는 안했지만, 그저께 이준석 국민의힘 대표는 윤 후보와 치맥 회동 후 "8월에 입당할 것이다" "윤석열 후보와 이 대표의 입장이 대동소이하다"라고 발표했습니다.

이 대표가 발표했을 때만 해도, 그동안 마지막에 국민의힘 경선후보와 원샷 경선으로 야권 대선 후보가 되리라는 정치적 예상이 있었습니다만, 그 예상을 한 순간에 뒤엎는 결정이 나오는 줄 알았습니다.

그러나 어제 부산에서 윤석열 후보가 "대선까지 아직 8개월이 남았다" "입당여부도 아직 결정 못했다" 면서 그저께와 달리 국민의힘에 성급한 입당은 하지 않겠다는 뜻을 분명히 밝혔습니다.

그러면서도 윤 후보는 "제가 국민에게 예측가능성을 드리고 늦지 않게 행로를 결정하고, 결정을 하면 그 방향으로 쭉 갈 것"
이라고 조만간 자신이 생각하는 대선 일정 로드맵을 밝힌다고 했
습니다.

국민 입장에서는 복잡한 정치적 셈법이기에 판단이 잘 안됩
니다.

짐작해 보면, 윤석열 후보도 자신의 문제이고 정치를 시작하는
입장이어서 정리가 잘 안 되는 것 같습니다.

윤석열 후보는 현재까지는 국민의힘을 포함한 야권 대선 후보
로 나서겠다고 했습니다.

또 다른 후보들과 경선 등의 공조를 같이 하겠다는 두 가지 뜻
만 분명히 한 것이라고 할 수 있습니다.

윤 후보가 자신의 대선 일정표에 대해 주도권을 가지고 확실하
게 제시 못하는 직접적인 원인은 무엇보다도 지지율 하락입니다.

이준석 대표를 비롯한 국민의힘에서도 윤 후보의 지지율 하락
을 거론하면서 이제는 국민의힘으로 들어와 국민의힘 후보들과
경선을 치르기를 유인하는 발언을 합니다.

그러나 윤석열 후보는 정권교체 의지와 야권 후보라는 사실만
분명하게 밝히고 나머지는 모호하게 여운을 남깁니다.

이준석 대표를 만난 것도 윤 후보 입장에서 보면 야권의 플렛
폼인 국민의힘 지지자들에게, 윤 후보가 국민의힘 입당을 미루는
것에 대한 반감을 무마하면서 언제든지 국민의힘에 들어가 야권

후보가 될 수 있다는 사인(Sign)을 준 것일 수 있습니다.

이것은 윤석열 후보가 국민의힘에 합류할 수 있는 시기를 윤 후보 본인이 알아서 조절하겠다는 의지의 표현일 수 있습니다.

아직까지는 윤석열 후보는 독자 정당을 만들어 국민의힘 조직을 흡수하던지, 윤석열 정당에서 주도적으로 국민의힘 후보들과 경선을 할 가능성도 열어 둔 것일 수 있습니다.

여러가지 추측이 난무할 수 있습니다.

분명한 것은 이 시점에서 윤석열 후보는 지지율 하락만 고민하는 것이 아닐 것이라는 것입니다.

대선을 치르기 위해서는 자금력, 조직력, 또 캠페인 능력이 갖춰져야 하지 않습니까?

윤석열 후보는 지지율 하락과 연결해서 이 부분을 크게 고민하고 있을 겁니다.

그러면서도 어제 후원금을 모집한 결과 20시간 만에 한도액 25억여 원을 모금했다고 했습니다.

그것도 후원자 전체 2만1279명 중 94.7%인 2만147명이 10만원 이하인 소액 후원자였답니다.

이 상황을 보면서 윤 후보는 정치적 변수보다 국민의 지지가 집중되어 있음에 용기를 얻었을 겁니다.

또 순식간에 목표 모금액이 다 걷혔다는 것에도 큰 희망을 봤을 겁니다.

미국에서는 여론조사 지표보다 후원금 모금 정도로 민심의 척도를 평가한다는 주변의 조언에 큰 힘도 얻었을 겁니다.

그래서 며칠 전 치맥 회동에서 이준석 대표에게 곧 국민의힘에 입당할 것 같은 메시지를 줬습니다만, 어제 부산에서 기자회견을 하면서 아직 대선까지 시간이 많이 남았다고 유보적인 태도로 바뀌었을 수 있습니다.

앞서 말한 것처럼 대선을 치르기 위해서는 자금력, 조직력 또 선거를 치고 나가는 캠페인 능력이 어느 정도 있어야 한다고 했지 않습니까?

대선을 치르기 위해서는 기 백억 원의 돈이 있어야 된다고 말하는 분들도 있습니다.

또 선거는 돈이 움직여야 능력 있고 지지받을 수 있는 조직이 갖춰진다고 합니다.

이렇게 자금과 조직이 갖춰져야 선거진행 과정에서 일정 수준의 캠페인도 겉으로 나타난다고 합니다.

그러나 윤석열 후보 주변은 대선을 치르기엔 아직 미숙하다 하겠습니다.

초기에 개설된 "윤석열 유튜브"를 보면서 '저렇게 인재가 없나?' '저 정도 제작능력인가?' 하는 생각을 하게 됩니다.

그 뿐입니까? 며칠 전 제일 먼저 윤석열 후보를 지지하면서 거창하게 출발한 "윤석렬 지지 33인 전문가포럼"의 한 분은, 이 33

인이 이제는 사회활동이 별로 없는 분들이라고 했습니다.

또 이 '최초' 지지포럼이, 잘 굴러가지 않는 것은 자금 조달이 잘 안 되기 때문인 것 같다고 말합니다.

선거는 후보 한 사람이 하는 것이 아니지 않습니까?

후보가 능력 있고 지지율이 아무리 높아도 주변의 사람들의 지원과 능력으로 만들어지는 게 상식입니다.

윤석열 후보가 지지율의 확장성이 없고 오히려 하락하는 원인은 바로 자금, 조직, 캠페인 능력의 한계가 왔다는 신호일 수도 있습니다.

윤 후보는 이 부분을 분명하게 간파하고 치맥 회동 등을 통해 국민의힘에 우호적이면서 유화적인 태도를 보였다고 여겨집니다.

앞으로 윤석열 후보가 대선과정에 보여줄 수 있는 태도는 두 가지로 압축됩니다.

자금, 조직, 캠페인 능력이 월등한 국민의힘에 8월은 아니더라도 경선 후 대선 후보 선출일인 2021년 11월9일을 기준으로 한 달 전후쯤 입당할 가능성이 있습니다.

또 하나는 지금까지 예상되어 왔던 국민의힘 내부 후보가 선출되면, 그 후보와 마지막 원샷 경선을 고려할 수도 있습니다.

이를 위해서 계속적으로 국민의힘과 우호적 관계를 유지하는 노력도 할 것입니다.

어디서나 '밀당' 분위기

윤석열 후보가 이렇게 할 수밖에 없는 것은, 국민의힘 내부에는 홍준표, 유승민, 원희룡 등등 객관적으로 보면 윤석열 후보보다 대통령을 더 잘 할 것 같은 능력을 갖춘 후보가 많습니다.

그렇기 때문에 윤 후보가 국민의힘에 조기 입당해서 다른 유력 후보들과 함께 경선함으로써 국민의힘 대선 후보 흥행만 높여주는 바람몰이 역할은 하지 않을 것으로 봅니다.

자칫 잘못하면 일어날 수 있는 위험 부담을 자초하지는 않을 것이라는 것입니다.

또 하나는 윤석열 후보가 일찍 입당할 경우 국민의힘에 대한 믿음이 없는 중도층이 윤 후보로부터 이탈할 수도 있습니다.

이는 내년 3.9대통령선거 본선에서 윤 후보에게 피해로 연결될 수도 있습니다.

현재는 윤석열 후보가 두 번째 방향을 선호해서 국민의힘과 우호적 관계를 유지하면서, 마지막에 원샷 경선에서 승부를 보려는 전략에 많은 비중을 둘 것입니다.

20여시간의 짧은 시간에 25억원의 후원금을 모금한 행사를 개최한 것도 이 전략과 관계가 있습니다.

그러나 정치는 그때 그때 상황에 따라 달라질 수 있습니다.

거듭 말씀드리지만, 대선에서는 인물만 가지고 선거 성공하기는 불가능합니다.

자금과 조직에서 열세인 윤석열 후보가 국민의힘 합류시점 선택에도 응용과 변화가 있을 수 있습니다.

윤석열, 위기에서도 '대세론' 나오는 이유

방송 : 2021년 9월 14일

야권 대선후보 중 지지율 1위를 달리는 윤석열 후보가 출마 이후 가장 큰 위기를 맞는 것 같습니다.

윤석열 후보가 '내우외환'에 직면해 있는 것 같다는 분석입니다.

어제 오늘 야권 경선의 1차 투표가 진행되고, 내일 1차 컷오프가 판가름 납니다.

윤석열 후보는 민주당 정권의 후보와 본선에서 싸워서 이기는 것이 목표이기 때문에, 사실 야권 경선은 요식행위이길 바랐을 수도 있었을 겁니다.

사실 이때까지 지지율을 보면 그럴 수가 있었습니다.

타의 추종을 불허하는 야권 선두주자, 주식에서 표현하는 '대장주'로서 기세가 등등했지요.

그러나 지금의 윤석열 후보는 그때와는 많이 바뀐 것 같습니다.

속된 표현으로 '안팎 곱사등' 지경인 것 같습니다.

우선 현 정권이 정보기관, 권력기관, 집권 민주당 등 정권이 총출동해서 대선 본선에 윤 후보가 올라오지 못하게 미리 상처를 내고 있습니다.

지난 번에는 윤 후보 부인문제를 거론하기도 했습니다.

그러나 오늘의 시대상황에서 그 문제는 윤후보 지지율을 크게 떨어뜨리지 못하고 끝날 것 같습니다.

이번에는 "고발사주 했다" "정치공작이다" 하며 연일 윤 후보를 공격합니다.

'고발사주' 라니, 여러분은 누가 누구에게 무엇을 사주한 의혹인지 구체적 내용도 잘 모르시죠?

지난 4,15총선 전에 당시 검찰총장이던 윤 후보가 윤 총장에게 의혹을 제기한 여권 정치인, 기자 등을 고발하도록 보수야당(당시 검사 출신으로 김웅 의원)에게 부탁을 했다는 겁니다.

이 문제를 놓고 현 정권은 당시 검찰총장이었던 윤석열 후보를 직권남용 권리행사 방해, 공무상 비밀누설 등의 혐의를 붙이면서, 법을 어긴 사람이 어떻게 대통령이 될 수 있느냐고 몰아세웁니다.

윤 후보가 허위라고 강력하게 반발합니다.

윤 후보는 국정원장을 포함해 모든 권력기관에서 정치탄압을 하며 정치공작으로 자신을 공격한다고 합니다.

윤 후보 입장에게는 이런 문제가 외부적으로 제기되는 문제라고 할 수 있습니다.

한편 내부 문제로서 그 핵심은 야권 내부의 후보 경쟁에서 홍준표 후보가 윤 후보 지지율에 바싹 다가서는 문제와, 또 윤 후보에 대한 홍 후보의 집중 공략에 대해 특별한 대책을 못 세운다는 것입니다.

하지만 윤석열 캠프의 총괄 종합상황실장인 장제원 의원은 윤 캠프가 조직력에서 월등하게 앞서기 때문에 염려할 것이 없다고 합니다.

그렇지만 많은 국민들은 아직까지는 도덕적 결함이 많이 없고, 또 정치적으로 능수능란하게 일 처리를 잘 할 것 같은 홍준표 후보에게도 기대가 있는 것이 사실입니다.

오늘 한 여론조사에서는 홍준표 후보와 윤석열 후보가 현 정권 이재명 후보와의 경쟁에서 모두 이긴다는 전망이 나왔습니다.

사실은 '골드 클로스' 지점이라는 겁니다.

이 상황에서도 윤석열 후보는 자신을 둘러싼 의혹과 음해공작에 증거를 대라며 초강경 대응 모드로 나가고 있습니다.

이 모습을 보면서 윤석열 후보의 많은 지지자들은 역시 이 정권과 견줄 수 있는 가장 강력한 '마초후보'라며 내심 큰 기대를 가집니다.

사실 잠재적으로 정권교체를 바라는 약 60%의 국민들은 지금 이 시대정신에 맞는 정권교체 후보로서 이 정권과 거세게 맞설 수 있는 당당한 마초기질을 가진 분을 원하고 있다고 볼 수 있습니다.

야권 지지율에서 1,2위를 다투는 윤석열, 홍준표 후보를 지지하는 가장 큰 이유는 이 정권으로부터 더 이상 고통 받고 싶지 않기 때문입니다.

그래서 현 정권과 맞서서 정권교체를 해 줄 수 있는 강력한 두 후보를 가진 것에 많은 위로를 받습니다.

이런 장점을 두 분이 같이 가졌지만 윤석열과 홍준표 후보의 강한 마초기질에는 조금 차이가 있습니다.

둘 다 국민을 편안하게 안심시키는 기질이 있습니다.

또한 재미있게도 보이고 염려스럽게도 보입니다.

염려되는 부분은 윤석열 후보처럼 강하게 정권과 맞서는 것은 좋지만, 가끔 감정조절이 안 되는 부분까지 국민은 순수하다고만 인정하지는 않을 것 같습니다.

오히려 대통령에 당선되어서 감정조절이 안되면 국민한테 어떤 피해를 줄 수도 있는 불안감이 클 수도 있습니다.

많은 우려 속에도 희망적인 것은 분명히 있습니다.

윤석열 후보가 대내외적으로 곤경을 처하면서도, 야권 지지자들로부터 본선 경쟁력이 가장 높은 지지율을 가진 분이라는 것입니다.

야권의 대선 경쟁이 막 시작하는 시기입니다.

정권의 정치탄압이 계속되면 될 수록, 또 지금 엎치락뒤치락하는 지지율 경쟁이 그 반대급부로 야권 후보 경쟁의 흥행요인이 될 수도 있습니다.

홍준표 후보가 따라붙는 것도, 야권 전체로 보면 밋밋하게 경선이 끝나는 것보다 국민들의 관심을 높일 수 있는 요인이 될 수 있다는 것입니다.

분명한 것은 예선전인 야권 경선을 떠나 본선 경쟁력에서는 윤석열 후보가 전문가, 여론조사, 야권 지지자들 모두로 부터 지속적으로 훨씬 앞서는 결과가 나오고 있다는 점입니다.

오늘 여론조사 결과 홍준표 후보와 윤석열 후보가 이재명 후보와의 대결에서 비슷한 지지율을 보인 것은, 민주당 이낙연 후

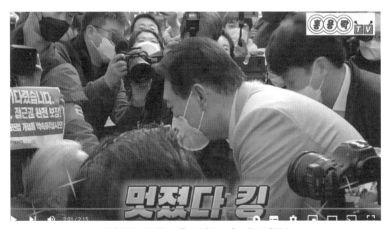

어차피 대세는 윤 킹(King), 유세현장

보 지지자들의 이탈표와 그동안 논란이 돼왔던 역선택의 영향도 있습니다.

앞으로 2차, 3차 경선에서 국민의힘 당원들의 투표 참가비율을 2차 10월8일 30%, 3차 11월5일 50%로 높이게 되면, 역선택의 조짐도 어느 정도 줄어들 것으로 생각됩니다.

이런 경선구도로 보아 윤석열 후보가 야권경선에서는 1위로 결론이 날 것입니다.

윤석열 후보는 본선 경쟁력을 대비해서, 지금부터라도 이 정권의 잘못을 더 강도 높게 비판하는 선택적 전략을 강력하게 제기해야 합니다.

그래서 정권교체를 원하는 많은 국민들의 변함없는 지지를 받는 노력을 해야 합니다.

또한 보수 지지층과 중도층에게 어필하는 메시지를 계속 내놓음으로써, 자신이 없어 의도적으로 토론을 피한다는 우려도 불식시켜야 합니다.

이런 노력을 통해서 대권을 맡겨도 충분히 감당할 수 있다는 믿음을 줘야 합니다.

많은 국민들은 윤석열 후보가 자신을 지지하지 않는 약 40% 국민들도 스스럼없이 삶의 현장에서 만나 교감하는 인간적인 도량도 보고 싶어 합니다.

이렇게 함으로써 비록 그들한테 당장 지지는 받지 못하더라도,

지켜보는 많은 국민들에게 윤 후보를 지지하기를 잘했다는 확신을 얻을 수도 있을 것 같습니다.

덧붙여, 오만한 이미지가 아닌 '내 곁의 친근한 대통령상'이 시대적 정신이 되는 때가 오기를 기대합니다.

오늘이 지나면 윤 후보 캠프에서 고대하는 '대세론'이 정점을 향해 박차가 가해질지, 아니면 새로운 대안이 거론되는 빌미가 될 수 있을지를 결정하는 1차 경선결과가 발표되는 날입니다.

윤석열, 홍준표 후보 그리고 이준석

방송 : 2021년 8월 17일

내년 3월9일 대통령 선거에서, 현 정권 30여% 지지자들은 빼놓고 다들 정권교체가 되어야 한다고 생각하실 겁니다.

요즘 현 정권의 폭정에 많은 국민들이 상처받고 있습니다.

그래서 모두들 야권의 대선 후보들을 주목하는 것입니다.

야권 대선 후보로 나서는 분들 중 자신의 존재감 부각을 위해 의례적으로 후보로 나서는 정치인 몇몇 분을 빼놓고는, 이 무능한 정권의 폭정으로부터 나라와 국민을 구할 수 있는 후보들이라고 생각합니다.

그 중에서도 윤석열 후보는 대선에 나온다는 소문이 날 때부터 지금까지 다른 후보들과 큰 차이로 지지율이 높게 나오고 있어 야권 후보로서는 대세라는 입장에 서 있습니다.

최근에는 아쉽게도 지지율이 처음보다 10% 가까이 떨어져서 30% 후반에서 30% 초 또는 20% 후반으로 들쭉날쭉 하고 있습니다.

지지율이 이렇게 떨어지는 것을 보고 어떤 분들은 윤석열 후보가 갖고 있는 자질문제와 집안문제 등 사적인 문제 때문이라고 애기하는 분들이 있습니다.

그러나 자세히 살펴보면, 지지율 하락 시점은 윤석열 후보가 국민의힘 입당 때부터 시작되었습니다.

윤석열 후보도 여러가지 계산이 있었겠습니다.

정치를 잘 모르는 자신의 문제점과 또 집안문제가 있고 또 본선에 올라가서 여당의 신출귀몰한 네가티브 전략에도 대응해야 하는데, 이런 문제들을 국민의 힘에 전격 입당함으로써 방어를 하리라고 판단했겠지요.

그 판단은 지금 보면 어느 정도 적중했다고 생각합니다.

그러나 '호랑이를 피하면 그 굴에 여우가 와서 행세한다'는 속담이 있지 않습니까?

국민의힘에 먼저 입당했거나 당내에서 경선 진영을 형성한 다른 후보들이 만만치 않습니다.

새로 입당한 최재형 후보, 기존의 유승민, 원희룡, 홍준표 후보 등등 국민 지지율 10%도 안 되던 후보들이었습니다.

그러나 지금은 대세라는 윤석열 후보와 개개인이 맞대결 후보로 등장할 수도 있습니다.

그 중에서도 야권 내부의 분석으로는 홍준표 후보가 결국 11월 9일 야권의 최종 후보로 선출된다고 기대하고 전망하는 분들도 꽤 있습니다.

그 이유는 무엇보다도 국민의힘 이준석 대표와 야권 지지율 1 위 후보인 윤석열 후보가 사사건건 벌이는 신경전이 해도 너무 한다는 것입니다.

두 사람의 갈등으로 홍준표 후보가 어부지리로 덕을 본다는 것입니다.

윤석열 후보는 국민의힘에 전격 입당하면서 먼저 입당한 최재형 후보와 유승민, 홍준표, 원희룡 후보와 경선에서는 어느 정도 자신감을 가지고 대비를 했을 것 같습니다.

그 당시 주변에 많은 분들이 윤 후보가 당에 일찍 들어가면 정치적 능력이 출중한 기존의 당내 인사들한테 제압 당할 수 있다고 조언을 했겠죠.

그러나 윤 후보는 그 정도는 자신감을 가지고 입당을 했을 것입니다.

문제는 당내 후보들과 본격적인 경선도 거치기도 전에 이준석 이란 복병을 만나 문전에서부터 소모전을 치루고 있습니다.

그것도 당 대표 타이틀이 있는 대표와의 마찰이니 얼마나 힘들겠습니까?

국민의힘 당 대표, 대단한 자리입니다.

안철수 국민의당 대표도 욕심만 가지지 감히 접근조차 못하는 자리입니다.

후보와 당대표, 견제와 봉합의 평행선

이렇게 대선주자도 아닌 이준석 대표가 윤석열 후보의 대선후보 검증을 하는 것은 이 대표의 의도가 무엇이든 간에 내부 경선자들에게 음으로 양으로 도움이 됩니다.

반대로 야권 경선열기에 찬물을 끼얹는 당 대표와 제1주자의 소모전은 야권 지지층의 실망뿐만 아니라 정권교체를 위한 야권 전체의 역량을 떨어뜨리는 결과도 초래합니다.

사사건건 내 몫 챙기기와 권력 욕심에 따라 경선이 싸움판으로 변하는 이 상황에서, 당 대표나 제1주자 둘 중 누가 포기를 해야 끝나지 않을까 염려됩니다.

이 상황에서 홍준표 의원은 시간을 벌며 목전의 상황을 활용해 내부적 변화를 하고 있다는 평가입니다.

홍 후보는 그동안 '막말하는 정치인' 이미지에서 탈피하고자 절치부심 노력하는 모습을 보였습니다.

이제 홍준표 후보는 '바른말 하는 정치인'으로 어느 정도 이미지 개선을 하고 있다는 평가입니다.

그리고 이 정권과 맞서서 싸울 수 있는 정치적인 실천력과 전투력 뿐만 아니라, 경선 후반부에 차별화 할 수 있는 윤석열 후보의 약점증거까지 확보하는데 노력하고 있다는 소문입니다.

그래서 윤석열 후보가 현재 이준석 대표와의 국민의힘 진입의 전초전을 넘더라도, 최종적으로 홍준표 후보의 벽을 넘지 못할 수 있다는 예측을 하는 분들도 꽤 있다고 합니다.

요즘 홍준표 후보 진영에도 지지후보를 바꾸려는 지지자들이 많이 기웃거린다는 소문이 있습니다.

하지만 홍준표 후보도 본인이 2강에 들어간다고 안심할 수 있는 처지는 아닌 것 같습니다.

윤한테 줄을 서야 하나? 홍한테 가야 하나?

알려진 대로 이준석 대표는 전에는 공공연히 유승민 아바타를 자처하면서 유승민 대통령 만들기를 공개적으로 선언했다 하지 않습니까?

그러나 당 대표가 된 후로는 표면적으로는 그런 자세는 찾아볼 수 없습니다.

그래서 지금은 당내 대선후보 중에는 홍준표 후보가 유리하지만 앞으로 3개월 가까이 남은 시간 동안 무슨 변수와 상황이 전개될지 모릅니다.

이준석 대표가 윤석열 후보를 대하는 모습을 보면 유승민, 홍준표 후보도 최종 후보 장담이 어렵지 않나 보여집니다.

경선구도가 살얼음판을 걷는 듯합니다.

국민 입장에서는 보수우파들의 고질병인 '내가 모든 것을 해결해야 한다'는 선민의식을 각 후보들이 버리길 바라는 마음입니다.

1997년 대선에서 이회창 후보가 38.7%의 표를 얻었지만, 이인제 후보가 20%를 분산표로 가져갔기 때문에 김대중 후보가 고작 40% 득표로 대통령에 당선되는 일이 일어 날 수 있었습니다.

'윤석열 대세론'에
드리워진 그림자들

방송 : 2021년 10월 12일

내년 3월 대통령 선거가 150일도 채 남지 않았습니다.

집권여당인 민주당은 대통령 후보를 확정 지었습니다. 이재명 후보입니다.

야권도 약 한 달도 안 남은 기간인 11월5일까지 후보를 확정 지을 예정입니다.

며칠 전 갤럽 여론조사에서 우리 국민들 52%는 정권이 교체되기를 원하고, 약 35%는 현 정권이 유지되기를 바란다는 조사 결과를 내놓았습니다.

그것도 지난 8월에는 47%가 정권교체를 바란다고 했는데, 10월 들면서 과반이 넘는 52%로 늘어났습니다.

이 여론을 보면 중도층에서 보수 쪽으로 지지율이 움직이는 것을 감지할 수 있습니다.

이번 선거에서 좌파 35%, 우파 35%는 무슨 상황이 발생해도 움직일 수 없는 난공불락의 콘크리트 지지층 숫자입니다.

그러나 많게는 30%의 중도층이 상황을 봐가면서 지지의사를 밝힐 것으로 예상됩니다.

특히 이재명 후보가 현 정권 대선 후보로 확정되었기 때문에, 그동안 지켜보던 중도층이 야권으로 지지가 기울고 있다고 봐도 무방할 듯합니다.

폭발적인 기대를 안고 나온 윤석열 후보는 2차 경선이 끝나고 3차 본 경선만 잘 치르면 야권의 대선 후보는 따 논 당상이고, 대권까지 손쉬울 수 있는 분위기로 보입니다.

이런 구도가 될 수 있는 것은, 윤석열 후보가 문 정권의 국민 눈높이에 부족한 국정운영 능력, 또 이재명이라는 민주당 대선 후보의 문제성을 뛰어 넘는다고 보기 때문이겠죠.

다른 한편으로는 야권 후보가 이번 기회에 정권교체를 해 줄 수 있다는 국민의 기대가 컸기 때문입니다.

덧붙여, 현 정권의 폭정을 기존의 국민의힘을 비롯한 현재의 야권 정치인들로서는 해결할 수 없는 한계도 보였기 때문입니다.

이대로 진행된다면, 야권 지지 국민들은 윤석열 후보를 통해 무난하게 정권교체의 목적을 이루리라 생각됩니다.

이런 여론 흐름에도 불구하고 윤석열 후보가 야권의 정권교체의 희망이 아니라는 역설적인 불안한 목소리가 있는 것도 현실이긴 합니다.

'윤석열 대세론'에 드리워진 그림자들

대선 분위기는 인물, 구도, 민심의 바람으로 만들어진다고 합니다.

지금 인물과 구도는 어느 정도 만들어지고 있는데, 민심의 바람은 어디로 불지 아직도 예측 불허입니다.

섣불리 낙관을 못하는 상황입니다.

윤 후보가 야권 지지 국민의 정권교체 여망을 감당해 낼 수 없다는 불안감을 주는 이유는 여론 수치가 보여줍니다.

지난 6월30일 대선출마 선언 때는 여권의 유력주자인 이재명, 이낙연 후보보다 15%에서 20% 차이로 지지율이 앞선 바 있습니다.

그 당시 야권 내에서 제일 지지율이 높은 홍준표 후보와 비교해도 윤 후보가 33% 지지였고 홍준표 후보는 겨우 4%였습니다.

그렇지만 현재의 지지율은 이재명 후보에 역전되기도 하고, 홍준표 후보와는 이번 2차 경선에서 비슷한 지지율이 나왔기 때문에, 앞으로 당원 표심이 50% 반영되는 3차 본 경선에서는 예측 불가능한 상황이 벌어질지도 모르는 일입니다.

지지율이 이렇게 앞날을 장담 못하게 떨어지는 이유는 무엇이겠습니까?

첫째로, 정권을 비롯한 전체 여권에서 윤석열 후보가 대권을 잡지 못하도록 전방위적인 음해공작을 벌였다고 할 수 있습니다.

정권 입장에서 생각해보면, 윤석열 후보가 이 정권이 끝나면 안전보장을 해주지 않을 것이라고 판단하는 거죠.

그래서 윤석열 후보가 가는 대권가도마다 사사건건 방해공작을 할 수밖에 없습니다.

심지어 윤석열 후보가 당선되면 1년 안에 좌파세력들이 제2의 촛불을 들고 나와 낙마시킨다는 유언비어도 나오고 있지 않습니까?

걱정되는 것은, 박근혜 전 대통령은 25% 이상 목숨 거는 충성스러운 지지층이 있었는데, 윤후보 지지자들의 신기루 같은 충성도로는 버텨내지 못한다는 예측도 할 수 있습니다.

다음으로 윤석열 후보가 가지고 있는 국정운영능력이 미흡하다는 점입니다.

바꿔 말하면 국민에게 봉사와 헌신을 해야 하는 국가 리더의 가치관이 미흡한 점이 거론됩니다.

하지만 이번 경선 토론회에서 우리가 확인했습니다.

국민들은 윤석열 후보가 국정운영능력이 부족한 점에 대해서는 먼저 이해해 주고 있는 측면도 있습니다.

코로나 펜데믹 대처문제, 안보, 경제, 외교문제 등에 조금 부족한 점은 그동안 검사직만 했기 때문에 모를 수도 있다고 이해를 하는 편입니다.

하지만 앞으로 정치를 새롭게 해주기를 내심 기대하는 점에서는 실망이 커지고 있다는 점을 간과해서는 안 될 것입니다.

'윤석열 대세론'에 드리워진 그림자들

현재는 주변의 때 묻은 정치인들이 기회주의적으로 윤 후보를 도우면서 사적인 권력욕을 채우려는 분들이 많다고 합니다.

이런 상황을 국민들이 보면서, 윤 후보에게 새로운 정치를 기대할 수 없는 회의감이 벌써부터 드는 분위기도 있다 합니다.

심하게 표현하는 사람들은 윤 후보가 국가발전을 위해 비전과 포부를 제시해야 한다, 그런 노력이 없다면 반문재인 주장만 앞세워 권력만 잡아보려는 욕심 이상도 이하도 아니다 라고 하는 분들도 없지 않습니다.

지금 국민들은 정권교체에 윤 후보가 적격자라고 앞장 세웁니다.

그러나 정권교체 후 윤 후보에게서 국민과 국가를 위한 비전이 제시되지 못한다면, 현 정권 추종자들은 1년 안에 촛불을 들고 거리를 휘저을 수도 있습니다.

집권을 한다 해도 2년 동안 180석 민주당 국회의원이 생생하게 살아있기 때문에, 탄핵 얘기도 나올 수 있습니다.

덧붙여, 본인과 가족의 도덕성도 다 공개되고 공격 받을 수 있습니다.

지지국민들이 아직은 가타부타 의견을 내고 있지는 않지만, 차츰 여권의 이재명 후보와 비슷한 윤리적 문제를 안고 있다고 보기 시작한다는 것도 또 하나의 어두운 그림자입니다.

며칠 전부터 이 정권의 핵심에서 이재명 후보에 대해 엄중히 보고 있다고 하였습니다.

그 이유는 이재명 후보측에서 문재인 대통령을 비방하여 정권의 역린을 건드렸다는 이야기가 파다합니다.(청와대 홍보수석 출신 윤 모 국회의원과 이 후보 측근인 경기도 의원 사이에 설전이 있었다고 함)

만일 이 정권이 권력의 힘으로 이재명 후보를 제거한다면, 동시에 정권의 역린을 건드릴 수 있는 윤석열 후보도 수단방법 가리지 않고 교묘하게 같이 주저앉힐 수 있지 않겠습니까?

또 다른 검은 그림자는 야권 지지자인 보수국민들은 좌파들에 비해 선택의 순간이 다가올수록 후보들을 냉정하고 이성적으로 본다는 것입니다.

윤 후보 가족에 대해 많은 중산층 주부들이 못마땅하게 여기고 있다는 바닥 민심도 인지해야 할 시점이라는 것입니다.

홍준표 후보도 입빠르게 내부 총질을 하는 모양새가 좋지는 않지만, 그가 말하는 "범죄공동체" 운운도 근거는 있는 것이라고 판단하는 분들도 있습니다.

현재는 윤석열 후보가 내세운 공정과 상식을 입으로만 떠들게 아니라 실천을 할 수 있는 모멘텀을 보여주어야 합니다.

반문 진영에 기세만 가지고 덤빌 것이 아니라, 그 반문들에게 국정운영의 어떤 부분에서 공정을 보여줄 것인가에 대해 국민들을 공감시키는 게 중요합니다.

예를 들어, 민심을 정확히 읽는 홍준표 후보는 젊은 층에게 기득권층의 출세놀이터가 된 로스쿨 폐지를 내세웁니다.

새롭게 내세울 정책이 없다면, 문 정권의 폭정으로 국민 전체가 피해보는 부동산 문제는 어떻게 해결하고, 세금 갈취해서 국민을 힘들게 하는 문제 등을 어떻게 해결할 지를 얘기해야 합니다.

현재의 선거구도를 냉정하게 보면, 야권에서는 누가 본 경선에서 승리하더라도 충분히 승산이 있습니다.

상대가 이재명 후보이면 대장동 문제만 집요하게 선거캠페인 이슈로 제기하더라도 다른 선거운동을 찾을 필요가 없지 않습니까?

본 경선에서 윤 후보가 홍준표 후보를 이길 수 있는 현실이지만, 홍 후보 지지자들 중 적은 수는 윤 후보 지지로 돌아서지 않을 것입니다.

반대로 홍 후보가 이긴다고 가정하면, 윤 후보 지지자의 거의 전부가 홍 후보 지지로 태도를 바꿀 가능성이 큽니다.

야권 지지자들에게 이런 현상이 예측되는 것은 지지자들이 윤 후보를 이성적이고 논리적으로 파악하기 시작했다는 징조입니다.

윤석열, 국민의힘과
원샷 경선이 최선의 방법일까?

방송 : 2021년 6월 18일

요 며칠 온 나라가 떠들썩하게 들썩입니다.

이준석 대표가 국민의힘 당 대표로 뽑힌 일 때문입니다.

물론 언론들이 호들갑을 떨었고, 언론에 잘 길들여진 우리 국민들이 부화뇌동한 셈입니다.

정치인 이준석에게 향하는 감정이 대중 연예인 아이돌 스타에 쏠리는 10대 소녀 같은 감성으로 휩쓸리고 있는 것 같습니다.

이준석 대표 자신도 대통령 후보가 40세로 나이 제한이 되어 있어서 그렇지, 막 바로 대선 후보로 나서도 국민 지지를 받을 수 있는 자신감 같은 것을 보이는 것 같습니다.

이런 상황이니까, 내년 3월 대선에서 야권 대통령 후보로 가장 유력시 되는 윤석열 전 검찰총장과의 기 싸움은 대단하다 못해 이러다 가 판이 깨지는 게 아닌가 하고 불안하기까지 합니다.

여기서 한 번 짚고 넘어가야 될 점은 대통령을 뽑는 것은 분명히 국민이 투표로 결정하는 국민의 몫이잖습니까?

그럼에도 윤석열 전 총장의 국민의힘 입당 문제를 두고 이준석 대표는 8월까지 데드라인을 정하고 있습니다.

'그 때까지 입당 안하면 알아서 살아라, 나한테는 윤 전 총장 말고 다른 사람 복안이 충분히 있다'는 듯이 말합니다.

이에 대응하여 윤 전 총장도 김대중기념관 방문 등을 거론하며 자신이 현 정권측 대선 후보가 될 수도 있다는 뉘앙스도 풍깁니다.

이렇게 두 사람이 기싸움을 할 수 있는 것은 본인들 각자가 어디 믿는 구석이 분명히 있기 때문 아니겠습니까?

먼저 윤석열 전 총장은 아직 대통령 선거에 나가겠다고 선언도 안한 상황에서, 여론조사 결과 40% 지지율이 나온다고 합니다.

국민의힘의 당 지지율이 이준석 효과로 반짝 상승했지만, 지금까지 민주당과 대결해 20% 후반 지지율이 가장 높은 지지율이었습니다.

윤 전 총장은 본격적인 선거전에 들어가도 지금의 개인 지지율인 40%를 국민의힘 만으로는 도저히 얻을 수 없다고 생각하겠죠.

그런 점에서 쉽게 입당도 못하겠지요.

따라서 윤 전 총장은 국민의힘 입당 문제는 세 가지로 나눠 생각해 볼 수 있습니다.

우선 본인이 독자적인 정당을 창당할 수 있으면 신당을 만들어서 가겠죠.

그 이유는 앞에서 말씀드린 것 같이 지금의 지지율이 40% 이상 나오는데, 조금 더 노력하면 10% 이상 더 얻을 수 있다는 자신감은 분명히 있을 것입니다.

50%가 넘으면 바로 당선되는 것 아니겠습니까?

그 사이 국민의힘에서 이탈한 의원들도 꽤 있을 것이고, 또 안철수 대표는 아닐 수 있지만 금태섭 전 의원 등 제3지대 범보수 정치인을 규합하면 쉽게 대통령 당선도 될 수 있다고 판단할 수 있습니다.

찹쌀궁합, 협력을 다짐하던 시절도...

윤석열, 국민의힘과 원샷 경선이 최선의 방법일까?

먼저 해결해야 할 과제는 조직을 만들어 대통령 선거를 하자면 어림잡아 수백억 원의 돈을 든다는 부담입니다.

윤 전 총장이 먹고 사는데 부족하지 않는 돈은 있겠지만, 대선 한번 치르는 수백억의 개인 돈이 있겠습니까?

또 재력 있는 사람들로부터 지원을 받는다면 나중에 문제가 될 수도 있지 않습니까?

이명박 전 대통령도 선거기간 내내 BBK로 문제가 되었고, 지금도 다스 소유 문제로 감옥생활을 하고 있습니다.

이런 문제가 있기 때문에 국민의힘을 활용하기 위해 어쩔 수 없이 입당하는 것도 고려할 것입니다.

우선 국민의힘에 입당하면 100명이 훨씬 넘는 국회의원들의 전폭적인 지원을 받을 수 있습니다.

국회의원 100명이 문제가 아니라 그 국회의원 조직과 선거캠페인 능력, 또 어마어마한 선거비용을 국고에서 당에서 지원을 받습니다.

더 중요한 것은 특별한 정치적 성향이 없지만 잠재적 야권 성향의 국민들도 고민하지 않고 윤 전 총장을 지지하겠죠.

이것 뿐입니까?

세간에 풍문으로 알려진 윤 전 총장의 부인문제와 돈 문제로 재판 받는 장모에 대해 국민의힘이 전체 전투력을 모아 집권당과 맞서 주겠지요.

이런 유리한 상황도 있지만, 한편으로는 정치적으로 피할 수 없는 위험부담도 분명히 있습니다.

국민의힘이 어떤 정당입니까?

대통령 후보는 원래부터 국민의힘에 뿌리를 둔 정치인 중에서 선출해야 한다는 소위 자강론이 당 안팎에서 회자되는 정당입니다.

홍준표, 유승민, 원희룡, 김태호 의원 등이 벌써부터 거론되고 있습니다.

이준석 대표도 윤 전 총장이 국민의힘에 입당해서 이들과 경선을 해야 된다는 입장이 확고합니다.

문제는 지금 상황이야 윤 전 총장이 이들과 경선에서 일방적으로 이기는 구도이지만, 정치란 것이 한치 앞도 장담 못하는 게 이치 아닙니까?

경우에 따라서는 경선과정에서 윤 총장의 약점이 국민들에게 문제로 부상된다든지 하는 문제가 발생되면, 국민의힘 자체 경선 과정에서 예상 외로 탈락할 수도 있습니다.

특히 민주당에서 지금도 송영길 대표가 윤 전 총장의 대통령으로서 결격사항을 차곡차곡 쌓아 놨다고 장담하는 상황입니다.

상황이 이렇게 진전된다면 윤 전 총장은 국민의힘 경선에서 다른 후보에게 대선 후보를 넘길 수밖에 없질 않겠습니까?

닭 쫓던 개 지붕 쳐다보는 상황이 될 수밖에 없고, 윤 총장은 대선 무대에 올라 보지도 못하고 국민의힘 대선후보를 선출에 불쏘시게 역할로 끝날 수밖에 없습니다.

그래서 윤 전 총장 입장에서는 국민의힘 후보로 나오기 위해 입당한다면 시기적으로 최대한 뜸을 들일 수도 있습니다.

아마도 내년 3월9일 선거일 4개월 전인 11월9일까지 뜸을 들일 수도 있습니다.

이 시점은 민주당이 대선후보 선출을 대선 6개월 전(9월9일)까지규정한 당헌을 또 개정해서 하려는 경선연기 분위기와 맞물리기 때문에 가능할 수도 있습니다.

또 경선방법도, 최대한 입당시기를 늦춰서 다른 후보들과 한꺼번에 원샷 경선을 하는 방법을 택할 수만 있다면 그렇게 할 것입니다.

이렇게 하는 것이 국민의힘 자체 경선에서 불의에 탈락할 수 있는 위험부담을 줄이는 방법이며, 본선에서 여권 출마 후보를 누르고 대통령으로 당선되는데 필요한 비난과 상처를 최소한으로 줄일 수 있는 방법입니다.

이준석 대표는 4.7보궐선거 때 안철수 대표가 뒤늦게 입당했기 때문에 오세훈 서울시장과 후보 경선에서 패배했다고 합니다.

윤 전 총장은 안철수 대표와 비교해서 국민들이 인정하는 중량감에서 차이가 있다고 생각해서 크게 신경을 쓰이 않을 것 같습니다.

오히려 윤 전 총장의 관심은 최재형 전 감사원장과의 경선 또는 대통령후보 출마로 인해 지지율이 분산 또는 반감되는 문제에 더 신경이 쓰일 것 같습니다.

또 현 정권이 선거전략으로 확실히 써먹을 수 있는 히든카드, 즉 박근혜 전 대통령 문제가 윤 전 총장을 주춤하게 하는 요인입니다.

이 정권은 적절한 시기에 박근혜 전 대통령을 사면해서 박 대통령을 적폐세력으로 몰았던 윤석열과 대척관계를 형성하는 문제에 고민을 할 것입니다.

박근혜 전 대통령 지지자들의 지지규모와 충성도가 유별나게 강하기 때문에, 윤 전 총장 대권가도에 분명히 감당 못할 부분일 수도 있습니다.

윤희숙 절규에 은장도만 주고
'알아서 하라'는 국민의힘

방송 : 2021년 8월 30일

윤희숙 의원 절규에 은장도만 주고 '알아서 하라'는 국민의힘 문제를 함께 생각해보겠습니다.

국민의힘 뿐 아니라 우파들 모두가 나 몰라라 하는 것을 얘기하려고 합니다.

은장도는 아시다시피 조선시대 여인들이 호신용으로 많이 사용한 것으로 알려졌지 않습니까?

최근에 윤희숙 의원에게 무슨 일이 있었는지 확인부터 해보겠습니다.

윤희숙 의원은 국회 본회의에서 자신이 임차인 입장에서 정권의 부동산정책 실정을 문 대통령에게 공개적으로 따졌습니다.

그 이후에 국민권익위원회로부터 아버지와 함께 투기 혐의가 있다는 통보를 받고, 나섰던 대선 후보를 사퇴했습니다.

그러면서 국회의원직도 사표 내겠다며, 이재명 후보에게도 대선 후보를 사퇴하라고 요구했습니다.

우리나라 국민들은 지금 부동산 문제만 나오면 위 아래 없이 원색적으로 반발하는 감정들을 가집니다.

초선인 윤희숙 의원도 자신이 임차인임을 주장하며 문 대통령에게 부동산 실정을 따질 때, 많은 국민들로부터 환호을 받았습니다.

그러나 본인이 아버지와 세종시 인근 부동산에 투기를 했다고 이 정권에서 혐의를 흘리니까, 많은 분들의 태도가 바뀌는 것 같습니다.

여성분들이 이혼이나 독신으로 혼자 살면, 친정 아버지와 함께 재산불리기도 하는 게 일반적일 수는 있습니다.

윤희숙 의원이 50대 중반 나이에 엄연히 법적으로는 부모와 독립되어 있다지만, 도덕적으로는 문제가 될 수도 있겠죠.

하지만 공인인 국회의원을 법적인 타당성도 없이 부녀관계만으로 투기로 억지 결부시키는 것은, 아무리 봐도 이 정권이 자기들 눈밖에 난 윤희숙 의원에게 정치보복을 하고 있다는 의구심을 버릴 수가 없습니다.

그동안 윤 의원은 다음 정권에 대통령 나설 사람으로 거의 확실 시 된다는 이재명 후보를 향해 그가 공약한 소위 기본소득, 기본 주택 정책 등을 "무식하다", 또 "현실성 없는 사회주의자들이나 하는 정책" 이라고 몰아 붙였습니다.

현 정권으로서는 윤 의원이 오죽 눈에 가시처럼 보였겠습니까?

윤희숙 의원은 이번 사건으로 야권 경선후보도 공식적으로 내려놨습니다.

더구나 5천만 국민 중에 몇 사람 빼놓고는 다 그렇게 하고 싶다는 국회의원까지 사퇴한다고 선언했습니다.

이제 윤희숙 의원이 사표를 냈기 때문에 이제는 윤 의원 사표를 수리하는 것은 이 정권 국회의장 손으로 넘어갔습니다.

국회법에 따르면 윤희숙 의원의 사표 수리여부는 회기 중이 아닌 경우 국회의장이 결정하게 되고, 회기 중일 경우에는 국회의원 과반수 참석에 과반수 찬성에 의해 수리될 수 있습니다.

윤 의원의 실정법 위반 여부는 아버지와 연관점이 있는 부분은 윤 의원이 스스로 수사 받겠다고 했으니까, 수사를 통해서 판단하면 됩니다.

문제는 더불어민주당에서는 윤 의원 사표를 받을지 말지를 분명하게 판단해야 되는데, 아버지와 연관문제에만 초점을 맞춘다는 것입니다.

도덕적으로 모멸감을 더 줄 수 있는 방법을 찾고 있는 듯합니다.

현재 이 정권은 문 대통령부터 농지법을 위반하고 있어 문제가 되고 있습니다.

국회의원 자진사퇴 기자회견 하는 윤희숙의원

또 더불당 의원들 중에 부동산 투기를 조사 받고 통보 받은 사람이 몇 명 있지만, 누구도 윤 의원처럼 자진 사퇴하거나 강제 탈당시킨 사람은 없고 당이 오히려 감싸고 있습니다.

이런 상황에서 상대당의 윤 의원 사표를 처리하는 게 부담이 될 것은 분명합니다.

현 정권과 사사건건 대척점에 서는 윤희숙 의원은 아직은 초선입니다.

그래서 윤 의원의 사표를 받아주면 결과적으로 윤 의원의 정치 체급을 올려주는 결과도 되기 때문에 쉽게 결정을 못하는 것 같습니다.

윤희숙 의원에 대한 정권의 입장이 곤경에 처해 있는 반면에, 오히려 소속 정당인 국민의힘이 더 문제점을 보이는 것 같습니다.

윤희숙 절규에 은장도만 주고 '알아서 하라'는 국민의힘 윤 의원은 부친의 투기의혹을 시인합니다.

또한 아버지가 법에 의해 처벌 받아도 불가피하다는 입장입니다.

대신 자신의 투기 의혹은 강하게 부정을 하고 있습니다.

이준석 대표가 국회의원 사표를 내지 말라고 사표 기자회견 전에 눈물로 만류도 합니다.

그러나 그것으로 끝인 것 같습니다.

당 차원에서 조직적으로 엄호는 하지 않더라도 개별 의원 한 사람, 경선 후보자들도 누구 하나 이 정권으로부터 정치보복 당한다는 윤희숙 의원 입장에 동조하는 모습이 안보입니다.

경선후보 진영들은 경쟁후보 하나가 이 정권의 정치 음해공작으로 사라지는 것을 즐기는 것은 아닐까 하는 생각까지 듭니다.

그것도 아니면 다음세대에 가능성 있는 정치인으로 출중하게 부각되는 윤희숙 의원을 시기하는 옹졸한 분위기마저 생각하게 합니다.

서슬 퍼런 이 정권에는 말 한마디 제대로 못하는 국민의힘의 평소 유약한 특징을 그대로 보여주는 모습 같기도 합니다.

분명한 것은 대통령 선거전이 치열해지면서 그 이슈가 지금의 공허한 '공정'에서 먹고 사는 '경제'로 넘어가는 것은 야권도 분명하게 인지할 것입니다.

현 정권이 경제를 잘못해서 국민들의 먹고 사는 문제가 힘들어진 것은 누구도 부인 못합니다.

이 정권은 부동산정책 하나는 분명하게 실패했다고 스스로 인정합니다.

대선을 앞두고 부동산 실패로 인해 보수층 결집은 물론, 중도층까지 이 정권이 다시 한 번 집권한다면 부동산 뿐만 아니라 경제는 폭망할 것이라고 예상합니다.

그래서 이 정권은 혈안이 되어 부동산 폭망이 자기들이 정책을 잘못해서만이 아니라, 윤희숙 의원을 포함해 야권 지도층과 사회 지도층이 투기를 했기 때문이라고 물타기 공작을 하고 있습니다.

국민들은 이 정권의 '부동산 폭망'이 이번 정권교체의 핵심이슈라고 제시해 수고 있습니다.

정권교체를 하겠다는 국민의힘은 이것도 제대로 조준할 줄 모릅니다.

윤희숙 의원 사건을 국민의힘은 정권의 음해공작이라고 따지기는커녕, 남의 집 불구경만 하고 있습니다.

정권교체를 바라는 국민들은 얼마나 속이 타겠습니까?

국민의힘을 정권교체 선두 정당으로 신뢰하겠습니까?!

윤희숙 절규에 은장도만 주고 '알아서 하라'는 국민의힘

BTS를 김정은에게
조공 노리개로 진상하려 하나?

방송 : 2018. 12. 27.

'일반인의 특별한 생각 홍용락의 레이져 뉴스'입니다.

이번 이야기는 세계적인 한국 K-팝의 아이콘 방탄소년단 (BTS) 이야기입니다.

아이돌 그룹 방탄소년단의 일본공연을 앞두고, 방탄소년단의 멤버 지민이 입은 버섯구름 티셔츠, 일명 '광복티셔츠'가 방탄소년 인기에 비례해 논란이 커졌습니다.

한국과 일본 정부 간에, 팬들과 일본 정부간에 또 방송사 사이에 뜨겁게 갈등이 벌어졌습니다.

아시다시피, 요즘 한일 정부 간에는 일제시대 강제징용 피해자들의 배상청구권이 소멸되지 않았다는 우리 대법원 판결을 두고, 일본은 1960년대 한일청구권 협정으로 개인 청구권이 "완전히 최종적으로" 소멸했다는 기존 입장을 고수하며 강하게 반발하고 있지 않습니까?

이 문제가 한일 간의 국가적 문제만이 아닙니다. 더 얄미운 것은 일본 방송사들이죠.

그 잘 나가는 방탄소년단을 한일 정부 간 문제에 연결시켜서 일본전국투어 콘서트를 앞둔 시점에 '광복티셔츠'를 문제 삼아 방송출연을 거부한다고 합니다.

한강에서 뺨 맞고 종로에서 화풀이 하는 격입니다.

방탄소년단 인기가 하늘을 치솟기 때문에 국가 간 2차 이슈로 떠오르는 것은, 한일 간의 문제만이 아닙니다.

방탄소년단의 폭발적인 인기 때문에 남북한 간에도 걷잡을 수 없는 2차 이슈로 등장해서 논란거리가 되는 것 같습니다.

최순실 청문회 때 최순실, 정유라, 김기춘, 장시호를 정말 매섭게 추궁해서 이들한테는 저승사자가 되었고, 국민들에게는 일약 불세출의 스타정치인이 된 더불어민주당의 안 모 의원이, 이번에 정말 무대포로 큰 자충수를 뒀습니다.

내년 2019년에 세계적인 K-팝 스타 방탄소년단의 평양공연을 추진할 계획이라고 밝혔습니다.

남북한의 문화적 통일이 먼저 되고난 이후에 정치적 통일도 이뤄질 수 있다는 전제 위에서, 그 디딤돌과 계기를 마련하기 위해 방탄소년단 평양 공연계획을 추진한다고 합니다.

그러자 방탄소년단 팬들은 자신의 스타를 정치적 도구로 써먹지 말라고 거세게 항의 했습니다.

정부가 왜 방탄소년단을 사전에 일언반구 상의도 없이 마음대로 평양에 데려가는지 해명을 요구했습니다.

이것만이 아니죠. 방탄소년단이 독재정권의 꽃놀이 패 기쁨조냐고 항의까지 한다고 합니다.

여기서 한번 생각해 봐야 할 점은, 국회 문화체육관광위원장인 안 모 의원 입장에서는 국가적 대사인 남북교류를 하기 위해서, 현재 한국 대중예술의 큰 자산일 뿐 아니라 세계 청소년들의 우상인 방탄소년단을 앞세워 비슷한 젊은 세대인 김정은 앞에서 공연을 하고 싶겠지요.

그렇게 함으로써, 젊은 김정은과 심정적 공감도를 높일 뿐 아니라, 나아가서 남북교류 활성화를 위한 윤활유로 활용해서 국가적 이익을 챙기는 것은 국회의원의 책무라고 판단했을 것입니다.

그런 안 모 의원이기 때문에, 이전의 최순실 청문회 때 정유라의 독일 행적을 현지방문해서 집요하게 추적하는 성향으로 봐서, 앞으로 이 BTS 평양 공연계획도 계속 추진하리라고 예상은 됩니다.

그 이유는, 팬들의 방탄소년단 평양공연을 반대하는 논리가 국익이라는 명분 앞에서 단순히 감정적일 수 있다는 것입니다.

그래서 일반 국민들에게는 전폭적인 호응을 얻기가 쉽지는 않다는 것입니다.

다시 말씀드리면, 방탄소년단이 특정 젊은 세대에서는 우상이지만 개인의 가치와 자유보다 국익을 더 강조하는 소위 국가주의 개념 앞에서는 맥을 못 출 수도 있다는 것입니다.

유명 연예인일수록 국가의 대업을 위해 희생해 줘야 한다는 그동안의 역사적 경험치를 내세우면 논리적으로 대중예술인은 약자가 될 수밖에 없다는 것입니다 .

사실 이 주장은 이 정권에서만 써먹는 논리가 아니라 유신시대부터 군사정권 때도 툭하면 써먹는 논리이고 문화예술계에서도 어쩔 수 없이 동조했던, 지금으로는 도저히 이해할 수 없는 과거 문화예술계의 아픈 치부였습니다.

그래서 정권은 국가적 정치적 행사에서 대중적 인기를 가진 문화 연예인을 적극 활용하고 있습니다.

지금의 대통령도 공공연히 연예인을 앞세운 국가 마케팅을 하고 있기 때문에, 그 아래에 있는 정치인들에게는 아무런 거리낌 없는 본(?)이 되고 있지 않습니까?

청와대 행사 때마다 연예인을 불러들이는 걸 보면 문 대통령이 특별히 연예인을 좋아하는 건지, 아니면 순국선열을 위한 지루한 행사에는 유명한 연예인을 불러서 애국가라도 불러줘야 듣는 사람들이 애국가를 잘 이해할 수 있다는 건지, 보는 사람들로서는 판단이 잘 서질 않습니다.

얼마 전에 문 대통령이 프랑스를 국빈 방문해서 마크롱 대통령과 회담했습니다.

사실 문 대통령은 마크롱 대통령이 북핵문제에 대해 제재완화를 우선시 한다고 한 마디 해 주는 것이 방문 목적이었을 것입니다.

그 기간에 공교롭게 방탄소년단이 프랑스에서 공연하는 일정이 있었다고 합니다.

문 대통령 내외가 그 바쁜 정상회담 기간에도 열 일 제쳐놓고 방탄소년단 공연을 관람하며 격려했다는 기사를 봤습니다.

당시에는 문 대통령 내외가 문화예술과 연예인에 대한 조예가 깊다고 생각했습니다.

그러나 지금 안 모 의원이 방탄소년단 평양공연을 무모하게 추진하는 것을 보면서, 방탄소년단의 당시 프랑스 공연도 국가이익을 우선하고 젊은 마크롱 대통령의 환심을 사기 위한, 좋게 말하면 국가차원의 마케팅 전략이었다는 생각이 듭니다.

방탄소년단 인기를 남북관계 발전에 이용하고자 하는 평양 공연계획은 앞으로도 상황에 따라 계속 추진될 것입니다.

왜냐하면 이 정권은 방탄소년단이 평양에 갈 수 있다면, BTS가 그 시간에 다른 곳에서 공연하며 얻을 천문학적인 공연료도 아무 부담 없이 지불할 수 있기 때문입니다.

다시 말씀드리면, 방탄소년단 평양 공연계획이 국가적 이익을 위한 행사라는 명분이라도 요즈음 젊은 대중예술인들을 그냥 움직일 수가 없습니다.

방탄소년단은 그 행사취지에 맞는 금전적 보상을 요구할 것이고, 누군가가 그 요구를 들어줘야 합니다.

하지만 방탄소년단의 출연료는 일반적인 공연처럼 입장료 수입으로만 부담할 수 는 없을 것입니다.

왜냐하면 밥도 못 먹는 북한 주민들이 비싼 입장료를 내고 공연장을 메울 수는 없을 것입니다.

또 김정은 측에서도 인원 동원은 가능하겠지만, 그 비싼 공연료를 선뜻 부담할 수가 없을 것입니다.

결국은 함께 간 우리 측에서 국가적 이익을 위해 공연했다는 명분으로 출연료를 지불할 것이고, 당연히 우리가 내는 세금인 국가예산에서 집행될 것입니다.

이 정권은 국민이 낸 세금은 정권유지를 위해서라면 아무 주저 없이 마구 퍼줍니다.

단적인 예로, 정권의 나팔수 역할을 하는 소위 같은 패거리 방송은 케이블인데도 불구하고 자칭 시사평론가 김 모 씨, 여자 개그맨 김 모 씨, 남자 코미디언 김 모 씨는 한 번 출연에 400만원에서700만원, 심지어1000만원까지도 받는다고 합니다.

지상파 방송에서 전문 방송인들이 70만원 내외 출연료를 받는 것에 비하면 엄청난 무리수가 행해지고 있다고 짐작됩니다.

방탄소년단은 상상할 수 없을 정도로 세계적 인기를 누리고 있는 문화예술인입니다.

우리 세대에 부인할 수 없는 국가적인 대중예술계 아이콘입니다.

인기와 돈으로 먹고 사는 대중예술인이지만, 자발적으로 국가를 위해 평양공연을 기획한다면 정부가 협조와 도움을 줘야 하는 것은 당연합니다.

그러나 상대 국가 지도자에게서 그 어떤 정치적 이익을 위한 목적으로 대중예술인을 이용하는 것은, 전 시대 대중예술인을 술자리 연회에 꽃놀이 패로 불러내는 군사정권 시대에서나 있었던, 없어져야 할 적폐를 다시 보는 것 같습니다.

그렇다고 프랑스 마크롱 대통령이 방탄소년단 공연한다고 북한제제를 완화하겠다고 했습니까?

방탄공연단 평양 공연으로 김정은의 마음이 바뀐다면, 그런 사람으로부터 뭐를 얻어낸다 한들 같은 수준의 한심한 패거리란 평가를 받기 십상입니다.

냉정하게 보면 북한이 남한에 협조를 부탁해야 할 상황입니다,

뭐가 아쉬운지 모르겠지만, 정권 잡은 사람들이 우리 국민을 줄 세워 북한 지도자에게 굽실거리고 비위를 맞추게 하는 것은, 국가와 국민의 자존심은 안중에도 없는 그들만의 목적을 위해 국가와 국민을 이용하는 처사라고 밖에 할 수 없습니다.

아니면, 선거 전투에서 승리해서 국가와 국민을 전리품으로 소유했다고 자만을 하고 있기 때문일까요?

그와 같이 방탄소년단 평양 공연계획도 마치 장물을 취득한 것 같이 문화예술분야 전리품을 또 다른 우두머리인 김정은에게 진상해서 환심을 사려는 계산에서 나온 것 같아 보입니다. 나만의 비약일까요?

이준석 대표,
환호 뒤에 깔려 있는 그림자

방송 : 2021년 6월 14일

이준석 대표가 국민의힘 당 대표로 선출되었습니다.

많은 국민들은 새로운 기대를 하게 되고, 한편으로 뭔가 찜찜한 기분도 가질 것입니다.

이렇게 생각하는 것은 야권 지지자들만이 아니라 여권 정치인과 그 골수 지지자들도 환호와 걱정을 동시에 가지게 된 것 같습니다.

단적인 예로 야권에 그렇게 인색하던 문 대통령이 직접 전화를 걸어 축하한 것은 그 진정성이 무엇이든 이준석 대표가 만만하게 보여서 그런 것 같기도 합니다.

이준석 대표가 국민의힘 대표로 선출된 것은 여러분도 다 판단하다시피 폭주하는 현 정권에 말 한 마디도 제대로 못하는 야당에 대한 심판이 그 이유가 아니겠습니까?

국민들이 얼마나 힘들었으면 지난 4월 7일 실시한 서울과 부산 시장 선거에서 야당 후보들이 비록 마음에 들지 않아도 몰표로 지지했겠습니까?

그런데도 오만한 이 정권은 부동산 정책을 바꾼다고 부동산대책 위원회를 만들어 이미지가 괜찮은 김진표 의원을 얼굴마담으로 내세웠습니다.

그런 후에 본격적으로 부동산과 세금문제를 개선하는 척 하다가, 핵심 친문들의 반대에 부딪치자 흐지부지 하고 있습니다.

더욱 치열해진 국민의힘 대표 경쟁

이준석 대표, 환호 뒤에 깔려 있는 그림자

이 정권이 끝까지 국민들을 기만하고, 국민들의 반대에도 아랑곳 없이 일방통행으로 진행합니다.

요즈음 대법원장, 법무부 장관은 국민 시선은 깡그리 무시하고, 자의적으로 법을 농단하면서 자기편 진영 보호에만 올인 합니다.

신임 검찰총장도 추천위원회에서 올린 후보 네 명 중 4위 한 사람을 행동대장으로 임명하는 경우를 보면서 법의 조종이 들려오는 듯합니다.

이 상황에서 국민의힘은 기회만 있으면 변화와 쇄신이라는 말을 무슨 주문 외우듯 합니다.

개인의 권력 유지를 위한 자리다툼에 날 새는 줄 모르고 있습니다.

이번에 이준석 대표를 지지한 것도 마찬가지입니다.

국민들이 이준석 대표에게 큰 믿음을 기대하고 손을 들어준 것만은 아닙니다.

앞에서 얘기한 것처럼 현 정권의 국민 무시와 독선, 폭주를 누군가가 견제해 주기를 기대하기 때문입니다.

현재의 명맥을 유지하라는 야당에 대한 기대가 아니라는 것입니다.

어차피 안 되는 집안이니 그나마 젊은 대표가 조금 낫겠지 하는 일말의 작은 희망일 수 있습니다.

그런 점을 감안하면, 이번 국민의힘 대표 선거결과는 국민입장에서는 정치판에 대한 일종의 쿠데타 같은 국민혁명입니다.

언론에서 얘기하는 30대가 당 대표가 되어서도 아니고, 또 국회의원을 한 번도 안한 분이 당 대표가 되었다는 그런 요식적인 이야기가 아닙니다.

그동안 대한민국의 모든 분야를 지배해오던 정치가 이제는 국민 위에 군림하는 위치가 아닌 국민 눈높이에 맞춰 줄 것을 요구하는 시작점이 되고 있다는 것입니다.

부언하면, 그동안 우리나라는 정치는 힘 있는 정치인이 모든 분야와 사람들을 지배해 왔다고 해도 과언이 아닙니다.

정치 실세들이 권력을 잡으면 재벌들한테 돈 뜯어내고, 또 재벌뿐만 아니라 반대파 국민들은 감옥에 보내서 입을 봉해 버리는 무소불위의 행태로 국민들을 지배해 왔습니다.

그래서 정치권력의 안하무인식 지배에 골병이 든 국민들이 한때는 정치에 무관심을 보이며 정치인에 대해 냉소적 눈총을 보냈습니다.

국민들은 정치와 정치인들이 국민이 먹고 사는 데는 관심이 없고 억지로 권력으로 군림하려 하니까, 이제는 국민들이 직접 정치인을 고르고 선택하는 시대가 되었습니다.

이준석 대표도 이 부분에 대해서는 공감할 것 같습니다.

정치는 어차피 숫자게임입니다.

이번에 이준석 대표는 당대표 선거에서 숫자로 기라성 같은 정치인들의 오금도 못 피게 압승했습니다.

그러나 국민들이 이 대표가 좋아서 뽑은 것만은 아닌 것 같습니다.

선택의 여지가 없었습니다.

4선, 5선이라면서 구태의연하게 자기 정치에만 몰두하는 정치인들에게 이제 신물이 났습니다.

이 대표의 승리는 부메랑으로 얻은 반사이익 일 수도 있습니다.

사실 이 대표가 나이와 경륜이 부족하다 해도, 현 정권의 폭주를 견제하고 국민의힘의 정서를 움켜잡을 수 있는 면모를 속 시원하게 보여주진 못했다고 할 수 있습니다.

언론에서 젊은 세대에 맞게 큰 대안 없는 유려한 언어로 관심을 끄는 정도였습니다.

이번 경선에서 국민의힘이 그렇게 하고 싶은 미스터 트롯 형식

환호와 근심속에 당 대표 출발

(변형된 소위 팬심)으로 당 대표가 되었습니다.

미스터 트롯 형식에 의해(팬심으로) 결정된 가수들은 활동할 때 본인들의 재능도 필요하지만, 그 재능을 적재적소에 팬(국민)에게 기획하고 알려주는 피디와 기획사 직원들의 도움이 있어야 유지됩니다.

이 대표도 이런 점을 잘 알고 주변의 도움도 받을 겁니다.

이 대표가 분명히 알아야 할 점은, 국민들은 정치만 잘 하라는 것이 아니라 국민들이 원하는 것을 해 달라는 것입니다.

그것은 아주 간단할 수 있습니다.

국민들은 권력을 나누어 달라는 것도 아니고, 또 먹고 사는 경제적 문제를 도와 달라는 사람은 별로 없을 것입니다.

현 정권이 그럴듯하게 구호로 요란하게 외쳤던 것을 실천해 달라는 것입니다.

기회가 불평등한 것을 평등하게 하고, 과정이 불공정한 것을 공정하게 만들고, 정의롭지 않은 결과는 결국 정의가 아니라는 것을 보여 달라는 것입니다.

그런 노력으로 이준석 대표가 내년 3월 대선에 후보도 만들어 내고, 검찰중립도, 또 불공정한 언론문제도 거론하고 싸워줄 것을 요구하는 것입니다.

그렇게 할 때 국민의 공감과 지지가 가능하다는 것을 알아 달라는 것입니다.

이준석 대표가 안철수를
만만히 보면 큰일 날 수 있다.

방송 : 2021년 8월 11일

국민의힘 이준석 대표와 안철수 국민의당 대표가 두 당의 합당을 놓고 벌이고 있는 힘겨루기가 정치권의 화제입니다.

현 정권의 폭정에 시달린 국민의 명령은 야권 단일화를 이뤄 정권교체를 하라는 것이 지상명령인데도 말입니다.

현재 이준석 대표는 8월13일까지 여름휴가를 떠나면서 안철수 대표에게 자신의 휴가 후에 합당할 건지 말 건지를 결정하라는 최후통첩을 보냈습니다.

이에 대해 안철수 대표와 국민의당은 이 대표가 건방지다며 정치적 세력과 힘이 큰 국민의힘이 돈과 조직이 약한 국민의당을 얕보는 고압적 태도라고 비난합니다.

아울러 일종의 '약자 동정론'으로 여론전을 펼치며 자가발전을 합니다.

이 과정에서 이준석 대표에게 감정적 골이 깊어진 안철수 대표가 이 대표 휴가기간이 끝나는 13일을 기다리지 않고, 오늘 내일 사이에 국민의힘에 전격 입당과 합당을 할 수도 있다는 추측이 나오기도 합니다.

얼마 전 윤석열 후보가 이 대표와 국민의힘 당직자들이 지방출장을 간 사이에 전격 입당함으로써, 이준석 대표를 정치적 속어로 '뻘'(쓸모없는 것)을 만들었던 사례가 반복할 수도 있다는 얘기입니다.

안 대표가 이 대표에게 감정적으로 반감을 가질 수 있다는 오해를 불러일으키는 것은 비단 이번 두 당의 통합문제만이 아닙니다.

국민의힘 대표인 이준석 대표 입장에서는 안철수 대표가 야권 단일화 경선을 해 나가는데 약간의 장애 정도라는 판단이 앞설 수 있습니다.

안철수 대표보다 야권 단일화 흥행카드로서 훨씬 상품성이 있는 윤석열, 최재형 후보 뿐만 아니라 홍준표, 유승민 후보 등 내노라 하는 후보들이 이미 단일화 경선열차에 탑승을 했습니다.

이런 상황에서 이미 신선도에서 한물 갔다(?)고 생각하는 안철수 대표에게 무슨 아쉬움이 있겠습니까?

하지만 사람들끼리의 관계, 특히 정치적인 관계에서는 누구를 되게는 못해 주지만, 안 되게는 할 수는 있지 않습니까?

안철수 후보도 국민 지상명령인 정권교체에 있어 앞장선 주자

이준석 대표가 안철수를 만만히 보면 큰일 날 수 있다.

는 되지 않더라도 못 되게는 할 수 있는 능력은 있지 않습니까?

시쳇말로 고추가루는 뿌릴 수 있다는 것입니다.

이미 경험했지 않습니까?

지난 19대 대통령 선거에서 문재인 대통령이 41%로 당선되었는데, 홍준표 후보 24%, 안철수 후보 21%로 홍 후보와 안 후보가 합하면 수치상으론 대통령이 바뀔 수도 있었습니다.

이준석 대표가 안 대표의 국민의당 지지자들한테도 건방지다고 비난 받고, 야권 플랫폼당 대표로서 포용력이 없다는 비판을 받아 가면서도 국민의당, 아니 안철수 대표와 힘겨루기를 하는 또 다른 이유가 있다고 합니다.

가장 큰 이유는 이 두 사람의 국회의원 지역구가 같은 서울의 노원구이기 때문에, 이제까지의 감정적 응어리가 그대로 쌓여 있기 때문이라고 말하는 분들이 있습니다.

2016년 20대 총선에서 안 대표는 서울 노원병에 출마해 이 대표를 꺾고 당선됐고, 이 대표는 노원병에만 세 차례 출마해 낙선했습니다.

더구나 2018년 보궐선거에서 안 대표가 노원병 이준석 대표 공천에 태클을 걸었다는 앙금이 아직 남아 있어서 양당 합당 문제에 이 대표가 감정적인 표현까지 한다고 합니다.

또 다른 이유는 이준석 대표는 국민의힘 대선 후보인 유승민 후보에 의해 정치 입문을 했기 때문에, 이 대표가 유승민의 아바

타라고 하는 사람들도 있습니다.

유승민 후보는 현재 국민의힘 경선에서 소위 '중·수·청' 즉 중도층, 수도권, 청년계층의 지지를 얻는데 주력하고 있지 않습니까?

그런 면에서 중도층을 기반으로 하는 안철수 대표와 지지층이 겹치기 때문에, 이준석 대표가 안 대표의 입당을 간접적으로 저지할 수밖에 없다고 하는 것입니다.

거대 야당의 대표이면서, 8월 31일 국민의힘 야권 대선 경선열차에 윤석열, 최재형 후보까지 태운 이준석 대표는 안철수 대표에게 감정 풀이를 맘대로 한다는 오해도 받고 있습니다.

그런 한편에, 국민의당 안철수 대표의 선택폭은 현재 한계에 왔다고 추측하는 분들도 꽤 있습니다.

우선, 안 대표가 정치를 하면서 계속적으로 주장해오던 보수, 진보를 떠난 제3지대론은 윤석열 후보가 국민의힘에 전격 입당하면서 존재에 대한 의미가 크지 않게 되었습니다.

현 정부에서 경제부총리를 지낸 김동연 씨가 얼마 전 이럴 때 꼭 등장하는 진중권 씨와 짜장면을 먹으면서 만났다는 것이 화제가 된 적이 있습니다.

이 만남이 아마도 안철수 대표와 제3지대론 확장의 교두보를 마련하기 위해 사전에 만난 것이라고 생각하는 분들이 있습니다.

하지만 지금의 김동연 씨와의 결합이 안철수 대표가 얼마동안 국민의힘과 힘겨루기 하는 데에는 버팀목이 될 수 는 있어도, 궁극적으로는 안 대표의 정치적 위상에는 큰 도움이 안될 수 있다는 것을 안 대표도 잘 알 것입니다.

이 상황에서 안철수 대표가 취할 수 있는 방향은, 전보다는 못하지만 안 대표를 지지하는 몇 백만 명의 열혈 지지 국민이 있다는 점입니다.

현재 국민의힘에 입당한 후보들은 1차 경선과 본선 경선의 과정을 거쳐 최종 후보가 11월 초까지 선출되는 일정입니다.

그때까지 안철수 후보가 국민의힘과 단일화를 하지 않고 독자적으로 대통령 후보로 나설 수도 있다는 가정이 현실화 될 수도 있습니다.

그럴 경우, 19대 대선에서 21.4% 득표율에 700만표를 득표한 안철수 후보가 그때만큼은 아니더라도 최소한 300만표 이상은 가능할 수도 있다는 예상은 됩니다.

19대 대선에서 문재인 후보와 2위 홍준표 후보와의 격차는 550만 표였습니다.

야권의 한 후보가 300만표를 획득한다는 것은 야권의 당선 가능한 후보의 표를 빼앗아 가기 때문에, 산술적으로 두 배인 600만 표를 당선권의 후보가 뺏길 수 있습니다.

이러한 예는 20대 4.13총선에서 안철수의 국민의당이 630만표(27%. 25석)를 얻어 33%를 얻은 새누리당 122석, 민주당 123석 사이에서 캐스팅 보트 역할을 한 예를 볼 수 있습니다.

국민의당 "우리가 가오가 없나"…이준석 "그래서 합당에 Yes냐 No냐"

'톰과제리' 라고 하지만 해석은 각자 다르다

또, 지난 6.13지방선거에서 바른미래당 후보들의 난립으로 자유한국당은 강남 구청장까지 더불어민주당에 내주기 까지 하지 않았습니까?

안철수 후보는 이른바 순수 정치인 이미지로 이런 야권 단일화에 찬물을 끼얹었을 수도 있습니다.

그러나 안 대표는 지난 4.7서울시장 · 부산시장 선거 때부터 정권교체를 부르짖었습니다.

이런 안철수 대표에게 국민의힘이 야권 단일화에 참여할 수 없는 명분을 만드는 것은 스스로 무덤을 파는 자충수입니다.

그러므로 국민의힘은 안철수 대표와 야권 단일화 경선 룰부터 국민눈높이에서 조정부터 해야 합니다.

지금 안철수 대표가 국민의힘 경선에 동참할 경우, 먼저 경선에 참여한 다른 후보들에 비해 유리한 상황이 결코 아닙니다.

그렇다고 안 대표를 위해 특혜를 주라는 것이 아닙니다.

국민의힘의 경선 룰은 1차 9월15일 경선에서 100% 여론조사로 컷 오프 해서 8명을 먼저 선출한다고 합니다.

그러나 본선 경선 룰은 여론조사 50%와 당원투표 50%를 적용한다는 것입니다.

안철수 대표의 국민의당이 가지고 있는 현재 당력은 국민의힘의 50%를 뛰어넘을 수 없는 형편입니다.

그러므로 국민의힘은 본선 경선 룰의 당원투표 50%를 어떻게 조정할 것인지에 대한 유인책을 내놓아야 합니다.

필요에 따라 본선에서 2,3명을 선출한 후 결선투표제도를 도입하는 것도 검토하는 것이 국민눈높이에 맞추는 대안이 될 것입니다.

어느 정도 국민눈높이에 맞추는 경선 룰을 제시하는데도 안철수 대표가 야권 후보 단일화에 동참하지 않는다면, 국민들에게는 당연히 안철수 대표의 문제로 비춰지지 않겠습니까?

안 대표도 말로만 정권교체를 부르짖고, 실제는 대통령만 되고 싶은 권력의지만 있다는 오해를 벗어날 수 있는 방향입니다.

또힌 이준석 대표도 안 대표를 배제하고 국민의힘 후보를 당선시키는데 집착하는 오해를 벗어나는 대안일 수 있습니다.

정권 위에 민노총,
국회 위에 참여연대, 이게 나라냐?

방송 : 2018년 11월 30일

'일반인의 특별한 생각 홍용락의 레이져 뉴스'입니다.

이틀 사이에 백주 대낮에 OECD 선진국이라는 우리나라에서 믿지 못할 무법적 테러 두 건이 발생했습니다.

하나는 헌법상 권력서열 3위라는 대법원장이 출근하는 차량에 화염병을 투척한 사건입니다.

화염병을 투척한 사람은 소송에서 법원이 자신의 주장을 받아주지 않았기 때문이라고 합니다.

또 하나의 사건은 충남 아산의 자동차 부품 하도급업체에서 노조원 40여명이 회사 내에서 대표이사가 보는 앞에서 회사 임원을 감금한 채 1시간여 동안 집단구타를 해서 중상을 입혔다는 것입니다.

이 두 사건을 보면서 많은 사람들은 책에서 배웠던 8.15광복 후 대한민국 정부수립 전 후에 우리 사회가 좌익과 우익이 대립하던 시기를 떠올립니다.

이 시기는 정치인, 일반인들 사이에서는 좌우 이데올로기와 개인의 이해관계에 얽혀 총, 칼, 염산 등으로 테러가 이삼일에 한 번씩 일어나던 시기였다고 합니다.

그때처럼 상식적으로 이해 못할 일들이, 오늘날 현 정권 탄생의 핵심적인 배경 역할을 한 시민단체에서 터졌습니다.

시민단체인 참여연대는 최근 임명된 경제부총리에게 경제정책 기조를 묻는 공개 질의서를 보냈다고 합니다.

이는 참여연대가 문재인 정부를 향해 반기업 행보를 주문하면서 이를 부총리가 이어갈 것인지 여부를 확인하는 '사전 청문회' 의도라고 합니다.

앞의 세 가지 사건을 보면서, 제도권 언론들의 보도경향도 특이합니다.

하나같이 테러에 초점을 맞추고 있습니다.

참여연대가 부총리 후보자 청문회를 하겠다는 주장도 특별한 해석 없이 직접적인 사실보도만 하고 있습니다.

물론 언론이 특별한 관점에서 주장을 한다든지 현장 사건을 눈에 보이는 것 이외에 이면적인 내용까지 불필요하게 전달하게 되면, 요즈음 많이 얘기되는 가짜뉴스 논란에 휩싸일 수도 있는 염려 때문일 수도 있습니다.

하지만 요즈음 제도권 언론은 현 정권의 문제점에 대해서는 의도적으로 외면하며, 비판과 대안을 제시하는 언론의 기본적 자세도 잊고 있는 듯합니다.

언론이 정권에서 제공하는 소위 보도협조 내용만 전달하게 되면, 결과적으로 정권이 의도하는 내용만 전달함으로써 국민여론 조작에 앞장설 수도 있습니다.

앞의 세 사건은 각각의 사건이 개별적이지만, 촛불시위로 엉겁결에 집권한 현 정권에 대해 노조와 시민단체가 정권에게 내미는 촛불시위대의 지불청구권과 같다고 하겠습니다.

우선 민노총과 참여연대는 대표적 좌파노조와 진보시민단체들로서 현 정권이 탄생하는데 큰 기여를 했다고 할 수 있습니다.

그 대가로 참여연대는 교수 같은 지식인이 많았기 때문에 이 정권 요직에 상당수 포진되었습니다.

현재 청와대 무슨 무슨 수석들도 참여연대에서 활동한 교수들로 채워졌습니다.

이렇다 보니까 출발부터 막강한 배경을 가진 참여연대가 도를 넘어 부총리 후보자를 국회보다 먼저 청문하겠다는 데도 이를 질책하는 사람이 많지 않습니다.

왜냐하면 이 단체가 현 정권과 코드부터 똑 같은 권력의 핵심이므로, 대통령이 아니라 그 누구도 견제할 수 없기 때문일 수 있습니다.

또 다른 사건을 일으킨 조직은 민노총입니다.

민노총을 비롯한 노조의 기세에 놀란 현 정권은 정권 초기부터 '촛불 청구서'를 정산하기 위해, 기업과 자영업자의 비명에도 불구하고 근로시간 단축과 최저임금 인상과 같은 노조의 무리한 요구를 들어주면서 반기업 친노동 정책을 폈습니다.

그럼에도 민노총을 비롯한 단위 노조들의 고용세습, 채용비리 등 부도덕한 행위를 서슴없이 자행함에도 이 정권은 짐짓 모르는 척 눈을 감고 있습니다.

또한 민노총이 노조 본연의 영역을 넘어서 대북 제재 중단, 재벌 청산, 국가정보원와 해체 같은 정치, 안보 분야에 이르기까지 상식 밖의 요구를 하면서 정권을 압박하기도 합니다.

급기야 자신들의 요구를 관철하기 위해 지난 두 달 동안 대검찰청 등 정부 청사와 공공기관 7곳을 점거 및 농성했고, 국회 의사당을 포위해 자신들이 주장하는 법을 만들도록 여야 의원들을 협박합니다.

국민 여론은 '법 위에 민노총, 정권 위에 민노총'이라고 비난하지만, 국민들도 대통령도 어쩌지 못하는 막가파 민노총이라는 것을 실감하고 있습니다.

법 이야기가 나온 김에 앞에서 얘기한 재판에 불만을 품고 대법원장에게 화염병을 던진 한 시민의 경우를 한 번 봅시다.

어떤 사람들은 그 사람이 제정신이냐고 몰아붙입니다.

논란이 있을 수 있지만, 재판에 불만을 품은 민원인이었다면 그 해당 판사에게 화염병을 던질 일이지 직접 관계가 없는 대법원장에게 화염병을 던져 봤자 실질적인 분풀이가 안 될 수 있습니다.

그럼에도 굳이 대법원장에게 화염병을 던질 때는 또 다른 이유가 분명히 있을 수 있지 않겠습니까?

그 동안 현 정권은 전 대법원장을 비롯한 많은 대법관과 판사들을 적폐청산이란 미명 아래 검찰 수사도 받게 하고 구속도 시켰습니다.

이 과정을 지켜보는 현직 판사들에게는 자연스럽게 정권 입맛에 맞춰 따라오게 하는 무언의 압박도 되었으리라 생각됩니다.

현 정권은 지난 정권 때 마음에 안 드는 판사들을 내치는 것에서 나아가 사법부까지 완전 장악할 수 있는 양수겸장의 효과를 봤다고 하겠습니다.

현 대법원장 취임 초기에는 재판거래 의혹이 있다거나 전 정권에 협조한 것으로 의심되는 판사들을 검사가 조사해서 구속영장을 신청하면 영장 발부가 거의 기각되었습니다.

그러나 요즈음은 청구와 동시에 구속영장이 발부되는 경우가 거의 대부분입니다.

국민들은 이 상황을 보며 삼권분립은 책에서나 있는 것이지 이제는 사법부도 이 정권에 입맛에 길들어져 간다는 것을 충분히 감지하고 있습니다.

이 과정에서 제도권 언론의 공로(?)도 지대했다고 봅니다.

현 정권이 전 대법원장을 길거리에 세워놓고 인민재판같이 여론몰이를 했을 때도, 방송언론들은 정규방송을 중단까지 하며 생중계를 통해 여론몰이에 부역을 했습니다.

결과적으로 전 대법원장에게 국민들이 돌팔매를 던지게 유도하고 정권에 협조했던 것이죠.

당시에 많은 국민들은 사실관계도 모르면서 대법원장이 텔레비전 화면 속에서 진땀을 흘리는 것을 보았습니다.

일부 국민은 지난 정권의 사법적폐에 분노도 했고, 또 다른 일부는 현 정권이 좋은 구경거리를 제공해 줘서 박수로 호응도 했었습니다.

이제 와서 보면 사법부 적폐청산은 구호만의 잔치로 끝났습니다.

많은 국민들은 전 정권 때 사법부 요직자리가 이제는 이 정권과 코드가 맞는 우리법연구회와 민주사회를 위한 변호사 모임(민변) 출신들로 바꿔지는 관문으로 적폐청산을 이용한 것이라는 것을 알게 되었습니다.

이제는 오히려 극심한 적폐청산 피로감만 느끼고 있을 뿐입니다.

최근 청와대 모 수석은 문재인 정부는 민노총의 정부도 참여연대나 민변의 정부도 아니라고 말했습니다. 국민을 향한 일종의 홍보용 발언인 것 같습니다.

정권의 최고 실권자들이 경고하는 가운데서도 민노총, 참여연대, 민변 등 50개가 넘는 좌파 진보단체는 조만간 국회를 둘러싸고 문재인 정부 퇴진운동을 벌인다고 합니다.

같은 날에 백주 대낮에 민노총 소속 노조원들이 사무실에서 회사 임원을 집단폭행 했는데, 이를 유리창 너머로 구경만 하던 경찰관들은 민노총이 막고 있는 스크럼을 못 뚫은 건 여성 노조원들과의 불필요한 신체 접촉이 걱정이 되어 들어가서 말리지 못했다고 변명합니다.

현 정권 탄생에 깃발을 든 단체들이 법치를 거부하는 무법천지를 만들어도, 대통령을 포함한 정권 실권자들은 질서를 유지하기 위한 공권력 사용은 애초부터 할 생각이 없습니다.

과거 참여정부가 제주 강정마을에 해군기지 건설을 결정하는 순간 노무현 정부의 지지율이 급격하게 떨어지기 시작했다는 아픈 전철을 밟지 않겠다는 것입니다.

다시 말하면 노조와 시민단체가 원하지 않는 정책을 펴는 순간, 현 정권의 기반인 핵심 지지층과 등을 돌리게 되고 정권 유지도 힘들 수 있다고 생각하기 때문입니다.

많은 국민들은 모든 게 무질서다, 법도 소용없다, 경제도 바닥을 친다, 기업은 코피가 터지고 자영업자는 주저앉는다고 호소합니다.

또 어떤 국민들은 소득주도 성장은 세금주도 성장으로 바뀌고, 고용은 빙하기인데 촛불민심을 등에 업은 시민단체와 노조들의 청구서는 현 정권한테 더 많이 쌓여간다고 합니다.

그리고 그 청구서 독촉 수위는 더 강해지고 점점 본색도 적나라하게 드러낸다고 합니다.

하지만 정권은 속수무책일 뿐이라고 합니다.

이들에게 국민은 없습니다. 국민을 보지 않는 정부만 있습니다.

문재인 정부의 출발은 촛불시위로 시작되었습니다.

촛불시위의 주인공은 노조와 시민단체만이 아닙니다.

나라의 진정한 주인은 '이게 나라냐!' 고 공분하며 국가 자존심을 지키려 한 국민들입니다.

정권유지 위한 훈장팔이

방송 : 2019년 4월 10일

'일반인의 특별한 뉴스 홍용락의 레이져 뉴스' 시작하겠습니다.

어느 나라나 훈장은 그 나라 국민이나 우방에서 그 나라에 뚜렷한 공을 세운 사람들에게 주는 것이 상식입니다.

대한민국을 위해 열심히 살아온 국민에게, 모든 국민들이 다 주라고 할 때, 정부가 대신 주는 것이 훈장을 주는 취지 아니겠습니까?

요즘 문 정권이 훈장을 아무에게나 제멋대로 주고, 또 주기로 할 것 같아 국민들 마음이 불편합니다.

얼마 전 손 모 국회의원 부친이 간첩활동을 했는데도 이 정권이 훈장을 줘서, 정말 간첩질을 했는지 정보를 공개하라고 했지만 개인정보는 공개를 못한다고 버티고 있지 않습니까?

만약에 간첩이었는데 훈장을 줬다면, 대한민국 훈장 수여기준을 공산당을 위해 공을 세운 사람도 줄 수 있다고 바꿔야 합니다.

국민들 뜻과 다르게 준 훈장이라면, 간첩에게 훈장을 줬다는 이유만으로도 실무책임자인 국가보훈처장이 책임을 피할 수 없지 않겠습니까?

그런데 이 정도는 아무 것도 아닌 것 같습니다.

우리 보훈처가 북한정권 수립에 혁혁한 공을 세운 김원봉에게 일제강점시대에 의열단 등에서 독립운동을 했다는 명분으로 훈장 수여 절차를 밟고 있다고 합니다.

우리와 엄연히 대립하고 있는 북한정권에서 장관도 하고 국회 부의장까지 했을 뿐 아니라, 6.25남침 때는 우리에게 총을 쏘던 사람입니다.

우리에게 북한 정권은 아직까지 정식 인정된 정부가 아니라 반국가단체가 아닙니까?

국민들이 어리둥절한 건 그렇다 하더라도, 숫제 말문이 막힐 지경이 아닙니까?

훈장을 주자는 사람이 대통령이건, 정부 실무책임자인 국가보훈처장이건 그들은 엄연히 대한민국 대통령이고 대한민국 보훈처장입니다.

이들은 김원봉이 항일운동을 했다고 해서 훈장을 줘야 한다는 얘기입니다.

이런 사람을 대한민국 건국훈장을 주자는 문 대통령과 보훈처장은, 북한 정권의 대리인 역할을 자청해서 하는 사람들과 같다는 생각이 듭니다.

북한 정권을 수립한 김정은의 할아버지 김일성도 김원봉과 같은 시기에 항일운동을 했다지 않습니까?!

또 광복 후에 남한에서 공산주의자로 우리 정부에 맞서 폭력투쟁을 일삼다가 월북해서 김일성 다음 자리인 부수상까지 한 남로당 책임자 박헌영도 일제시대에 항일운동을 했다고 합니다.

이런 논리라면 손 모 의원 부친문제와 김원봉 훈장 수여문제로 변죽만 울리지 말고, 이번에 김일성과 박헌영까지 훈장 수여를 거론하면 일거에 정권의 본색이 드러나지 않을까요?

문 정권은 김원봉에게 훈장을 주자는 이유로 통일된 대한민국의 기반을 다지는데 도움이 될 수 있다고 명분을 내세웁니다.

직접적으로 반박한다면, 지금의 정권의 통일정책이 자유민주주의 체제를 지향하는 것이 아니지 않습니까?

대놓고 말하기는 그렇지만, 문재인 정권의 통일정책 방향은 남북연방제 수립이나 혹은 김정은의 적화통일전략에 못이기는 척 넘어갈 수도 있다는 의심이 듭니다.

통일이 어떻게 될 지도 모르는데 통일된 국가 기반을 다지는데 도움이 된다고 좌익 활동을 한 사람에게 훈장을 준다는 게 말이 됩니까?

좌파정권에서 기관지 역할까지 한다는 소리를 듣는 한겨레신문은 김원봉이 일제시대 경찰의 단속이 심해 어쩔 수 없이 독립운동을 좌파 쪽에서 했다고 변호합니다.

인생을 살면서 이런저런 고비가 왔을 때, 김원봉 처럼 자진 월북을 한 것은 남과 북의 이념이 다른 상황에서 어떻게 설명을 할 수 있을까요?

영국의 역사학자는 아놀드 토인비는 '역사는 나선형으로 발전한다'는 말을 남겼습니다.

이 말은 인류 역사와 문명은 직선으로 발전하는 것이 아니라 여러가지 충돌과 화해의 과정을 거쳐 돌아가는 나사 모양처럼 서서히 결론에 이른다는 것입니다.

국가정체성이 특정 세력이 원하는 방향으로 직선적으로 빨리 가는 방법은 많은 사람들의 이해를 무시하는 혁명이란 수단 밖에 없다고 합니다.

오늘날 대한민국의 정체성은 자유민주주의 이념을 기본으로 하고 있습니다.

과거에 자유민주주의를 위협하는 장애요인은 북한 공산당이 적화통일을 위해 대한민국을 상대로 전쟁도 했고 간첩도 보내 우리 국민들을 살상한 일들이었습니다.

북한 정권이 6.25전쟁을 일으켜 한반도 전체를 공산주의 국가로 만들고자 한 역사적 사실을 누가 부정할 수 있겠습니까?

지금 문 정권이 공산주의자들에게 훈장을 준다는 것은 이제까지의 대한민국의 자유민주주의 정체성을 전적으로 부정하겠다는 발상입니다.

또 공산주의 이념을 우리 국민들에게 우회적으로 주입시켜 공산주의를 부담 없이 받아들이게 만들면서, 국민들을 정신적으로 세뇌시키는 저의일 수도 있습니다.

공산주의자에게 대한민국 대통령 이름으로 훈장을 주겠다는 것은 국가정체성을 혁명적으로 변화시키겠다는 의도일 수도 있습니다.

이는 토인비가 말한 역사발전을 나선형의 길로 따르자는 것이 아닙니다.

오히려 마르크스가 제시한 직선적 역사발전을 이루기 위해서는 혁명에 의존할 수밖에 없다는 말에 비중을 두는 것으로 볼 수 있습니다.

문 정권이 북한 공산당에 동조해 자유민주주의 체제를 음해한 사람에게 대한민국 훈장을 주려는 것은 대한민국의 정체성을 파괴하는 반역행위에 버금가는 혁명적 발상입니다.

이것은 문 정권이건, 대통령이건, 보훈처장이건 대한민국 정체성과는 맞지 않는 일을 하는 것입니다.

이 일은 국가와 민족을 위한 일이 아니기 때문에, 이들은 국민의 뜻과도 상관없는 정권이고 대통령이며 공직자로 평가 받을 수도 있다는 것입니다.

현 문 정권 아래에서는 통일과 안보문제에 있어서 대한민국의 자유민주주의 정체성은 이미 희미해진 상태입니다.

그나마 자유민주주의를 직접 지킨 장년세대들의 경험치로 오늘날 대한민국의 이념적 정체성이 북한 공산체제보다 낫다고 판단하고 있기 때문에, 문 정권의 이념적 독주를 어느 정도 견제할 수 있습니다.

장년세대가 자유민주주의 이념의 수호 장벽이 돼있어서 문 정권이 북한 정권과 이념적 연결을 신속하게 실행하지 못하는 이유가 될 수 있습니다.

결론적으로 북한 공산당과 함께 대한민국 국민의 재산과 목숨을 직· 간접적으로 해친 사람을 그 전 시대 항일운동을 했다는 이유만으로 훈장을 준다는 발상은 국민정서와 멀어도 한참 먼 얘기입니다.

소설 속의 홍길동이가 가진 사람들한테 재물을 빼앗아 없는 사람들한테 나눠 줬다고 의적이라고 미화하는 것과 같습니다.

논리적으로도 명분이 없습니다. 또 시기적으로도 전혀 납득이 되지 않습니다.

국민들이 백 번 양보해도 이 세대가 지나 북한과 대립관계가 끝나고 통일이 된다면 그 때가서 논의할 일입니다.

대통령이 역사의식도 없이 훈장 얘기를 한 것을 빌미로 국가조직이 생각 없이 나서서 잘못된 역사의식을 조장하는 분위기가 한심할 뿐입니다.

김원봉에게 훈장을 주자는 아이디어의 발단은 문 대통령이 후보시절 '암살'이란 영화에서 조성우 씨가 맡은 김원봉 역을 보면서 시작되었다고 합니다.

대통령 개인의 단편적인 판단으로 역사적 가치를 와전시킨다는 것은 넌센스 입니다.

국민정서에도 맞지 않고 또 논리도 없이 북한 공산당 활동을 한 사람에게 훈장을 주자는 대통령 개인 감정을 혁명적 주장으로 포장해 여론에 제시했습니다.

정권의 나팔수로 선봉에 선 MBC는 5월에 20부작 MBC 드라마 '이몽'을 방송하면서 공산주의자 김원봉을 대통령 수준에 맞게 꾸며서 여론의 동의를 구하려고 합니다.

북한 공산주의자를 미화하는 것은 자유민주주의 체제에서는 있을 수 없다는 것을 인정하는 진중한 정권이 되길 바랍니다.

이 문제를 얘기하려면 광복 이후 월북한 친북 인사들 때문에 아직도 대한민국에 사는 친인척이 받아온 소위 좌익 연좌제에 대한 아픔부터 해결하는 노력을 하길 권면합니다.

그렇게라도 하는 것이 국민 정서에 조금이라도 영향을 주며, 정권에도 다소 도움이 되는 길입니다.

정권유지 위한 훈장팔이

조선일보 180도 변신,
외부의 압력 때문인가? 이윤창출이
목표인 주식회사 본색인가?

방송 : 2021년 6월 7일

요즘 조선일보 논조가 구독자들을 어리둥절하게 합니다.

제가 종이 신문이라고 유일하게 보는 신문입니다.

코로나 백신문제에서는 논조만이 아니라 지면 배치, 기사 제목들이 180도 바뀌었습니다.

달라도 정말 너무 달라진 것 같습니다.

조선일보는 그동안 백신 수급을 제대로 못하는 정부에 대해서 얼마나 질타를 해 왔습니까?

그런 조선일보가 5월27일 아스트라제네카 백신을 본격적으로 맞기 시작할 때부터 백신 관련 보도가 확 달라졌습니다.

1면 톱기사에 "우리도 이제 백신을 맞읍시다" 로부터 백신 접종을 촉구하는 기사를 시리즈로 내기 시작했습니다.

게다가 6월1일부터는 얀센 백신이 다 들어오지도 않은 상황에서도 기사 헤드라인이 이렇게 배치되고 있습니다.

"한 방에 끝나는 얀센 백신, 오늘부터 예약" 예비군, 민방위대원들 대상 선착순 예약.,,,결과는 몇 시간 만에 예약 끝,,, 나머지는 허탕,,, 등등

이외에도 "이틀간 120만 접종, 국민들 팔 걷었다" "집단면역 이르기 위한 남은 변수는 국민 접종 동참율에 달려" 등등

불과 몇 달 전 "고령층 무료접종 이후 사망자 속출" "백신과의 인과관계 치명적인 부작용" "안전성 보장 안 된 아스트라제네카 밀어붙이나" "얀센도 혈전 논란, 백신접종 초비상" 이럴 때와는 너무 정반대 논조입니다.

지금까지 아스트라제네카를 맞고 13명이 사망했고, 저처럼 이상반응 보인 분이 3만3천400명(지난 6월2일 기준)이나 되는 것도 알고 있습니다.

같은 날짜 기준으로 60대 이상 아스트라제네카 백신 예약율한 사람이 7, 80%나 된다고 합니다.

문제는 아스트라제네카의 위험성을 그렇게 강조하고 백신의 불안성을 부추기던 조선일보가 하루 아침에 변신하는 이유가 국민들은 궁금해 합니다.

특히 국민의 60%가 넘는 보수층에게는 그동안 이 정권에 철저히 장악 당한 지상파 방송, 종편방송 및 기타 일간지에서 전혀 거론하지 못하는 정권의 문제점을 조선일보가 그나마 기사로 보도

했기 때문에 다른 언론에 비해 구독 의존도가 높았습니다.

이 시점에서 백신문제에 대한 조선일보의 갑작스런 태도 변화에 대해서 그동안 신뢰를 보내던 국민들에게 못 믿을 수도 있는 신문이라는 생각까지 들게 하고 있습니다.

그런 조선일보가 이렇게 달라진 이유는 세 가지로 볼 수 있을 것 같습니다.

첫째, 주로 좌파들이 정치적으로 주장하는 얘기입니다만, 조선일보가 이 정권이 K방역 업적을 대선에 연결시키는 것을 미리 차단하고, 보수신문의 공로로 선점하기 위해 태도를 바꾼 것이라는 것입니다.

이 주장을 하는 이유로 현 정권이 처음에 백신접종을 해서 11월까지 집단면역을 하겠다는 목표를 9월로 앞당겨 진행할 경우, 내년 3월 대통령 선거에서 이 정권이 K방역 홍보로 선거에서 득을 보는 것을 막아보자는 의도라는 것입니다.

그 근거로 정부는 작년 4.15총선에서 변변치 않은 K방역을 자랑을 하고 심지어 해외에 수출까지 한다고 홍보전을 펼쳐 국회의원을 180명이나 당선시켰습니다.

또 다른 이유로는, 한미 정상회담에서도 거론된 바 있지만 미국이 삼성바이오로직스와 SK바이오사이언스를 앞세워 한국을 백신기지화 한다는 계획에 동의하는 것입니다.

구체적으로는 삼성이 모더나 백신 원액을 가져와 국내에서 위

탁 생산하기로 했습니다.

조선일보가 백신접종에 대해 부정적 논조를 계속한다면, 삼성과 SK에서는 생산된 백신 판매가 원활하지 않게 될 수도 있습니다.

결과적으로 조선일보 광고 수주에도 영향이 미칠 수밖에 없다는 계산입니다.

삼성과 SK 등 대기업 광고 의존도가 큰 조선일보가 이들 대기업의 눈치를 볼 수밖에 없다는 주장입니다.

마지막 이유는, 갈수록 신문의 경영난이 악화되는 상황에서 조선일보는 정부가 신문 전체에 주는 정부보조 광고비 연 1조1000억 원 중 많은 액수를 받기 위해 그동안 회사 전체가 나서서 노력을 해왔습니다.

그동안 정부는 국민이 구독하는 부수에 따라 정부보조금을 지급해 왔는데, 조선일보에는 독자 116만에 해당하는 보조금으로 연간 수백억 원을 지원해 왔습니다.

그러나 조선일보가 제시한 구독자는 실제 그 절반밖에 안되면서, 매일 발행하는 116만부 신문지 중 절반은 발행 순간 동남아나 아프리카에 폐지로 수출되어 상품 포장지로 활용된다고 합니다.

이 문제로 지난 3월 좌파 시민단체에서 조선일보 사장을 고발해 놓은 상태입니다.

위의 세 가지 이유로 조선일보가 하루 아침에 백신접종에 대해 부정적 논조에서 긍정적 논조로 변했다는 것입니다.

그 이유가 정치적이고, 회사 경영상의 문제와 복합된 것이라고 봅니다.

그러나 많은 국민들은 조선일보의 백신접종 논조의 획기적 변신(?)에 대한 납득보다는 전통 있는 정론지에 대한 실망이 앞서고 있습니다.

만약에 조선일보가 전통을 앞세워, 세상문제에 관해 더 많은 정보와 식견으로 국민들을 이끌고 가려는 자세는 이 시점에서 또 다른 조선일보의 문제가 될 수 있습니다.

흔히들 언론은 사회를 반영하는 거울이라고 합니다.

현재의 언론들은 오늘의 현실을 있는 그대로 전달하는 사명만 잘 감당하면 된다고 합니다.

덧붙일 것도 없고 뺄 것도 없다는 것이죠.

있는 그대로 전달해서 독자가 알아서 판단하게 하는 것이 언론의 최선의 역할이라는 것입니다.

즉 국민의 민도가 낮은 시절에 세상 사람들이 살아가야 할 방향에 대해 언론사 관점에서 아젠다 셋팅(의제설정)을 정해 놓고 그 방향으로 따라 주기를 바랐던 언론의 구태는 이제 버려야 할 시점이라는 것입니다.

이런 주장의 근거는 국민들의 교육수준이 높아졌기 때문입니다.

이제는 국민 모두가 똑똑하기 때문에 언론의 우월적 의제 설정이 국민 눈높이에 안 맞을 수 있는 구태라는 것입니다.

백신 접종에 대한 조선일보 논조의 급작스러운 변화는, 조선일보가 정치권력으로부터 독립하지 못하고 경영적인 문제에서도 자유롭지 못한 원인일 수도 있습니다. 현실적으로 이해는 됩니다.

요즈음 종이신문 의존도가 극히 낮아지는 시점이라는 것은 분명합니다.

그러나 어떤 이유가 있을지라도, 독자들에게만은 언론사 권위를 계속 유지하기 위해서 독자를 기만한다는 오해(?)가 있어서는 안 될 것입니다.

언론의 존재이유를 곰곰이 생각할 때입니다.

종전선언 뒤에
숨겨진 내막을 공개하라!

방송 : 2019년 2월 12일

'일반인의 특별한 생각 홍용락의 레이져 뉴스'입니다.

트럼프 대통령과 김정은이 이달 말에 제2차 미북 정상회담을 합니다.

지금 시점에 새롭게 등장하는 핵심적인 이슈는 비핵화만이 아니라 종전선언입니다.

남북한 종전선언은 이미 문 대통령과 김정은 간에 작년 4월27일 판문점 회동에서 공동으로 선언했습니다.

그러나 판문점 종전선언은 미국이 동의하지 않음으로써 정치적 선언 수준에 그쳤습니다.

실제 싱가포르 1차 미북 정상회담 때도 문 대통령은 미국이 먼저 종전선언을 해줘서 북한의 체제를 보장해 주자는 의지를 간절하게 내 보였습니다.

미국은 북한과 종전선언을 하면, 그 이후에 북한이 비핵화를 원하는 만큼 이행하지 않을 때는 다시 선전포고를 하고 전쟁을 시작해야 하는 부담 때문에 쉽게 동의하지 않았습니다.

그런데도 북한 김정은은 단순히 휴전상태를 끝낸다는 종전선언보다 한 발짝 더 나아가서 실제적인 평화협정 단계에 관심을 보이고 있습니다.

이번에 미국은 단순한 종전선언을 카드로 가지고 북한의 비핵화 실천의지를 타진할 것 같습니다.

따지고 보면 미국과 북한은 평화협상과 같은 종전선언을 한다고 해도, 양자가 실리적으로 손해 볼 것이 없습니다.

미국으로서는 북한이 완전한 비핵화를 이루지 않은 상태에서 평화협정과 같은 종전선언을 해 줄 경우, 핵 보유국 인정을 확실하게 하는 결과가 됩니다.

또 미국은 북한과 지리적으로 국경을 직접 맞대지 않기 때문에 우리나라와 같이 직접적으로 곤경에 처하지 않는다는 계산도 있을 수 있겠죠.

반면에 북한의 풍부한 지하자원 같은 경제적 실리를 챙길 수 있고, 또 상호 관계가 발전하면 군사적으로도 중국을 견제하는데 일정부분 북한의 협조를 기대할 수도 있겠죠.

문제는 우리입니다.

우리도 표면적으로는 종전선언을 하면 한반도 평화가 올 수 있는 것 같아 보입니다.

종전선언 뒤에 숨겨진 내막을 공개하라!

그래서 이 정권이 시켰겠지만, 평화통일 국민서명 같은 것을 일부에서 받는다는 소문이 있습니다.

그러나 우리가 종전선언을 할 경우, 소위 한반도 평화통일의 모든 문제에 관해 새롭게 판을 짜야 된다는 것입니다.

그 동안 문 대통령과 김정은이 몇 차례 정상회담을 해서 서로 만났습니다.

그러나 정작 우리 국민들은 통일은 어떻게 해야 하는지, 통일 방안은 무엇인지 잘 알지 못합니다.

또 남북한의 경제협력은 어떻게 해야 하는지, 더 구체적으로 우리가 경제적으로 얼마나 희생을 해야 하는지 정부가 밝히지 않았습니다.

아무것도 내놓지 않았다는 겁니다.

문 정권 이전에 남북관계는 모든 부분에서 북한이 남한에 흡수통일 될 형편에 있었지 않습니까?

다만 북한 김정은 세습왕조가 핵 하나를 내세워 미국과 우리를 상대로 몽니를 부렸는데, 그 당시 우리가 미국에 협조만 잘 했으면 북한이 제풀에 지쳐 나자빠질 수 있는 상황이었습니다.

이런 상황에서 문 대통령이 한반도에서 전쟁이 일어나면 우리 국민들이 피해를 볼 수 있다는 명분을 내세우며 앞장서 북한의 김정은과 만났죠.

강경책을 써서 김정은을 주저앉힐 상황이 충분히 있었는데도,

유화적인 평화통일을 지향했습니다.

　문 대통령은 김정은과 정상회담에서 종전선언 이상의 합의를 하고 실제적으로 전쟁을 끝내는 휴전선 안에서의 비무장 선언까지 했습니다.

　이것이 문 대통령이 말하는 평화통일방안인지 잘 모르겠습니다.

　분명한 것은 우리 국민들의 공감도 없었고, 너무 빠르게 우리가 일방적으로 무장해제를 해서 김정은에게 양보해 줬습니다.

　그러다 보니 정작 휴전협정 당사자인 미국 앞에서는 헛물만 켜는 처지가 된 것입니다.

　지금도 미국은 미북 정상회담을 통해 냉정하게 종전선언 카드를 가지고 북한의 비핵화를 끌어내려 합니다.

　물론 한반도의 비핵화와 평화구축이라는 과제에 대해서는 각 주변 당사국들에게 미치는 이해관계가 미묘하게 차이가 있습니다.

　우리 국민들은 문 대통령이 종전선언을 앞두고 우리의 실리는 잘 챙기고 있지 않다고 생각합니다.

　종전선언과 평화협정을 얘기하자면 먼저 논의해야 할 두 가지 과제가 있지 않습니까?

　첫째, 핵 폐기가 우선적으로 협상 테이블에서 이뤄져야 한다는 것입니다.

우리 입장에서는 전면적인 북한 핵 폐기가 없는 종전선언은 국민을 죽음으로 몰아넣는 선언이라고 생각합니다.

미국은 애초부터 북한 김정은에게 완전한 핵 폐기를 요구해 왔습니다.

이 과정에서 문 대통령이 간곡히 원했던 대북한 제재 완화와 제한적 경제협력을 트럼프는 전부 거부했습니다.

미국에 앞서 김정은과 종전선언을 합의해 준 것은 문 대통령의 돌이킬 수 없는 실수입니다.

우리가 종전선언을 미국에게 부탁하는 것도 미국과의 관계를 원만히 유지하는 가운데서 해야만 미국의 양보를 끌어낼 수 있는 것이 솔직한 현실 아닙니까?

이제는 미국이 북한을 상대로 종전선언 카드를 가지고 일정부분 핵 보유국 지위를 묵인해주는 협상에 들어가는 것 같기도 합니다.

우리로서는 문 정권이 성급한 시행착오를 했기 때문에, 입은 있어도 말도 못하는 상황입니다.

한 마디로 우리는 처음부터 미국과 긴밀한 협조를 했어야 완전한 핵 폐기 정리를 할 수 있었습니다.

앞으로 북한이 핵 보유국으로 인정되면 우리는 밤낮으로 핵폭탄을 머리에 이고 사는 그런 불안한 평화 속에 살 수밖에 없습니다.

문 정권이 자승자박하는 실수로 국민들에게 고통을 안겨 줄 수 있습니다.

종전선언을 거론하면서 살펴봐야 할 두 번째 과제는, 비핵화에 매달려 섣부른 종전선언을 한 결과는 미군철수로 당연히 이어질 수밖에 없다는 것입니다.

종전선언은 전쟁을 끝낸다는 것이죠.

종전선언이 아니라 평화협정을 체결한다고 하면, 언제든지 선전포고만 하고 다시 전쟁을 시작할 수도 있는 것입니다.

구체적인 예로, 독일은 제1차 세계대전 패전 후 연합국과 베르사이유 평화협정을 맺었지만, 자기들이 제2차 세계대전을 또 일으켰습니다.

문 정권이 종전선언과 평화협정을 동시에 하자는 것이기 때문에, 현재도 주한미군 전투병은 불과 8,9천명에 불과해서 북한이 미군철수를 요구하는 명분으로 충분히 활용될 수 있습니다.

특히 문 정권에서 북한군을 주적 개념에서 삭제해버린 상황입니다.

싸울 상대가 사라진 상황에서 굳이 외국군의 지원을 받을 명분은 없을 수밖에 없지 않습니까?

또한 문 대통령과 김정은은 종전선언과 평화협정이 체결되더라도 미군주둔은 계속 유지된다고 말합니다.

트럼프까지 협상을 유리하게 하기 위해, 또 한국 국내여론을 감안해서 우선은 주한미군 문제는 협상의제에서 빼자고 합니다.

앞서 말한 것처럼 그동안 적으로 간주했던 북한과 종전선언과 평화협상이 이뤄지면 바로 미군철수는 시간문제입니다.

미군이 주둔하더라도 종전선언 상황에서는 전투병은 현실적으로 철수할 수밖에 없고, 군사지원단 정도만 주둔할 것입니다.

군사지원단은 미군철수를 하지 않았다는 명분만 줄 뿐이지 실제적인 효력은 없지 않겠습니까?

6.25전쟁이 시작될 때 지금의 군사지원단 격인 미국 군사고문단이 있었지만 김일성은 이를 무시하고 쳐내려오지 않았습니까?

핵무기를 보유하지 못한 우리는 핵무기를 보유한 북한과 비교해 현재는 약 서른 배 가까운 경제적 우위에 있지만, 북한의 경제협조 협박이 커지면 순식간에 입장이 바뀔 수도 있습니다.

또 정치체제에서도 핵의 힘을 가진 김정은 체제에 유약하게 평

국방안보, 위기에 투철한 국가관이 먼저다 : 허평환 장군

화만 노래했던 우리가 급속히 끌려가게 되는 것은 물어보나 마나 불문가지의 이치입니다.

문 대통령이 이 나라 대통령이라면 평화통일 정착이란 모호한 말로 김정은과 미국에게 종전선언을 종용할 일이 아닙니다.

우리 국민들에게 종전선언으로 인해 우리가 입을 피해와 그 대책을 먼저 국민들한테 솔직하게 설명해야 합니다.

문 대통령은 종전선언만 촉구할 것이 아니라, 앞서 열리는 미북 정상회담에서 미군의 계속적인 주둔을 공개적으로 확인 받아야 합니다.

지금처럼 의제에서 빼고서 나중에 어물쩍 합의하고 넘어가는 것을 막아야 합니다.

미북 협상의 판을 우리가 벌려주기기만 하고 방치하면, 자칫하면 미국과 김정은이 협상을 통해 미군이 북한에 주둔할 수도 있는 상황으로 발전할 수도 있습니다.

미국은 중국을 견제해야 하고 북한은 미국의 경제적 도움이 절실하므로 상호 필요한 것이 맞아 떨어지기 때문이죠.

현실적이진 않지만, 그 정도로 문 정권이 미국과 불통하는 것이 국민들에게 불똥이 되어 튈 수도 있다는 것입니다.

종전선언에만 집중할 것이 아니라 미군철수를 대비해서 북한의 핵 보유국 지위 인정은 무슨 수를 써서라도 막아야 합니다.

북한이 핵 보유국이 될 경우, 우리는 군사, 정치, 외교적으로

종전선언 뒤에 숨겨진 내막을 공개하라!

국가주권을 제대로 행사할 수 없다는 것은 앞에서도 누누히 강조했습니다.

이런 불행한 일이 닥친다면, 우리 국민들 생활도 지금의 북한 주민들과 입장이 맞바뀔 수 있지 않겠습니까?

결론적으로 완전한 비핵화가 전제되지 않을 경우, 종전선언과 평화협상을 전면 거부하는 것이 국가와 국민이 사는 길임을 문 정권은 똑똑히 알아야 합니다.

마지막으로 종전선언에 앞서 문 대통령은 앞으로 남북한이 어떤 정치체제를 유지할 지를 분명히 밝혀야 합니다.

대통령이 국민들이 뭔지도 모르는 모호한 한반도 평화통일 정착을 강조하는 것은 억지 중에 억지이며 독선이고 독재입니다.

정말로 남북연방제를 김정은과 추진할 것인지를 명백히 해야 합니다.

북한이 핵 보유국이 되는 상황에서, 남북연방제는 상호 번영이 아니라 김정은에게 뺏길 것 다 뺏긴 후 나라마저 존립이 위태로울 수 있다는 것은 알만한 분들은 다 압니다.

그런 통일이라면, 국민들은 종전선언을 하지 말고 새로운 길로 가길 원할 것입니다.

청와대 국민청원제도,
반대여론 압박하는 흑막수단인가?

방송 : 2019년 5월 10일

현재 자유한국당을 없애라는 청와대 대상 국민 청원이 계속되고 있습니다.

합하면 200만명 이상이 청원을 했다고 합니다.

이 마당에 현 정권이 국민청원제도를 빙자해서 정치적으로 야당과 반대자들을 압박하는 구실로 이용하는 게 바람직한가를 한번 생각해 봐야 할 것 같습니다.

우선 이 제도를 정권에 유리한 국민여론 조성하는데 써먹고 있지 않나 싶습니다.

국민 여론을 내편 네편으로 갈라 이간시키는 제도로 악용하고 있다는 겁니다.

우리나라는 국민의사를 대변하는 정당을 중심으로 국회에서 대의정치를 하는 의회민주국가입니다.

그럼에도 정권이 국민청원이란 제도를 만들어 국민들 의사를 반영한답시고 정치적으로 반대당의 입을 막는 여론몰이를 한다는 것이죠.

현 정권은 공수처법 같은 것을 일방적으로 만든다고 많은 국민들로부터 욕을 먹는 상황입니다.

문 정권이 몇 야당의 정치적 이해를 들어주면서 패스트트랙 제도로 장기집권 발판을 마련한다고, 자유한국당과 국민여론은 비난합니다.

문 정권이 자기네 지지자들을 앞세워 국민청원제도를 이용해 자유한국당을 없앤다고 겁을 주고 반대하는 국민여론에 재갈을 물린다는 것입니다.

한 마디로 유신시대나 군사정권시대에 써먹던 방법인 관제 데모를 문 정권이 요즘의 SNS시대에 맞게 세련된 방법으로 활용합니다.

그 방법에 있어서도 민주당 해산 청원도 같이 받으면서, 자유한국당 해산 청원이 민주당 해산 청원 숫자보다 압도적으로 많은 것은 현재 국민여론은 문 정권 지지가 많다는 것을 반증하는 것이라 교묘히 확대 해석합니다.

이 정도면 현 정권은 앞뒤가 맞지 않는 자가당착 정도가 조현병 즉 정신병 수준인 것 같습니다.

따져본다면 현 정권이 국회 패스트트랙 제도를 써먹는 바람에 국민여론이 불리하게 돌아가니까 현 정권 지지자를 결집시키는 방법으로 누군가가 머리를 짜냈을 것입니다.

그리고 그 숫자만 내세워 여론이 자기들을 지지하고 있다고 확대 선전하고 있는 형국이죠

우리나라 국민들의 습성 중 하나가 여론을 숫자와 수치를 가지고 설명하면 쉽게 설득된다는 것을 이용하는 것입니다.

이 상황을 아무리 논리에 맞게 설명해 봐도 설득이 잘 안 되는 게 여론의 특징입니다.

이성을 가진 전문가들은 '이런 현상이 여론의 전체가 아니다' 라고 말합니다.

예를 들면 5천5백만 국민 중에 150만에서 200만명이 청원하는 것이 전체국민의 3, 4%밖에 더 되느냐고 말할 수 있죠?

즉 3, 4%가 어떻게 전체 여론이 될 수 있느냐고 할 수 있지요. 또 지난 번 대통령선거 때 문 정권이 드루킹 사건으로 여론조작을 했다는 의심도 분명히 있지 않느냐 말할 수 있습니다.

또 국민청원은 한 사람이 카톡 같은 SNS 네 개를 통해 국민청원을 할 수 있기 때문에 한 사람이 몇 개 씩 올릴 수 있다고도 말할 수 있습니다.

심지어 "베트남이나 미국, 일본 같은 외국에서는 청와대에 청원을 한 사람이 수 만 번 무제한으로 할 수 있기 때문에 이 숫자는 허황된 허수다" 라고 말 할 수도 있습니다.

하지만 여론이란 것은 조작을 하기 시작하면 논리와 이성보다

는 감정에 휩쓸린다는 특징이 분명히 있지 않습니까?

그래서 이 정권에 반대하는 사람들이 대부분 나이 먹은 사람들이라서, SNS에 익숙하지 못해 청와대에 청원하는 숫자가 장년층 여론을 대변하지 못한다는 것도 고려대상이 못 된다는 거죠.

자유한국당 해산 국민청원 숫자가 민주당 해산 숫자보다 세 배 높은 수치를 제시하면 지지도도 그 정도라고 판단하는 것이 여론의 특징이라는 것입니다.

현재 문재인 정권은 이런 국민여론 수용 특징을 감안해서 교묘하게 여론을 둔갑시킵니다.

또 이것을 제도권 언론을 이용해서 국민 여론인 것처럼 확산시킵니다.

제도권 언론을 동원해서 경마경기 중계하듯이 반복적으로 이 숫자를 계속해서 전달하면 국민들은 어쩔 수 없이 세뇌 당할 수밖에 없지 않습니까?

이 시점에서 한 번쯤 이성적으로 생각해 볼 필요가 있습니다.

문 정권과 민주당의 말처럼 이번 청와대에서 받은 국민청원을 보면 자유한국당 해산 청원숫자가 서 너 배 높지 않습니까?

거꾸로 민주당이 이렇게 상대적으로 지지율이 높으면 다음 선거에서도 현 정권이 이길 게 뻔합니다.

그런데 왜 패스트트랙이란 무모한 방법까지 써가며 선거제도를 현 정권에 유리하게 악을 써가면서 바꾸려 합니까?

우리나라는 명색이 헌법과 법에 따라 움직이는 법치국가입니다.

헌법에는 정당 해산을 시키려면 정당활동이 민주적 기본질서에 위배 되어야 합니다.

위배될 때 정부가 헌법재판소에 당 해산을 제소하고, 헌법재판소에서 해산 심판을 내리는 절차입니다.

이석기 통합진보당 해산이 그 대표적 예 아닙니까?

그러므로 지금도 청와대와 정부가 자유한국당을 해산시키려면 20만명 이상 청원을 했기 때문에 이것을 근거로 헌법재판소에 제소하면 됩니다.

문제는 자유한국당의 활동과 목적이 민주적 기본질서에 위배되지 않았다는 것은 분명한 사실 아닙니까?

현실적으로 청와대와 여당이 자유한국당을 국민청원으로 헌법재판소에 제소할 수도 없는 입장 아닙니까?

그럼에도 이 정권이 앞장서서 국민들을 이간시키는 정당해산 국민청원을 받는 것은 국민여론을 현 정권에 유리하게 조작하는 것이 최종 목적입니다.

얼마 전에 자유한국당 대표였던 홍준표 전 대표가 이 정권은 나치 히틀러시대 괴벨스 같이 국민여론을 조작해서 독재정치를 계속 한다고 하였습니다.

아시다시피 나치시대 선전을 담당했던 요제프 괴벨스는 전 국민 모두에게 일일이 라디오를 보급했습니다.

그리고 나치 정부에 도움이 되는 내용만 전파로 보내서 국민들을 세뇌시키는 여론조작을 했습니다.

결국 국민들은 나치 정부가 하는 일을 모두가 옳다고 믿고 지지하면서 목숨을 바쳐 전쟁까지 참전했습니다.

이번에 이 정권이 하는 국민여론 조작도 나치의 그것과 비슷합니다.

권력을 움켜쥔 이 정권이 국민여론이 자기 권력을 지지한다고 한쪽으로 몰고 갑니다.

국민청원이라는 감성적 여론몰이 방법을 동원해서 제도권 언론으로 햐여금 몇 백만명이 청원했다고 중계방송을 하듯이 선동을 합니다.

일방적으로 여론이 이렇다고 부추기면 대중들은 옳고 그름을 판단할 수 없지 않겠습니까? 그대로 따라가는 거지요.

이성적인 판단이 되지 않기 때문에 자기네 생각이 다수라고 밀어 붙여 권력독재를 한다는 말입니다.

정권과 청와대가 벤치마킹해서 만든 국민청원제도는 미국 대통령 오바마가 만든 '위더피플(We the People)'제도와 같습니다.

하지만 미국의 '위더피플'은 지금 청와대처럼 국민을 상대로 여론조작을 하지 않습니다.

미국의 '위더피플'은 국민생활에 관련된 행정부 문제에 관한 국민청원만 정식으로 할 수 있습니다.

행정적인 청원이 목적입니다.

미국의 좋은 제도인 '위더피플'을 따라 만들었다는 문 정권의 국민청원제도는 권력 독재에 악용하면 국민 분열만 조장하는 제도입니다.

법과 절차가 엄연히 있는데, 청와대에 몇 명 이상 건의하면 무조건 들어준다는 그 자체가 코미디 아닙니까?

또 정권한테 유리하면 받아들여 정치적으로 이용하고, 불리하면 묵살해버리는 제맘대로 제도입니다.

이런 정권이 나라를 책임지고 있다니, 국민들은 나오느니 한숨뿐입니다.

청와대 국민청원제도, 반대여론 압박하는 흑막수단인가?

국민 속여먹는 정권 나팔수 언론들

방송 : 2022년 9월 11일

국민들은 이 나라에 제대로 된 방송과 언론이 있는지가 의심스럽습니다.

정권과 야당까지 코로나를 빙자해서 전 국민들한테 현금을 얼마나 퍼줘서 표를 사느냐를 말하고 있습니다.

제대로 된 방송이나 언론이라면 분명히 따져봐야 하는 일입니다.

언론의 존재이유인 비판과 대안 제시는 처음부터 실종되었습니다.

선거 때 돈을 뿌리고 표를 얻고 나서 선거 끝나면 국민들은 직장에서 잘리고 세금폭탄을 맞을 수 있다는 것, 방송과 언론이라면 언급해야 되지 않습니까?

이 나라가 베네수엘라 처럼 될 수 있다는 말은 유튜버인 나밖에 할 수 없는 이야기입니까?

공짜 점심은 분명히 없다는 것을 선진국 경제전문가들이 경고

하고 있습니다.

그런데도 재난지원이란 명분을 내걸고 정치권이 돈을 뿌려 전 국민 갈라먹기를 합니다.

표 포퓰리즘으로 예상되는 문제점이나, 선거 후에 지원금이 지급된다는데 과연 실효성이 있을까 하는 의혹이라도 얘기해야 언론 축에 들지 않을까요?

하지만 공영방송이라는 KBS와 MBC, 뉴스채널은 한 술 더 떠서 대통령의 코로나 극복 운운 뉴스를 으레 저녁뉴스 첫머리 톱으로 보도합니다.

대통령이 식목일 행사 때 코로나 극복 노력을 당부하는 말이 그렇게 대단한 이슈입니까?

요즘 무늬만 공영방송인 KBS와 MBC는 군사정권 시절에는 저녁 9시 '땡' 시작하면 전두환 대통령을 이처럼 톱으로 보도했습니다.

그때 하던 버릇을 몇 십년이 지난 요즘 선거 때에 맞춰 또 방송합니다.

그러면서도 왜 코로나 펜데믹 사태가 터졌을 때 왜 국경 폐쇄를 하지 않는가 하는 의문은 다루지 않습니다.

확진자와 사망자가 기하급수적으로 증가했을 때 이 방송들은 그 문제를 거론조차 하지 않았습니다.

그때 국민들의 분노가 하늘을 찌르지 않았던가요?

그때부터 이것도 보도했어야만 여론을 제대로 반영한 방송을 하는 겁니다.

사실 그 때 중국과 국경을 즉시 폐쇄한 대만은 사망자가 두어 명에 불과했고, 같은 조치를 취한 몽골은 사망자가 한 명도 나오지 않습니다.

정권에 잘 보이려고 의도적으로 사실보도도 현장보도도 하지 않는 방송 언론은 정권의 나팔수이자 시녀일 뿐입니다.

이렇게 권력에 붙어사는 방송과 언론이니까 국민들은 이를 기생방송, 기생언론이라 부릅니다.

즉 일부 언론을 그 옛날 술 따르고 사람들 비위만 맞추는 기생 수준으로 볼 수밖에 없습니다.

그렇다 보니까, 일부 방송이나 언론인은 결국 권력 잡은 변호사, 법조 출신 정치인의 뒤치닥거리나 하는 처량한 존재가 되고 있습니다.

이번 4,15선거에서도 방송 언론의 편파여론 전달로 국민 귀를 멀게 하고 눈이 안보이게 여론을 오염시켰습니다.

현 정권은 여론독재를 하기 위해서, 지난 3년 동안 방송과 언론을 장악해 이 나라 방송과 언론 구조를 바꿨습니다.

우선적으로 이 정권의 충성스런 하수인을 KBS와 MBC, 또 뉴스채널 YTN과 연합뉴스 사장으로 임명했습니다.

선거일이 가까울수록 국민들은 그래도 큰 방송이나 언론을 더 신뢰한다는 심리를 백 번 이용하려는 계획이었습니다.

권력에 빌붙어 임명된 사장은 정권 눈치를 보게 되지, 국민여론을 진솔하게 방송하지 않는 것은 당연한 것 아닙니까?

이들이 정권 입맛에 맞게 방송할 때는 그 잘난 전문성을 앞세워 국민을 눈을 속입니다.

우선적으로 방송에 내 보낼 이슈를 독점합니다.

국민은 별로 반기지 않는데도, 대통령 동정이나 정권 실세의 시시콜콜한 동정을 의도적으로 잘 포장해서 내보냅니다.

그들은 이것을 전문용어로 뉴스가치를 선정하는 게이트 키퍼(Gate Keeper) 과정을 잘 거친다고 그럴듯하게 말합니다.

이 과정에서 정권 입맛에 맞는 이슈가 선정되고, 그래서 정권의 생각과 같은 관점이 방송에 반영될 수밖에 없습니다.

코로나에 대해 이 정권의 구호가 "국민을 지킵니다" "코로나 전쟁에서 반드시 승리하겠습니다" 입니다.

이러니까 모든 방송과 언론이 코로나 극복에 포인트를 맞춰서, 있는 말 없는 말 다 갖다 붙여서 방송을 합니다.

대통령의 동정도 모두 코로나 극복에 맞춰 방송하니까, 결과적으로는 대통령도 합법적으로 선거운동을 지원하고 유세하러 다니는 것과 마찬가지가 됩니다.

방송과 언론도 덩달아 선거운동을 따라다니며 정권의 나팔수 역할을 합니다.

국민 속여먹는 정권 나팔수 언론들

그 과정에서 제1야당 정도는 구색용으로 끼워줘서 방송에 노출 시켜줄 때도 있습니다.

문제는 이런 때 야당은 말실수 같은 부정적인 것만 골라서 방송한다는 것이죠.

그러면서 여야에 공평하게 같은 시간을 할애해줘서 형평성과 중립을 지켰다고 둘러대지 않습니까?

이런 일부 방송, 언론인이 어줍잖은 전문성을 내세우는 것은, 결과적으로 공정한 선거를 망치게 하고 나라를 제대로 가지 못하게 하는 독소가 되는 것입니다.

왜냐하면 여론독재와 여론조작이 국민들의 판단을 헷갈리게 가장 큰 암적 요소이기 때문입니다.

최재형의 선택, 꽃길인가 독배일까

방송 : 2021년 7월 16일

최재형 전 감사원장이 국민의힘에 입당했습니다.

감사원장을 퇴직한 후 꽤 오랫동안 판세를 보고 심사숙고하며 저울질 한 것 같습니다.

부친의 별세가 결심을 굳히는데 큰 계기가 된 듯합니다.

흔히 그 나이 때 남자들은 세상을 향해 뭔가 결심을 할 때, 아무래도 부모와 가족들에 대한 무한 책임감이 가로막는 장벽 역할을 한다는 것은 여러분도 이해하실 것입니다.

얼마 전 홍용락TV에서 최재형 전 감사원장이 대선에 안 나설 것이라고 예측 방송을 한 바가 있습니다.

나름대로는 최 전 원장과 가까운 분께 취재를 통해서 나온 결론이었습니다.

그리고 그 방송이 최 전 원장께 전해졌습니다만, 가타부타 얘기가 없어서 저는 확신을 가졌습니다.

결과적으로 상황이 변했습니다. 이제 최재형 후보지요?

대통령이 되기 위해 국민의힘에 입당한 마당이기 때문에, 앞으로 국민의힘 안팎의 야권 대선주자 열댓 명과 어떤 식으로든지 경선을 해야 할 것입니다.

최재형 후보 입장에서는 경선과정에서 최 후보 지지자들이 바라는 대로 순조롭게 야권 대선후보가 되면 금상첨화겠지요.

그러나 그렇게 순탄하지는 않을 것 같습니다.

수많은 암초가 가로막고, 여러 고비도 분명히 있을 것 입니다.

우선 최재형 후보를 정권교체를 해줄 대선주자로 믿고 최근에 지지를 밝힌 분들이 많습니다.

문제는 이 분들이 최 후보가 국민의힘에 입당함으로써 지지를 철회하는 의견을 SNS에 많이 올리고 있습니다.

국민의힘에 대한 평소 실망감과 함께 이번 일로 이중의 실망을 느낀 분들입니다.

그렇지만 최재형 후보는 국민의힘 바깥의 대선 주자들과의 경쟁보다는 당 내부 후보들과 경쟁하는 것이 그나마 경선에서 승리할 가능성이 쉽다고 판단한 것 같습니다.

물론 내세우는 명분이야 야권의 플렛폼 정당 즉, 중심정당이기 때문에 안정적으로 대선 주자 경선을 위해서 국민의힘에 입당했을 것입니다.

최 후보는 조직과 인력기반 뿐만 아니라 낮은 인지도와 지지율 때문에 대통령선거를 정당 밖에서 독자적으로 치르기에는 현실적으로 어렵다는 판단을 했을 것입니다.

이는 본인 뿐만 아니라 지지자들과 지켜보는 국민들도 동의하리라 생각됩니다.

하지만 국민의힘에 가입했다고 최재형 후보의 취약점인 조직과 인력기반이 순식간에 확보되는 것은 아닙니다.

따라서 무엇보다도 그동안 정치판에서 견고한 판을 형성해온 국민의힘 당내의 유력 대선후보인 홍준표 의원과 유승민 의원, 원희룡 지사를 제치기는 쉽지 않은 문제 같습니다.

글쎄요, 더 지켜봐야 할 것 같다는 생각입니다.

국민의힘 유력 후보들이 대권 후보가 되는데 최 후보가 불쏘시게 역할을 할 수도 있을 것입니다.

최재형 후보에 대해서 국민들은 아직까지는 무결점인 도덕성

예상보다 일찍 대권도전 한 최재형 후보

최재형의 선택, 꽃길인가 독배일까

과 문재인 정권에 맞섰던 모습에 환호를 보냅니다.

많은 지지자들은 문 정권의 폭정으로부터 나라가 거덜 날 수도 있는 상황에서 정권교체의 희망을 조용하지만 단호한 카리스마를 갖춘 최재형 후보를 통해 이루는 꿈도 꿀 것입니다.

이제까지 국민의힘은 외부인사를 받아들이는 수혈을 할 때, 외부인사를 통해 내부를 분발시키는 역할인 소위 메기효과보다, 외부인사에 대해 국민들이 호응하는 단물만 빨아먹고 버리는 사례가 비일비재 했습니다.

최재형 후보도 그의 최대 약점인 조직이 없고 낮은 지지율과 정치경력이 일천한 것을 커버해 줄 것을 국민의힘에 기대하지만, 기대만큼 성과가 따라올 것 같지는 않습니다.

또 내부 유력후보들에 의해 잠식 당하지 않으려면, 국민들 호응도가 높아야 합니다.

아직까지는 국민들을 열광시킬 정도의 지지율이 없는 것이 또한 현실적인 과제입니다.

또 다른 문제는 내부 경선후보들과의 경쟁에서 살아남는다 할지라도, 외부의 야권 대선 주자들을 압도할 수 없다는 한계가 있습니다.

특히 그동안 월등하게 지지도에서 차이가 나는 윤석열 전 검찰총장과 비교해 봅시다.

국민이나 언론, 민주당 등 여권이 꼽는 대항마는 항상 윤 전 총장 다음 순서로 최재형 후보가 거론된다는 것이 객관적 사실입니다.

그래서 최 후보는 바깥에서 윤 전 총장의 벽을 뛰어넘을 수 없는 확장성 부족의 한계도 분명히 느꼈을 것입니다.

윤 전 총장이 장모 등 가족문제로 지지율이 떨어지지만 아직까지는 야권의 독보적 대선주자 아닙니까?

국민의힘에서는 최재형 후보가 자발적(?)으로 당내로 들어온 것이 외부의 야권 주자들인 윤석열 전 총장과 안철수 대표, 김동연 전 부총리 등을 초조하게 만들어 이들을 당내로 끌어들이는 촉진제 역할을 하는 정도로 생각할 수도 있습니다.

마치 마라톤경기에서 특정 선수를 우승시키기 위하여 같은 편 선수가 전력을 다해 앞서 뛰게 해서 이를 따라가는 유력한 경쟁 선수를 초반에 지치게 만드는 '페이스메이커'가 되리라 기대할 것입니다.

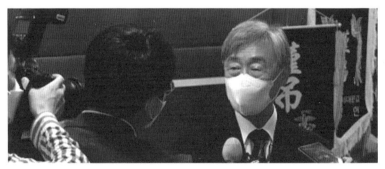

부친 장례때도 대권 불출마로 기움

최재형의 선택, 꽃길인가 독배일까

따라서 현재는 월등한 지지율이 없는 상황에서 국민의힘 조직의 도움을 얻어 지지율을 높이려는 최재형 후보가 당 내외의 경쟁 후보를 자력으로 앞서기는 현실적으로 불가능할 수 있습니다.

하지만 지지율에서 한참 앞서가는 윤석열 전 총장이 자충수로 중도낙마하게 되는 판도의 변화가 오는 행운이 따르면 선두주자로 치고 나갈 수 있는 변수는 충분하다고 하겠습니다.

하지만 아무리 내일도 모르는 정치판이라지만, 운칠기삼 (運七氣三)의 무모함은 상식이 아니라는 점을 염두에 두어야 할 것 같습니다.

최재형 후보가 기왕에 대선 레이스에 뛰어들었다면, 자신의 입지를 만들 수 있는 기회를 스스로 만드는 노력도 필요할 것입니다.

대선 기간 동안 최선의 노력을 다해서 대권을 거머쥐는 결과를 만드는 기회도 가질 수 있습니다.

여의치 못할 경우는 대선결과가 모두가 바라는 야권으로 정권교체가 이뤄질 경우, 총리 후보로도 모든 분들로부터 충분히 인정받고 있다는 사실을 염두에 둘 필요가 있습니다.

추경예산 흥정으로 홍남기 부총리의 정치적 목적 달성할 수 있을까?

방송 : 2021년 6월 8일

재정기획부 장관인 홍남기 부총리는 우리나라 정부 서열로 보면 3위입니다.

대통령, 국무총리 다음 서열입니다.

오늘의 요점은 경제부총리는 경제로 국민을 먹여 살리는 정책에만 집중해야 한다는 것입니다.

혹시나 정치적 목적으로 경제정책을 해나가면 국가나 국민이 얼마나 불행해 질 수 있을까 하는 염려를 같이 생각해보자는 겁니다.

현대사회는 경제가 경제만의 목적을 추구할 수 는 없다고 합니다.

경제도 정치적 상황과 목적을 연결해서 생각해야 한다는 것입니다.

그래서 경제분야의 학문도 정치경제학이란 분야가 각광을 받고 있지 않습니까?

그러나 문제는 국민이 내는 세금으로 봉급을 받는 공직자가 정치적 상황을 핑계로, 그것도 개인의 정치적 목적을 위해 집권세력과 야합하는 것이 문제입니다.

이렇게 될 때, 공직자의 자세가 문제될 뿐 아니라 국민으로부터 지탄을 당연히 받아야 한다는 것입니다.

그래서 경제부총리는 대통령이나 정치적으로 집권한 사람들이 임명한다지만 근본적으로 대통령보다 국민을 위해 일해야 합니다.

홍남기 부총리가 진정으로 국민을 위해 헌신하는 입장인가?

아니면 정권 잡은 사람들의 하수인으로 앞장서서 그들 비위를 맞추는 경제정책을 해나가는 사람인지에 대한 논란이 4년 가까이 있어 왔습니다.

곧 2차 추경을 여당이 추진할 것 같습니다.

이번 기회가 경제부총리로서 그가 국민을 위해 국익을 위해 노력했는지, 정권의 하수인으로서 자신의 정치적 목적을 위해 살았는지를 냉정하게 판단을 할 수 있는 기회일 것 같습니다.

국민들에게는 홍 부총리가 지금까지 이 문제에 대해 판단이 잘 서지 않게 처신을 해 왔다고 느껴지고 있습니다.

작년 3월 1차 추경편성을 위해 민주당과 당정협의를 하면서 소상공인들의 어려움을 얘기하는 과정에서 울먹이는 모습을 보여 국민들이 가슴을 촉촉히 적시기도 했습니다.

그러던 분이 코로나 정국을 거치면서 대정부 질문에서 야당 의원들의 방역문제 등의 공세에 정권에 앞장서서 육탄방어를 하기도 했습니다.

이렇다 보니까 내년 6월4일 강원도 지사 공천을 받으려고 한다는 얘기도 나왔습니다.

그래서 논란이 되는 경제정책에 있어 소신껏 주장하다가도 금방 여권의 분위기에 따라 자신의 주장을 곧바로 바꾸어 "홍두사미" "홍백기"라는 별명도 듣는다고 합니다.

지금 추진되고 있는 2차 추경이 홍남기 부총리의 소신과 공무원으로서 국민 앞에 봉사하는 자세를 바로 평가할 수 있는 기회가 될 것이라는 것이 중론입니다.

지금 우리나라는 코로나 팬더믹이란 세계적인 재앙을 만나 경제가 휘청거리고 있습니다.

그래서 정부는 1차 추경을 해서 작년 5월 각 가구당 100만원씩 재난지원금 14조 3천억원을 시작으로, 올 3월 4차 재난지원금 지급까지 총 42조 4천억원을 집행했습니다.

그럼에도 정부여당은 이번에 30조원 이상 규모인 2차 추경을 또 하자고 해서 6월 국회에서 통과시키려 하고 있습니다.

지급 시기도 여름철 휴가 때 부터 추석 전까지 하자고 합니다.

또 그 지급대상도 국민 1인당 30만원씩 보편적 지급을 하자는 안이 유력합니다.

표면적으로는 지급 시기와 대상을 이렇게 잡은 것을 보면 2차 추경의 목적을 백신접종 증가로 활성화 되어가는 국민경제에 윤활유 역할을 해야 한다는 이유입니다.

그러나 본심은 내년 3월 대선을 앞두고 국민들의 환심을 사고자 그 시기를 휴가철과 추석을 목표로 하고, 또 전 국민을 대상으로 현금을 뿌리자는 것 같습니다.

전에도 지난 4.15총선을 앞두고 작년 3월 국민 전 가구 100만원씩 지급을 공식화했습니다.

또, 올해 4.7서울 · 부산 시장선거 직전 4차 재난 지원금 19조 5천억원을 지급한 전례로 보아, 재난지원금을 선거 대비용으로 사용한다는 의구심은 웬만한 사람은 알아챌 수 있을 것입니다.

홍 부총리도 추경을 짜서 재난지원금을 선거 대비용으로 사용하는 데는 이의를 제기하지 않는 것 같습니다.

이 코로나 경제에 어려운 국민들에게 지원금을 지급할 수 있으면 할수록 좋다고 생각하지 않을 사람이 어디 있습니까?

문제는 홍 부총리가 5차 재난지원금 예산을 별도의 국채를 발행하는 것이 아니라 이번 1분기에 더 걷힌 국가세금 19조원을 사용한다는데 있습니다.

또 전 국민을 상대로 보편적 지급을 하는 것이 아니라, 어려운 자영업자들에게 그동안의 손실 보상금을 포함하여 선별적으로 지급한다고 합니다.

부총리가 추경을 위해 별도의 국채를 발행하지 않고, 1분기에 부동산 세금폭탄 (종부세, 증여세, 상속세 등)으로 걷어들인 세금과 증권거래세 등 소위 일종의 불로소득으로 충당한다는 것은 긍정적 명분이 될 수도 있습니다.

또 잘 사는 사람한테 세금폭탄이지만 많이 거둬서 코로나로 고통 받는 국민들한테 나눠주자는 것은 명분상 어느 정도 동의를 받을 수 있습니다.

하지만, 여기서 지켜봐야 할 것은 여당과 집권세력이 추경을 선거용으로 활용하자는 분명한 목적을 가지고 추진하는데, 홍 부총리가 과연 나라경제를 생각해서 꼭 필요한 데만 선별적으로 지원하는 주장을 끝까지 관철할지가 의심된다는 대목입니다.

지금까지 홍 부총리는 국민을 위한다고 주장만 하다가 여권 실력자가 압력 비슷한 큰 기침을 한 번 하면 슬그머니 꼬리를 내렸습니다.

사표를 몇 번 내던 것이 이번엔 쇼가 아니길 바랍니다.

또 하나 생각해야 할 점은 적어도 국가경제를 책임져야하는 경제부총리의 안목은 개인보다는 사회, 사회보다는 국가가 먼저이어야 하지 않겠습니까?

이번에 추경을 해서 재난지원금을 주자는 것에 논란이 되는 것은 1분기에 더 걷힌 세금을 사용하는 문제입니다.

국가재정법에는 쓰고 남은 세금은 나라 빚을 갚는데 먼저 써야 한다고 규정되어 있습니다.

현실적으로도 우리나라는 국가부채가 965조 9천억원이어서 1000조 가까이 빚을 지고 있는 상황입니다.

4년 전 현 정권이 출범할 때 우리나라 국가채무는 660조였습니다. 그동안 300조가 기하급수적으로 늘어난 것이죠.

더 쉽게 표현하면 빚내서 마구 뿌렸다고 하겠습니다.

이렇게 함으로써 국내총생산 대비 국가채무비율이 벌써 48.2%로 높아졌습니다.

IMF 외환위기를 피눈물 나게 겪은 나라에서, IMF가 우리나라의 적정 국가채무비율이 43.5% 라던데 말입니다.

무슨 근거로 말하는지 이해할 수 없지만 대통령까지 나서서 국가채무비율을 60% 이상 올려도 된다고 재정 확장하고 돈 더 쓰

유의동 의원이 홍남기 총리에게 강원도지사 출마여부 질문

라고 닦달(?)을 합니다.

미국달러 같은 기축 통화국은 돈을 찍어내니까 방어가 가능하지만, 우리는 달러가 바닥이 나면 그날로 국가파산에 이를 수도 있습니다.

이렇게 이번 2차 추경에서 재난지원금을 19조 내지 30조를 풀면 국민총생산을 1% 내지 1.5% 끌어올리게 됩니다.

그렇게 되면 그 만큼 시중에 돈이 풀리고 물가가 뛰어 인플레이션이 필연적으로 닥칩니다.

국민들은 이 사실을 잘 알고 있는 홍 부총리가 어떻게 처신할지 지켜보고 있습니다.

국민들은 정치인들은 정권을 잡아 그 시절을 누려보고 싶은 게 권력의 속성이라고 이해합니다.

그래서 어느 정치인이 어느 날 법무부 장관이 되면 자기편 검사들을 무조건 승진시킵니다.

범죄혐의가 있다고 기소된 사람까지도 승진시킵니다.

그리고는 이렇게 말합니다.

"법과 헌법체계에 따라 승진시켰습니다" "승진시키는데 사적인 감정은 1그램도 없었습니다"

그 말을 듣는 국민의 마음은 어떻겠습니까?

대놓고 말은 못하지만, 얼마나 가슴이 쓰리겠습니까? 속이 쓰려도 정치인이 하는 일이니까 하고 스스로 위로합니다.

그러나 내가 내는 세금으로 월급 받는 공무원이 국민을 위해 일하지 않고, 임명자 입장만 따라갈 때 지켜보는 국민은 달라질 수도 있습니다.

홍 부총리는 평소에 노자의 도덕경에 나오는 "만족함을 알면 욕됨이 없고, 멈춤을 알면 위태함이 없어 오래갈 수 있다는 '지지지지(知止止止)'를 말하는 분"입니다.

더구나 4차 재난지원금의 선별 지원을 주장하며 직을 걸었다는 분입니다.

이 상황에서 '홍 부총리의 2차 추경으로 이뤄지는 5차 재난지원금의 처리는 본인의 강원도지사 공천을 염두에 두고 처리할 것' 이라는 판단이 무지한 국민의 소치이길 바랍니다.

트럼프 대통령과 아베 총리의 호구가 된 우리 대통령

방송 : 2019년 6월 5일

미국 대통령 트럼프나 일본의 아베 총리는 문재인 대통령을 약간 무시하는 것 같습니다.

동맹국 대통령한테 이런 홀대를 받으니 국민들은 서운함 보다, 대통령 처신에 대해 푸념부터 나옵니다.

한 번쯤 생각해 봅시다.

대통령끼리 통화내용이 외부에 공개되었다고 오히려 문 대통령 측에서 문제를 제기를 합니다.

자유한국당 강효상 의원이 트럼프 대통령과 문재인 대통령이 전화통화한 내용을 어떤 외교관으로부터 알아낸 것이 외부에 알려진 것이 발단입니다.

문제는 기밀이었고, 문 대통령이 트럼프에게 일본 오는 김에 한국까지 와달라고 통사정 하는 내용이라는 것입니다.

지금까지는 문 대통령이 거만한 듯한 미국 대통령 트럼프한테도 고개 숙이지 않아서 젊은 사람들로부터 얼마나 인기를 얻었습니까?

결국은 국민들 인기만 생각해서 코스프레를 했던 것 같습니다.

당황한 이 정권은 그 외교관을 국가기밀 누설이라는 죄목을 씌워 파면까지 했다고 합니다.

국민 입장에서는 이건 좀 과한 처벌이라고 생각합니다.

자기편은 같은 일을 해도 감싸고, 다른 편은 모두가 나서서 비난합니다.

전에 국회의원 정청래 씨는 MBN에 출연해서 대통령과 통화한 사실을 청와대의 비밀자료라고 하면서 방송에 발표한 적도 있지 않습니까?

그 당시 당황한 사회자 배철수 씨가 비밀을 공개해도 되느냐고 물을 때, 자기가 그 정도는 인정받는 수준이라고 은근히 목에 힘을 주던 모습을 많은 시청자들이 본 적도 있습니다.

이번 사건을 통해 보면 국민들한테는 동맹국 대통령한테 큰 소리를 친다고 하면서 실제는 상호 비호감을 가지고 있나 봅니다.

특히 트럼프와 아베는 호혜관계인데, 이들 두 대통령과 문 대통령 사이는 비호감 관계 같다는 것입니다.

이들에게 문 대통령에 대한 비호감이 크면, 우리와 관계되는 동맹국 국민들 까지도 패싱, 즉 무시 당할 수밖에 없는 것이 현대 국가 간의 외교관계입니다.

동맹국 대통령들만 아니라 주변의 모든 나라 지도자들이 문 대통령을 가까이 하려고 하지 않는 것 같습니다.

심지어 얼마 전에 북한 김정은이 하노이서 트럼프에게 꼼수 부리다 한 방 먹지 않았습니까?!

그래서 김정은 비서실장 역할을 했다는 비난을 받으면서도 계속 도와준 문 대통령과 우리를 겨냥해서 김정은이 미사일을 쏘고 화풀이를 했지 않습니까?

깜짝 놀란 문 대통령이 쌀 주고, 개성공단 열어준다고 해도 그 정도는 양이 차지 않아서 필요 없다고 손을 내젓고 있습니다.

문 대통령이 주변 국가 대통령들에게 무시당하는 이유는 두 가지 입니다.

첫째는 문 대통령이 자신의 이념 프레임, 즉 본인의 이데올로기에 갇혀 있다고 할 수 있습니다.

국민들이 잘 먹고 잘 사는데 앞장서야 하는 것이 대통령인데 그렇지 못하다는 겁니다.

오히려 본인이 갖고 있는 좌파 이념을 구현하기 위해 표면적으로는 인간이 존중 받는 사회를 만들겠다는 주장을 반복합니다.

그 인간존중 받는 세상이라는 것이, 끝까지 약자 편(?)만 골라 받드는 게 문제라는 거죠.

한 나라 대통령은 국민 모두를 잘 살리면서도 약자도 보호해야 합니다만, 있는 사람 것 빼앗아 없는 사람들한테 주는 정책에만 집착합니다.

베네수엘라 대통령 차베스와 마두르가 그런 정책을 펼치다가 결국 지구상에서 나라가 사라질 지경까지 만들고 말았습니다.

문 대통령이 주변 나라 대통령에게 무시당하는 두 번째 이유는, 한 나라의 대통령으로서 그 나라 국가이익을 최우선 하는 정책적 자세가 부족하다는 것입니다.

트럼프가 일본에 3박4일 머물면서 하루 종일 아베와 같이 놀면서 시간을 보냈습니다.

골프는 트럼프가 취미라니까 그렇다 치고, 또 스모경기는 미국에는 없으니까 신기하기도 했겠지요.

노바다야끼를 먹는 것은 체중조절 때문에 햄버거를 즐겨 먹는다는 트럼프한테는 뭐가 신나는 일이겠습니까?

그렇지만 그렇게 하는 가운데 일본에 주둔하는 미군문제도 풀리고, 일본과 미국의 무역공조도 이뤄지고 있지 않습니까?!

그러나 정작 문 대통령이 일본 오는 김에 잠깐 한국 들려달라고 통사정한 트럼프는 미국으로 돌아가 버렸습니다.

다음에 방한한다 해도 지난 4월에 워싱턴에 찾아간 문 대통령을 단 2분 회담한 것과 같은 만남이 될 것은 뻔할 것 같습니다.

이렇게 트럼프는 정상들끼리 만나기만 하면 미국 이익을 챙기고 있지 않습니까?

미국 국민들이 처음에는 계산 속 빠른 트럼프의 인품을 비난하는 사람들도 있었지만, 지금은 중국과 무역전쟁을 통해서 미국의 이익만 챙기는데 누가 트럼프에 반기를 들겠습니까?

문 대통령이 미국의 트럼프 대통령과는 이제는 건너올 수 없는 강을 넘은 것이 확실합니다.

그나마 한국 눈치를 조금 보는 일본의 아베와도 강제징용 피해자나 위안부 문제 같은 과거사를 들추어 공세만을 하니까 멀어지기만 합니다.

우리 국민들 중 일본을 좋아하는 사람은 많지 않습니다.

그럼에도 문 대통령은 국내 정치에 이용하기 위한 속셈으로 위안부, 강제징용 같은 과거사 들추기에 매몰되어 있습니다.

문 대통령의 현 정권은 일본과 무조건 대척관계로 지내야 지지자들에게 박수를 받는다는데 올인 합니다.

이것이 이른바 좌파 프레임 아니겠습니까?

분명히 알아야 할 사실은, 현재도 앞으로도 트럼프와 아베는 문 대통령을 패싱할 겁니다.

대통령이 이념적 문제와 국가이익을 챙기는데 소홀하기 때문에 무시당하니까 자존심이 상하겠죠.

그러나 대통령이 개인을 떠나 다른 국가지도자와 대승적인 관계를 유지하지 못하면, 피해보는 것은 그 국가와 국민입니다.

문 대통령은 임기 동안 국가와 국민을 위한 대통령이 되기 위해서 몇 가지 개선이 있어야 합니다.

트럼프 대통령과 아베 총리의 호구가 된 우리 대통령

우선 우리 우방국가를 적대시 말아야 합니다.

노골적으로 비토도 하지 말아야 하지만, 겉과 속이 다른 이중적 태도를 지양해야 합니다.

2017년 문 대통령이 트럼프 대통령을 초청했습니다.

이 때 청와대서 만찬을 마치고 돌아가는 길에 세종문화회관 앞에서 민노총 반미 시위대가 습격을 해서 물병과 쓰레기를 트럼프가 탄 차에 던졌습니다.

트럼프가 얼마나 급했으면 신호를 무시하고 반대편으로 역주행 했겠습니까?

또 청와대 만찬에서는 일본과 좋은 관계에 있는 트럼프한테 굳이 독도 새우라는 음식을 내놓았습니다.

일본에서 지켜 본 아베와 일본 국민들이 문 대통령을 어떻게 봤겠습니까?

트럼프와 통화할 때 앞에서는 당당한 척하면서 뒤에서는 꼼수(?)를 보이는 이 정권의 이중적인 태도를 보면서, 트럼프나 아베가 문 대통령에게 우호적으로 나오기는 쉽지 않을 것입니다.

두 번째, 우리나라는 미국과 일본과는 동맹관계를 맺고 있기 때문에 동맹국으로서 최선의 노력과 자세를 보여줘야 합니다.

일본과도 한일군사보호협정을 맺고 있어서 우리가 접근 못하는 북한에 대한 요긴한 정보를 얻습니다.

트럼프와 아베는 현재 문 정권과 김정은이 이념적으로 비슷하다고 생각하나 봅니다.

그래서 이 정권이 집권한 대한민국을 안보공동체로서 돕자는 생각이 없는 것 같습니다.

문 정권은 동맹국과 공조를 하는데 있어 자주 엇박자를 놓습니다.

사드배치 문제만 하더라도 아직도 중국눈치를 보고 있고, 민노총 같은 시위대를 방관하며 아직도 제대로 배치를 못하게 하고 있지 않습니까?

사드를 배치해 놓으면 미국에만 이익입니까?

결국 우리가 중국한테 큰소리 칠 수 있다는 생각을 해야 합니다.

셋째, 문 대통령이 동맹국인 미국과 일본 국가지도자과 관계개선을 원한다면, 북한 김정은과 밀착된 관계를 정리해야 합니다.

트럼프나 아베는 문 대통령을 넘어서도 김정은과 좋은 관계를 가질 수 있습니다.

미국과 일본이 지하자원이 많은 북한의 김정은과 좋은 관계를 가져 자기네 나라의 경제적 이익을 먼저 챙기겠다는 심산이 있습니다.

또 G2 반열에 선 중국과 러시아를 견제하기 위해서도 지정학적으로 북한 김정은과 직접적인 관계를 가지는 것이 유리합니다.

김정은도 자기네 체제만 보장해 준다면 언제든지 미국, 일본과 손잡을 수 있습니다.

중국도 북한의 김정은에게 이념적, 역사적으로 동맹관계를 앞세워 미,일과 대립하게 만듭니다.

이런 구도에서 문 정권은 동맹국인 미,일과는 소원해지고, 북한 김정은과 필요 이상으로 가까워져 얻는 이익이 별로 없습니다.

오히려 동맹국으로 부터 배척당할 수도 있습니다.

우리는 국제사회에서는 그 나라 대통령이 옳은 판단을 하지 못하면 국민이 불행해 지는 결과가 온다는 것을 많은 나라의 예를 통해 보아 왔습니다.

나라 망조 예감되는 미군철수 징조

방송 : 2019년 1월 27일

'일반인의 특별한 뉴스 홍용락의 레이져뉴스' 시작하겠습니다.

민족 고유명절인 설 기간이어서 몸과 맘이 많이 분주하시겠습니다.

우리들은 이맘 때면 가족 친지들이 모여 여러 얘기를 많이 나눕니다.

그 중에서도 나라 걱정들을 빼놓지 않고 하실 겁니다.

이번 설에는 모두가 걱정을 많이 하셨을 겁니다.

우선 먹고 살기가 누구든 좋아진 사람이 없을 것입니다.

또 자식들 취직 걱정도 빼놓을 수 없을 거 같고요.

아무튼 한숨만 나오는 명절입니다.

그 무엇보다도 힘든 것은 나라 앞날이 암담하다는 것입니다.

지난 번 홍용락의 레이져뉴스에서 미군철수가 임박할 수 있다고 한 번 예상을 했습니다.

미군철수 예상을 반신반의 하는 국민들이 많습니다.

60년을 동맹으로 지켜온 미군이 그렇게 쉽게 나가지 않을 것이다 하는 분들도 있고요.

한국에서 미군 2만2천명을 철수시킬 경우에는 미국 의회의 사전 승인을 받도록 되어있습니다.

현재 한국의 문재인 정부와 관계가 좋지 않은 트럼프라도 쉽게 결정할 수는 없을 것입니다.

이와같이 생각하는 것이 많은 우리 국민들의 바람일 수 있습니다.

하지만 언젠가 미군철수는 분명히 이뤄질 것도 같습니다.

전면 철수가 이뤄지지 않더라도 감축은 분명히 할 것 같은 생각입니다.

여기서 불안한 상황이 벌어질 수 있습니다.

만약 주한미군 감축이 전투병과에서 이뤄질 경우, 현재의 주한미군 2만8천5백명 중 8천명 정도인 전투병이 철수하면 실제적인 미군 철수가 이뤄진 것이라고 볼 수 있습니다.

8천명의 전투병도 가까운 오키나와에 장기훈련을 위해서 이동하면 미국 의회의 승인이 필요 없이 철수가 가능합니다.

문재인 정부가 한미 합동군사훈련을 못하게 하니까 미군이 군사훈련을 위해 자기네 기지가 있는 가까운 오키나와로 가는데, 이의를 제기할 사람이 없습니다.

나머지 비전투병과는 군사협력단 수준인데 우리나라에 주둔해 있다 한들 북한과 중국에 무슨 위협수단이 될 수 있겠습니까?

베트남이 공산화 될 때 미군 전투부대가 떠난 후 군사고문단이 남아 있었지만, 삽시간에 월맹군이 남 베트남을 무력으로 접령했습니다.

미군 군사고문단은 베트남이 장악된 후 비행기로 귀국했습니다.

며칠 전 미국과 아프가니스탄 반군인 탈레반이 평화협정 초안에 합의하고 아프간에 주둔 미군을 18개월 이내에 철군시킨다고 합니다.

2001년 10월 9.11 테러에 대한 보복으로 미군이 아프간을 침공한 이후 18년 만에 미군 철수가 가시권에 들어온 것입니다.

주한미군은 한반도 안보와 직결

나라 망조 예감되는 미군철수 징조

이 뿐이 아니죠. 트럼프 대통령은 작년 12월 시리아에 주둔한 미군의 철군 결정을 내렸습니다.

군이 철군의 명분이라면 자국의 이익이 없는 곳에서는 미군 철수는 언제든지 할 수 있다는 것을 보여준 단적인 사례입니다.

우리라고 예외는 아니지 않습니까?

주한미군 철수가 앞에서 얘기한 것처럼 미국 의회 승인을 얻는 복잡한 문제가 아니더라도, 트럼프나 문 대통령의 결정에 따라 한 순간에 언제든지 할 수 있는 근거는 예상 외로 쉽습니다.

주한미군 철수의 근거는 한미방위조약 제6조에 "어느 당사국이든 타 당사국에 통고한 후 1년 뒤에 본 조약을 중지시킬 수 있다."고 돼 있습니다.

이 얘기는 한국이 미국에게 나가라고 하든, 미국이 한국에 있을 필요가 없다고 하든, 어느 한 쪽에서 통보만 하면 1년 뒤에 끝낼 수 있다는 뜻입니다.

문 대통령이 국민들 생각과는 반대로 미군철수를 조장하고 있는 분위기가 있다고 주장 하는 것도, 이런 근거가 바탕에 있기 때문이기도 합니다.

문 대통령은 김정은의 핵 위협을 핑계로, 또는 한반도 평화통일을 위한 명분으로, 김정은과 트럼프의 정상회담을 주선하면서 북한의 경제적 어려움을 도와주자고 제안 했습니다.

미국이 북한을 도와 줄 때는 공짜로 도와주는 것이 아니라는 것도 잘 알면서 말이지요.

미국이야 북한이 핵 미사일을 미국 땅에는 쏘지 말라는 것이 우선적인 조건이겠죠.

한편 미국은 북한의 지하자원이 욕심 날 것입니다.

이런 표면적인 이유 이외에도 미군이 북한지역에 일정 규모 주둔한다든지, 아니면 북한의 협조를 얻어 중국을 견제하는 어떤 결과를 만들어 내는 것이 미·북 협력의 우선순위겠지요.

문 대통령이 미국과 별로 우호적 관계를 유지하고 싶지 않아하는 것은 주지의 사실입니다.

미군이 한반도 주둔하는데 드는 방위비 부담 협상을 하면서도 천 몇 백억을 가지고 국가 자존심 운운하며 트럼프 대통령과 맞대응을 합니다.

일반국민들이야 미군이 우리를 지켜 주기 위해 와있는데, 문 대통령이 천 몇 백억원을 가지고 미국과 충돌하는 것이 이해가 되지 않습니다.

문 대통령은 국민들 생각과는 정반대로 미군이 한반도에 주둔하는 걸 크게 반기지 않는 것 같습니다.

문 대통령의 생각은 미국이 북한을 경제적으로 조금 도와주고 한반도에서 조용히 물러나기를 내심 기대하고 있는 것 같습니다.

한국에서 미군이 철수나 감축을 하게 되면서, 북한과 우리가 새로운 정치체제가 논의되길 기대하는 것 같기도 합니다.

여기저기서 말하는 남북한연방제 의도가 아닌가 싶기도 합니다. 또한 미국이 벗어난 자리를 대신해서, 중국과 경제적 군사적 관계를 가지기를 내심 바라고 있지 않나 하는 생각도 듭니다.

문 대통령 집권 후 이제까지 미국과는 불편한 관계가 진행된 반면에, 북한과 중국과는 우호적이다 못해 굴종적인 협력관계가 되고 있는 것이 이와 같은 생각을 반증한다 할 수 있습니다.

문 대통령이 미국을 무시하는 것은 믿는 중국이 있기 때문일 수도 있습니다.

반면에 미국 입장에는 문 대통령을 상대할 필요가 없는 존재이기 때문에 무시한다고 할 수 있습니다.

문 대통령 입장에서는 2022년이 될지 모르지만 전시작전통제권의 단독행사를 결정하는 무리수를 둘 수도 있습니다.

그렇게 되면, 유엔사와 한미연합사가 해체되고 미군이 한국군의 지휘를 받게 되는 상황이 오게 됩니다.

미군은 중국 견제가 필요하지만 우호적이지도 않은 한국에게 이런 수모를 감수하지는 않을 것 같습니다.

중국 견제를 위해서라면 차라리 일본의 기지로 근거지를 옮기는 것이 더 편리할 것입니다.

촛불민심을 업고 엉겁결에 만들어진 이 정권은 한반도 평화를 위한 주변국들과 관계설정을 국민들 뜻과는 정반대로 해나감으로써 외교안보적 시행착오와 갈등을 반복하고 있습니다.

미국과의 갈등으로 미군이 철수하게 되면 국제 금융자본들의 한국 철수가 도미노현상으로 따라오면서 1998년에 겪었던 외환위기가 다시 찾아올 것입니다.

우리 경제까지도 동반해서 침체에 빠질 수 있는 것입니다.

그 상황에서 문재인과 좌파 정권은 미국이 빠진 이 나라의 안보와 경제위기를 중국에 의존하려고 할 것입니다.

구체적인 예가, 기발표된 2018년도 국방백서에서 '적극적인 남북군사합의 이행 이외에 전시작전통제권 조기 환수 노력'을 강조했습니다.

이것은 문재인 정권이 미국은 제외시키고, 중국을 등장시켜 한반도 통일을 이루자는 흑심이 아니길 가슴 졸이며 바랍니다.

홍준표 '무야홍'에서
'무대홍'이 되기엔 2% 부족

방송 : 2021년 9월 13일

요즘 야권 대선후보 경선국면에서 눈에 띄는 점은 소위 홍준표 돌풍입니다.

그동안 문 정권에서는 홍준표 후보가 대통령에 나서면 무조건 고맙고 이길 수 있다고 해서 "홍준표 나서면 땡큐"라는 '홍나땡'이 불려지기도 합니다.

이제는 홍준표 후보가 야권 경선에서 그동안 철옹성 같았던 윤석열 후보의 지지율을 오차범위 내로 따라 잡았다고 합니다.

한 여론조사(리얼미터조사, 오마이뉴스 의뢰)를 인용하면서, 야권 후보들만 조사했을 때는 홍준표 32.6%, 윤석열 25.8%로 윤 후보를 6.8% 앞서는 1위를 차지해서 무조건 야권 후보는 홍준표가 되어야 한다는 '무야홍'이 현실화 될 것 같은 조짐을 보이고 있다고 전망합니다.

홍준표 후보도 '무야홍'에 만족하며 내친김에 '무조건 대통령은 홍준표가 된다'는 젊은이들이 쓰는 '무대홍'으로 직행하고 싶은 욕심을 숨기지 않고 있습니다.

홍 후보는 지난 번 19대 대선에서 문재인 후보에게 17% 참패를 한 후 재수를 하면서 도전하는 입장이니까, 대통령이 간절히 되고 싶겠지요

그래서 여권의 지지율 1위인 이재명 후보가 한참 전에 홍 후보 자서전에서 "돼지발정제" 얘기를 쓴 것을 가지고 '성폭행 자백범이다' 라며 견제구를 던져도, 대통령이 되기까지는 어떤 모욕도 참겠다고 절치부심하면서도 여유를 보입니다.

이 대목에서 홍준표 후보가 왜 이렇게 야권 후보로 급상승하는지 그 원인을 찾아보면, 무엇보다 먼저 본인이 정치적으로 변하지 않고, 일관성 있는 주장과 표현을 한다는 것일 겁니다.

홍 후보가 국민을 상대로 공약이나 주장을 한 것을 보면 원래 소신을 잘 바꾸지 않습니다.

예를 들어, 19대 대선 때 자신이 주장한 "사법시험 부활" "사형제 부활" 등이 이번 선거 이슈로도 부각되고 있습니다.

한 때는 국민들이 싸게 법적인 도움을 많이 받기 위해서는 변호사를 많이 배출해야 하기 때문에, 사법시험을 폐지하고 로스쿨을 만드는 것이 좋다고 많은 국민들이 찬성했습니다.

요즘 젊은 사람들은 이 로스쿨에 권력과 돈 있는 집 자녀들만 들어가는 제도로 보면서, 부모찬스 못 받는 젊은이들은 '개천에서

홍준표 '무야홍'에서 '무대홍'이 되기엔 2% 부족

용 날 수 있는' 사법시험제도의 부활을 오히려 선호한다는 것이죠.

사형제 부활도 마찬가지 아닙니까?!

인권을 중요시 하는 현 시대에 사는 사람들이라면, 아무리 죽을 죄를 지었더라도 사람의 목숨을 중시해야 된다는 점에서 사형제 폐지가 일반적인 여론으로 성숙되고 있습니다.

그러나 도덕적으로 지탄 받는 패륜범죄가 자주 발생하는 상황이 증가일로에 있음에도 이 정권은 어줍잖게 말끝마다 인권 존중 운운 합니다.

그래서 과단성 있게 사회질서를 바로잡는 방법으로 사형제도 부활을 주장하는 홍준표 후보한테 매력을 느끼는 것 같습니다.

이 외에도 여권의 유력 후보인 이재명 후보의 후안무치한 인간성과 도덕성 문제가 제기되는 것도 홍준표 후보에게는 반사이익이 되고 있습니다.

한편 이 정권이 맞설 상대로 가장 부담을 느끼는 야권 선두주자 윤석열 후보를 전체 정보기관과 여권이 총동원되어 견제를 합니다.

또 윤석열 후보에 대해 사실 확인이 안 되는 문제들을 정권 나팔수 언론을 동원해 왜곡 전달하니까 국민들은 그럴 수도 있겠다, 아니 땐 굴뚝에 연기 나랴 등등으로 윤 후보에 대한 실망 여론이 커집니다.

상대적으로 홍준표 후보에 대한 기대가 반사이익으로 상승하는 듯합니다.

홍준표 후보는 개인적인 매력도 분명히 있습니다.

경상남도 지사 시절 아무도 못하는 진주의료원 폐지 등을 해내는 과단성과 솔직하고 직선적인 표현도 이제는 친근감과 기대로 바뀌고 있는 듯합니다.

이것뿐이 아닙니다.

그동안 정치를 오래 하면서 정치, 경제, 안보 등 국정경험이 풍부하고 세상 민심과 호흡하는 방법도 알고 있기 때문에, 겉으론 강하지만 실제는 유연한 내공이 쌓인 정치인으로서 대권을 잡으면 나라를 안정되게 이끌어갈 것 같다는 기대도 있습니다.

문제는 지금 상태로 보면 모든 것이 순탄하게 진행되어 '무야홍'에서 '무대홍'으로 직행할 것 같은데 그렇게 쉽게는 될 것 같지 않습니다.

여러분은 어떻게 생각하십니까?

세상살이나 정치세계는 나만 있는 게 아니라 주변에 상대가 있는 것 아니겠습니까?

홍준표 후보가 '무야홍'을 넘는 것도 사실은 쉽지가 않을 것 같습니다.

바로 윤석열 후보라는 장벽입니다.

여론조사에서 경쟁력에서 윤석열 후보는 여권의 이재명, 이낙연 후보와 1:1 경쟁에서 이기거나 비등한데, 홍준표 후보는 1:1

경쟁에서 아직은 큰 차이로 뒤지고 있습니다.

이 차이가 무엇을 얘기하는 것일까요?

본선 경쟁력에서는 아직까지 윤석열 후보에게 홍준표 후보가 경쟁력에서 뒤진다는 것을 단적으로 보여주는 것입니다.

이것은 윤석열 후보가 이 정권으로부터 집중적인 정치적, 인간적으로 초토화를 당하면서도, 윤석열 후보의 특장점인 권력에 강하게 저항하는 '마초야성'(?)을 회복하는 시점이 올 것이라는 것입니다.

이 때는 경선에서도 홍준표 후보가 설 땅이 없어지게 될 수도 있다는 것입니다.

홍준표 후보는 이제까지 대선전략을 윤석열 한사람만 집중 견제하는 전략으로 계속해 왔습니다.

2% 역부족, 홍준표 후보

그 덕분에 지금 확실한 것은 아니지만 야권 대선후보로 윤석열 후보를 제쳤다, 비슷하다 하는 지지율 분석도 있게 되었습니다.

하지만 이 정권으로부터 아무 견제도 받지 않고 오직 내부의 경쟁상대인 윤석열 한 사람만 견제함으로써 얻은 반사이익만으로는 윤석열의 장벽을 뛰어넘지 못하는 한계도 분명히 있다는 것입니다.

홍 후보는 윤석열 후보가 고비마다 권력에 초강수로 저항하면서 정권 맞상대로 자신의 지지율을 까먹을 동안 그 떨어지는 지지율을 어부지리로 챙겼을 수 있습니다.

그것도 아니면, 조직기반도 크게 없는 홍준표 후보가 코로나 비대면 기간에 노련하게 미디어를 활용하는 능력으로 국민지지율을 높였을 수도 있습니다.

걱정되는 것은 이러한 현상이 신기루처럼 하루 아침에 사라질 수도 있다는 것입니다.

상대적으로 윤석열 후보는 아직 경선기간임에도 국민의힘 현역 국회의원 40명여 명과 지구당 당협위원장 절반이 캠프에 가담하는 조직력이 있습니다.

'독고다이'(?) 별명으로 불리며 혼자 뛰는 홍 후보는 이 가공할만한 조직력을 뛰어 넘을 수 있는 비책이 있어야 '무야홍'도 이룰 수 있고 '무대홍' 꿈까지 이룰 수 있지 않겠습니까?

선거는 찍어주는 유권자들에 의해 결정되는 엄연한 룰이 있습니다.

홍준표 '무야홍'에서 '무대홍'이 되기엔 2% 부족

홍준표,
윤석열 장벽 넘을 수 있을까?

홍준표 후보 지지율이 드디어 20%를 넘었습니다.

두 자리 수, 그것도 8월10일경 16.6%가 최고였는데, 8월21일에는 21.6% 지지율을 기록했습니다.

같은 시기 윤석열 후보의 34.3%에는 못 미치지만, 3위인 유승민 후보의 10% 초반과 4위 최재형 후보의 5.1%와는 큰 차이가 벌어지고 있습니다.

홍용락TV가 8월초부터 20일까지 여론조사 추이를 간이 빅데이터로 분석을 해본 결과, 윤석열 후보는 그동안 많은 악재가 돌출됨에도 지지율이 상승 분위기입니다.

유승민 후보와 최재형 후보는 답보상태거나 하향세 라는 판단입니다.

특히 여론의 많은 기대를 모은 최재형 후보는 현재는 더 이상 상승이 불가능한 상태로 판단되어지기도 합니다.

최 후보가 대선 후보로 등장하면서 이 정권에 대한 정면대결 자세와 인물의 참신성이 많은 기대를 모았지만, 지금의 민심은 정권과 직접 맞싸우는 이슈 파이팅(?)이 요구되는 시기인 것 같습니다.

이 상황에서 홍준표 후보의 약진은 어떻게 보면 이채롭기도 하지만, 홍준표 후보의 관록이 그대로 보여지는 게 아닌가 싶습니다.

역시 정치 8단은 다르구나 하고 무릎을 치는 국민들도 꽤 있으시라 생각됩니다.

홍준표 후보가 야권 대선 후보로서 빅2로 등장하게 된 것은, 어떤 조직의 덕을 본 것이 아닙니다.

그렇다고 후보 캠프 내부에 뛰어난 인력풀이 있는 것 같지도 않습니다.

이때쯤이면 알게 모르게 여론몰이를 하는 주류 언론의 프레임 구분 덕도 보지 못하고 있습니다.

오히려 많은 언론은 홍 후보의 직선적인 언행의 단면만 얘기하면서 후보를 재미 삼아 등장시키는 웃음거리 가십보도에 치중하고 있습니다.

홍 후보 자서전에 나오는 '돼지 발정제' 이야기는 국민 여러분도 많이 들어본 얘기일 것입니다.

야권 지지자들은 냉정하게 홍준표 후보를 지켜보고 있고, 그 결과 이제는 지지율 20%대로 진입하면서 윤석열 후보 추격권으로 들어갔다는 판단을 한 것 같습니다.

홍준표 후보가 야권 후보 중 빅2가 된 이유는 우선 두 가지가 야권 지지자들에게 먹힌다는 얘기입니다.

첫째, 홍준표 후보는 선거전 시작부터 지금까지 선거전략을 야권 선두주자인 윤석열 후보의 약점만 파고들었습니다.

지금 윤석열 후보는 얼마나 많은 약점이 노출됐습니까?

우선 야권의 후보로서 정통성이 있느냐 에서부터, 가정과 사생활 문제, 또 정책적 비전 능력이 떨어지는 문제까지 많습니다.

홍준표 후보는 이런 약점을 치사하리만큼 집요하게 파고듭니다.

다른 후보들은 본인의 인물 됨됨이와 본인이 가진 국민을 위한 정책 비전, 포부 등을 좋게 말하면서 포괄적으로 국민들에게 어필 하는 선거전략을 세웁니다.

홍준표 후보는 교과서에나 나오는 이런 선거캠페인에는 아예 관심이 없는 것 같습니다.

오히려 지금은 선택과 집중으로 1위인 윤석열 후보만 공격하는 전략에 치중함으로써 야권 지지자들에게 돋보이는 전략으로 지지율을 끌어 올리고 있습니다.

두 번째로, 홍준표 후보는 자신이 이 정권을 향한 강한 전투력이 있다는 가능성을 계속 보여주려고 합니다.

지금은 가능성이지만 본인이 마음만 먹으면 단기 필마로라도 이 정권을 깨부술 수 있다는 전투력과 능력을 동시에 보일 태세를 계속 보이는 전략입니다.

이 전략은 지금 홍 후보가 본인 입으로 말하지 않아도 이미 야권 지지자들에게 인식되어 있기 때문에 여당 후보와 본선에서 많이 써 먹을 것 같습니다.

대표적인 예로, 본인이 경상남도 지사시절 강성노조에 의해 휘둘리던 진주의료원을 하루 아침에 폐쇄시킨 과단성을 보여줄 기세입니다.

즉 일본말이지만 홍 후보의 독고다이(?) 정신을 중앙정치에서도 적용할 수 있다는 소신과 강단은 이미 많은 야권 지지자들에게도 각인되어 있다는 것입니다.

이런 전투력과 소신과 신념이면, 이번 선거에서 야권 지지자들(국민 60% 이상)이 요구하는 정권교체의 최선봉에 내세워도 잘 할 것이라는 믿음을 국민들로부터 받을 수 있다는 것입니다.

그 믿음이 저변에 깔려 있기 때문에 이제 후보들이 압축되면서 서서히 지지율이 따라 오른다는 것입니다.

하지만 윤석열 후보와 함께 2강에 드는 것이 홍준표 후보의 목표는 아니지 않습니까?

야권 대선 후보, 나아가서 대권을 거머쥐는 것이 최종목표가 아니겠습니까?

홍준표 후보가 이제는 윤석열 후보를 넘기 위해서, 또 대권을 쟁취하기 위해서 해야 할 과제가 분명히 있습니다.

먼저 과제는 정치공학적인 과제일 수 있습니다.

중도층의 확장을 어떻게 해야 하는가를 고민해야 합니다.

홍준표 후보는 그동안 정치도 보수정당에서 죽 해 왔고, 보수의 본산인 대구서 자랐다는 인연으로 지난 21대 총선에서 대구에서 무소속으로 출마해 천신만고 끝에 당선되는 등 보수 본색을 지키려고 노력해왔습니다.

얼마 전에는 전라도 광주 5.18묘역에도 다녀오고, 또 젊은이들과 한강에서 농구도 하는 등 유튜브 '홍카콜라'를 하면서 시대변화에 맞추려는 노력을 열심히 하고 있습니다.

이 시점에서 냉정하게 보면 홍준표 후보는 자신의 특징적인 캐릭터를 앞세워 지금의 정체상태에서 벗어나려 하는데, 외연 확장에는 분명히 한계가 따릅니다.

그래서 일단 중도층 확보를 위해, 쉽지는 않지만 안철수 대표

태생적 강자 윤후보 벽을 못 넘는 홍후보

와의 정치적 결합도 고민해 볼 방법일 수 있습니다.

안철수 대표는 야권 경선 막바지나 본선 때 윤석열 후보와 어떤 식으로든 조합이 시도될 수 있습니다.

홍준표 후보가 선제적으로 안철수 대표와 결합이 가능하면, 경쟁자인 윤석열과 안철수 두 마리 토끼를 단 한 방에 정리할 수 있지 않을까요?

홍준표 대표가 고민해야 할 두 번째 과제는, 모든 문제해결을 본인으로부터 시작해서 본인으로 결론짓는, 즉 기승전결 모두 홍준표로부터 홍준표가 결론 내는 방식을 이제는 개선할 때라는 것입니다.

홍준표 캠프나 당 안팎에 또 기자나 방송인들 사이에 홍 후보를 조금 안다는 사람들은 다 이 문제를 지적합니다.

우리 같은 소시민들 사이에서도 바보 두 사람이 천재 한 사람을 이긴다고 하지 않습니까?

홍준표 후보가 개인이 가진 탁월한 식견이나 그동안의 정치적 능력과 경험으로 주변 사람들이 발붙일 수 없는 능력을 가진 것은 누구도 부인 못하는 사실입니다.

지금 문 대통령을 보십시오.

처음부터 자기편만 챙기고 자기편만 위해서 일한 결과가 어떻게 되겠습니까?

대권을 잡고 5천만 국민을 위해 일할 때는 나보다 못한 사람 4

천 9백만 명과 일한다는 생각을 분명히 해야 합니다.

사람들은 홍준표 후보를 정치 9단이라 하지 않고 정치 8단이라고 굳이 얘기하는 것도 이 부분 때문이라는 것을 다시 한번 생각해 볼 필요가 있지 않을까요?

저자 홍 용 락

경북 문경 출신으로 상경하여
충암고등학교를 졸업한 후
서강대에서 영상매체학 박사학위(국내 1호)를 받았다.

동아방송예술대에서 20여년간 교수로
후학들을 가르쳤으며,
그 전에는 서울방송(SBS) PD로서
방송현업에 종사하기도 했다.

교수 퇴임 후에는 최근까지 4년 가까이
유튜브 '홍용락TV'를 운영해 왔다.

현재 'SR타임스' 논설고문으로 있다.

저서로는 하이브리드디지털제작단지론,
한국드라마중국유통론, TV교양프로그램 제작 입문 외
다수가 있다.

초판 1쇄 발행   2023년 3월 6일

지은이 홍용락
편집 · 디자인 홍성주
펴낸곳 도서출판 위
주소 경기도 파주시 광인사길 115
전화 031-955-5117~8

ISBN 979-11-86861-25-7 03070